JN417315

지식망

지식망

채희락 · 이해윤 · 김동훈 지음

HU:iNE

서문

융복합 영역의 새로운 분야로 떠오르고 있는 지식콘텐츠학은 "지식의 표상(representation)과 처리(processing)에 관해 연구를 하고 그 결과물을 콘텐츠 제작 등에 활용하는 방안을 모색하는 분야"로 정의할 수 있으며 넓은 의미에서 콘텐츠학의 기초를 이루는 학문이다. 이 책은 지식콘텐츠학의 핵심을 이루는 지식 표상 분야를 소개할 목적으로 개발된 것이다. 온톨로지와 지식맵 등의 지식망(knowledge network)을 중심으로 다양한 지식 표상 방법을 살펴 볼 것이다.

일반적으로 기존의 문화콘텐츠학에서는 문화 현상에 대한 학문적인 결과물에 관심을 가지고 있지만, 그 결과물을 심도 있게 활용하기보다는 상식적으로 알려진 수준의 내용을 방송, 영화, 공연, 게임 등에 적용하는 데에 치우친 측면이 있다. 이렇게 만들어진 창작물은 해당 분야의 학문적 깊이에 미치지 못하는 수준의 내용을 기술적으로 포장을 한 것에 불과한 경우도 있다. 그러나 문화 산업을 선도하기 위해서는 학문적인 결과물을 좀 더 깊이 있고 정확하게 활용할 수 있어야 한다.

문화콘텐츠학의 특화 영역으로서의 지식콘텐츠학에서는 먼저 문화 관련 (디지털화된) 원시 언어 자료와 영상 자료 및 이에 대한 학문적 연구물을 지식망을 포함한 여러 유형의 지식베이스로 표상화하는 작업에 초점을 맞춘다. 이렇게 풍부한 자료를 바탕으로 만들어진 지식베이스에는 여기 저기 흩어져 있는 정보가 체계적으로 정리되어 기록될 것이다. 다음으로 이 지식베이스에 우리가 원하는 정보를 효율적으로 추출해 낼 수 있는 처리 시스템을 적용함으로써 수요자의 다양한 요구 사항에 따라 깊이 있고 풍부한 내용의 지식을 제공 받을 수 있을 것이다.

이 책의 목적은 지식의 표상과 처리에 대한 기본적이 이해를 출발점으로 해서 지식의 다양한 표상 방법들을 살펴 보는 것이다. 먼저 지식 표상 방법과 단위에 대한 일반론에 초점을 맞출 것이다. 그 다음에는 시소러스, 워드넷과 온톨로지 및 지식맵과 지식맵 설계 방안 등 구체적인 지식망을 소개하려고 한다. 이 순서에 따라 책의 내용을 전체 3부로 구성하였다. 제1~3부의 원고는 각각 채희락, 이해윤과 김동훈이 작성했지만 세 명의 저자가 전체 원고를 읽어 가면서 수정 및 보완의 과정을 거쳤다.

제1부에서는 지식 표상과 지식망이라는 개념 그리고 다양한 지식 표상 방법을 살펴 본다. 인간의 지적 활동이 일어나는 과정은 컴퓨터의 작동 방식과 유사하다는 관점에서 많이 연구되어 오고 있다. 인간의 마음도 컴퓨터 프로그램처럼 일종의 데이터 구조와 전산 처리 과정에 의해 사고를 한다고 가정할 수 있다. 이런 관점에서 인간의 머리 속에 들어 있는 데이터 구조를 일종의 지식 표상 구조라고 볼 수 있다. 1장에서는 먼저 이런 가정을 살펴 보고 그 다음으로 머리 속의 지식 표상 구조는 데이터베이스(data base) 및 지식베이스(knowledge base)와 어떤 관련성을 가지고 있는지 알아 볼 것이다. 2장에서는 지식망을 지식베이스의 한 하위 유형으로 보고 지식망의 기본 표상 단위는 어떤 것이 되어야 할지에 대해서 살펴 본다. 3장에서는 이제까지 활용되어 오고 있는 여러 가지 유형의 지식 표상 방법 중 논리 표상 체계인 명제 논리, 규칙/산출 표상 체계 및 프레임 방식의 개념 표상 체계에 대해 살펴 보려고 한다.

제2부에서는 지식망들을 발전 단계에 따라 살펴 보려고 한다. 지식망들은 그 표현 내용과 표현 방식에 따라 여러 단계로 구분될 수 있다. 먼저 4장에서는 비교적 단순한 지식망에 해당하는 분류체계 또는 분류학(taxonomy)을 검토해 본다. 그간 여러 학문 분야에서 나름의 분류체계들을 제안해 왔는데, 각 분야의 대표적인 분류체계들을 개관해 본다. 다음 5장에서는 어휘들간의 상하위 관계 및 유의 관계를 표현하는 시소러스(thesaurus)를 살펴 본다. 그리고 6장에서는 어휘들간의 다양한 관계들을 표현하는 일종의 어휘 데이터베이스인 단어망(word net)에 대해 알아 볼 것이다. 단어망은 현재 컴퓨터에 의한 언어처리에서 필수적인 대표적 언어 자원(language resource)으로서 활발히 활용되고 있는 지식망이다. 끝으로 7장에서는 현재까지의 지식망들 중 표현 내용과 표현 방식에 있어서 가장 발전된 단계를 보여주는 온톨로지(ontology)를 살펴 본다. 특히 최근 시맨틱웹(semantic web)의 출현과 더불어 온톨로지는 그 중요성이 더욱 부각되고 있는 자원으로 평가된다.

제3부에서는 지식의 구조를 살펴 보고 이를 통해 지식맵(knowledge map)의 구현 방법을 단계별로 살펴 볼 것이다. 지식의 계층은 데이터-정보-지식으로 구분하여 나타낼 수 있다. 생산자와 사용자의 기준으로 데이터와 정보 및 지식이 가지는 특징과 개념을 알아 보고 이러한 계층과 개념을 통해 문화 자원의 지식 구조화에 대해 살펴 보고자 한다. 지식을 구조화함에 있어 맵(map)이라는 도구를 활용하여 노드(node)와 링크(link)를 기본 형태로 비구조적인 형태를 가진 문화 자원에서 유기적이고 의미적 형태를 띠는 지식까지 단계별 절차를 통해 지식맵을 구현하고자 한다.

2018년 1월

저자 일동

지식망

knowledge network

목차

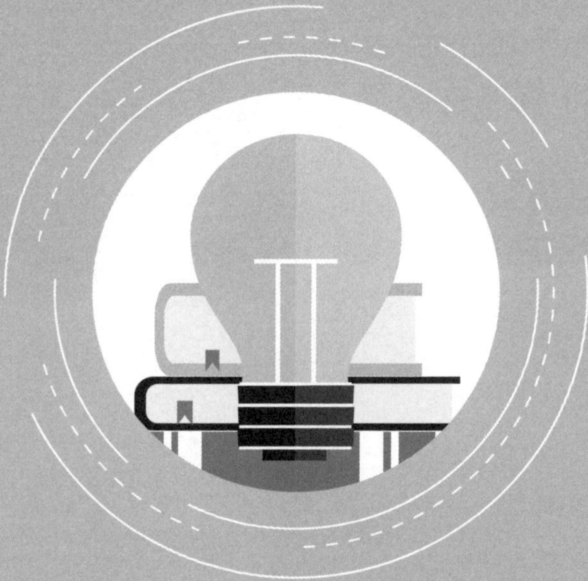

제1부 지식 표상

제1장 컴퓨터 작동 방식과 인간의 사고 작용

제2장 지식 표상 단위: 어휘 의미와 개념

제3장 지식 표상 방법론

제1부 지식 표상

채희락

제1부에서는 “지식 표상(knowledge representation)”이라는 개념에 초점을 맞추어 그 개념이 나오게 된 배경, 지식망과의 관련성, 지식 표상 단위, 다양한 지식 표상 방법론 등을 살펴 본다. 인간의 지적 활동이 일어나는 과정을 여러 가지 방식으로 이해할 수 있지만 우리의 뇌 활동이 컴퓨터의 작동 방식과 유사하다는 관점에서 많이 연구되어 오고 있다. 컴퓨터 프로그램이 주어진 데이터 구조와 그 데이터 구조에 작용하는 알고리즘에 의해 돌아가듯이, 인간의 마음도 일종의 데이터 구조와 전산 처리 과정에 의해 사고를 한다고 가정할 수 있다. 이런 관점에서 인간의 머리 속에 들어 있는 데이터 구조를 일종의 지식 표상 구조라고 볼 수 있다. 제1장에서는 먼저 이런 가정을 살펴 보고 그 다음으로 우리 머리 속의 지식 표상 구조는 우리가 일반적으로 말하는 데이터베이스(data base: DB) 및 지식베이스(knowledge base: KB)와 어떤 관련성을 가지고 있는지 알아 볼 것이다. 우리는 “지식망(knowledge network)”을 지식베이스의 한 하위 유형으로 규정할 것이다. 제2장에서는 지식망의 기본 표상 단위는 어떤 것이 되어야 할지에 대해서 살펴 보려고 한다. 제3장에서는 이제까지 활용되어 오고 있는 여러 가지 유형의 지식 표상 방법 중 논리 표상 체계인 명제 논리 체계, 규칙/산출 체계 및 프레

임 방식의 개념 체계에 대해 검토해 볼 것이다.

위의 논점들을 본격적으로 살펴 보기 전에 "지식(知識, knowledge)"이라는 개념 및 이와 관련된 몇 가지 개념에 대해 간단히 알아 보도록 하자. 우선 대표적인 한국어 사전인 국립국어원의 "표준 국어 대사전"에서는 지식을 아래와 같이 정의하고 있다.[1]

(1) 지식 (知識, knowledge)

가. 어떤 대상에 대하여 배우거나 실천을 통하여 알게 된 명확한 인식이나 이해.

나. 알고 있는 내용이나 사물.

다. {불교} '벗02'을 이르는 말. 아는 사람이라는 뜻이다. 그 사람이 착한 사람으로서 세상을 올바르게 지도하면 선지식이라고 하고, 나쁜 사람이면 악지식이라고 한다.

라. {철학} 인식에 의하여 얻어진 성과. 사물에 대한 단편적인 사실적·경험적 인식을 말하며, 객관적 타당성을 요구할 수 있는 판단의 체계를 이른다.

우리의 관심 대상이 되고 있는 지식의 일반적인 의미는 (가)와 (나)이다. 이런 상식적인 차원에서의 지식의 의미는 쉽게 받아들일 수 있겠지만, 지식을 엄밀하게 정의하기는 결코 쉽지 않다. 박치완 외 (2016: 6-7)에서는 지식을 "모든 것에 대한 인간의 앎"이라고 포괄적으로 언급하면서 정의의 어려움을 아래와 같이 기술하고 있다.

(2) 지식이 인간의 고유한 정신 능력의 산물이라는 점을 고려해 볼 때, 그것은 모든 것에 대한 인간의 앎을 지칭한다고 볼 수 있다. 그러나 한편으로 특정한 영역에

1) 다음 사이트에 가면 표준 국어 대사전을 활용할 수 있다 : http://stdweb2.korean.go.kr/.

따라서, 그리고 시대적, 문화적 환경에 따라서 지식의 정의와 조건은 달라진다. 예컨대 신화와 종교의 영역에서 논해질 수 있는 지식과 과학적 지식은 제각기 다른 방식으로 형성되며, 다른 방식으로 활용된다. 동양과 서양이라는 서로 다른 문화적 조건 속에서 성립된 지식 및 지식관은 서로 명백한 차이를 보이며, 고대와 현대의 지식 또한 추구하는 바가 동일할 리도 만무하다. 이런 점에서 지식의 정의와 유용성 및 가치에 대한 물음들은 즉각적으로 대답될 수 있는 성격의 것이 아니기 때문에 우선적으로 지식이 형성되어 온 역사를 면밀히 검토할 필요가 있다.

지식 자체를 정의하는 것은 우리의 목적이 아니므로 위의 (1)과 (2)에서 제시한 정도로 마무리하려고 한다.

지식과 함께 많이 언급되는 용어는 "지능(知能, intelligence)"이다. 표준 국어 대사전의 정의를 살펴 보면 아래와 같다.

(3) 지능 (知能, intelligence)

가. 계산이나 문장 작성 따위의 지적 작업에서, 성취 정도에 따라 정하여지는 적응 능력. 지능 지수 따위로 수치화할 수 있다.

나. 지혜와 재능을 통틀어 이르는 말.

다. {심리} 새로운 대상이나 상황에 부딪혀 그 의미를 이해하고 합리적인 적응 방법을 알아내는 지적 활동의 능력.

우리가 일반적으로 사용하는 지능이라는 말은 위의 (가)와 (나)의 의미를 모두 포괄하는 것 같다. 물론, 지식의 경우에서와 마찬가지로 지능의 정의에서도 여러 가지 논란이 있지만, 좀 더 전문적인 차원에서는 지능을 아래와 같이 정의할 수 있다 (한광희 외 2000: 157).

(4) 새로운 정보와 이미 알려진 사실들로부터 법칙이나 경험을 통하여 얻어진 법칙(heuristics), 추측, 직감 등을 근거로 추론하여 문제를 해결하는 과정이나 능력.

여기서 앞의 "법칙"은 우리가 일반적으로 알고 있는 수학적/과학적 차원의 원인과 결과 사이의 필연적 관계를 나타내는 원리/원칙을 의미하지만, 뒤의 "법칙(heuristics)"은 절대적인 원리/원칙을 나타내는 것이 아니라 경험이나 직관으로 보았을 때 효율적인 답을 얻을 수 있는 방법을 의미한다.[2)]

지식과 지능에 대한 위의 정의들을 바탕으로 생각해 보면, 지능은 우리 인간이 가지고 있는 좀 더 근원적인 것으로 지식을 쌓기 위해 필요한 능력으로 볼 수 있다. 철학적으로는 지능과 지식을 태어날 때부터 가지고 있는 것으로 보는지 아닌지에 따라 여러 가지 학설이 있다. 플라톤(Plato)의 전통을 이어 받은 데카르트(Descartes) 등의 (극단적인) "이성주의(rationalism)"의 전통에서는 지능과 지식(의 일부)을 모두 생득적으로 가지고 있는 것으로 본다.[3)] 그러나 아리스토텔레스(Aristotle)의 전통을 이어 받은 로크(Locke) 등의 극단적인 "경험주의(empiricism)"의 전통에서는 지식은 물론 지능도 경험에 의해 습득한

2) 도용태 외 (2001: 28, 각주 4)에서는 전산학에서 사용되는 "휴리스틱스(heuristics)"라는 용어를 다음과 같이 설명하고 있다: "… 경험이나 직관으로 기대컨대 보다 효율적으로 해를 얻을 수 있는 방법을 의미하는 데 사용하며, 엄밀한 의미에서 휴리스틱 기법은 명확히 정해진 절차에 의하는 알고리즘 기법과 구별된다 (Ralston & Reilly 1983). 휴리스틱 기법의 주된 용도는 정의하기 힘든 문제, 예를 들어 여러 개의 작업 중 어떤 것이 좋은가, 혹은 예산을 어떻게 쓰는 것이 바람직한가 하는 따위의 문제들을 풀거나 맹목적인 기법으로 풀기에는 너무나 많은 시간과 기억 공간이 필요하며 현실적으로 답을 얻는 것이 불가능한 경우가 된다. 사실 인간의 사고 형태는 대부분 휴리스틱하며, 이는 인공지능의 영역에서 휴리스틱 기법이 중요하게 대두되는 이유이기도 하다." Thagard (2005: 45)에서는 휴리스틱스를 모든 가능성을 다 살펴 보지 않고서도 만족스러운 답을 찾는 데에 도움이 되는 "어림 규칙"으로 설명하고 있다 ("… rules of thumb that contribute to satisfactory solutions without considering all possibilities").

3) 언어학 분야에서 인지과학의 태동에 기여한 촘스키(Chomsky)도 이성주의적 입장에서 인간은 언어 지식을 선천적으로 가지고 태어난다고 주장한다.

다고 본다. 그러나 좀 더 일반적이고 합리적인 접근법은 대부분의 지능은 선천적인 것이지만 대부분의 지식은 후천적 경험에 의해 만들어 지는 것으로 보는 것이다.

다음으로 지식과 밀접한 관련이 있는 용어 중에는 "정보(information)"가 있다. 정보 과학이나 지식 경영 분야에서는 이들이 "자료(data)" 및 "지혜(wisdom)" 등과 함께 "DIKW 계층(DIKW Hierarchy)"을 구성하는 요소로 많이 언급되고 있다.[4] 먼저 Ackoff (1989)의 내용을 중심으로 이 자료-정보-지식-지혜의 계층 구조를 이루는 개념들을 간단히 살펴 보기로 하자.[5]

(5) DIKW 계층 구성 요소

가. 자료: 가공되지 않은 원시 상태의 기호(symbol) 집합으로 그 자체로는 의미가 없다.

나. 정보: 유용하게 사용될 수 있도록 처리를 거친 자료인데, 자료들간의 일정한 상관관계에 의해 의미가 부여된다. 우리는 정보체에서 '누구, 무엇, 어디, 언제'의 질문에 대한 답을 얻을 수 있다.

다. 지식: 어떤 유용한 목적을 수행할 수 있도록 정보를 적절하게 모은 것이다. 우리는 지식체에서 '어떻게'라는 질문에 대한 답을 얻을 수 있다.

라. 지혜: 우리가 이해한 바에 평가를 더한 것으로 옳고 그름이나 좋고 나쁨을 식별하는 과정이기도 하다.

위의 정의를 살펴 보면 자료를 바탕으로 정보가 정의되고, 정보를 바탕

4) "DIKW 계층"에서 DIKW의 각 글자는 Data, Information, Knowledge와 Wisdom을 나타낸다. 위키피디아(Wikipedia)에서는 "DIKW pyramid"이라는 항목에 해당 내용이 나온다 (https://en.wikipedia.org/wiki/ DIKW_pyramid).

5) 일반적으로 "DIKW 계층"을 논의할 때 Ackoff (1989)를 주로 언급하지만, Sharma (2008)에 의하면 그 기원은 20세기 초반에 활동한 시인인 T. S. Eliot에게로까지 올라간다고 한다 (https://www.researchgate.net/ publication/292335202).

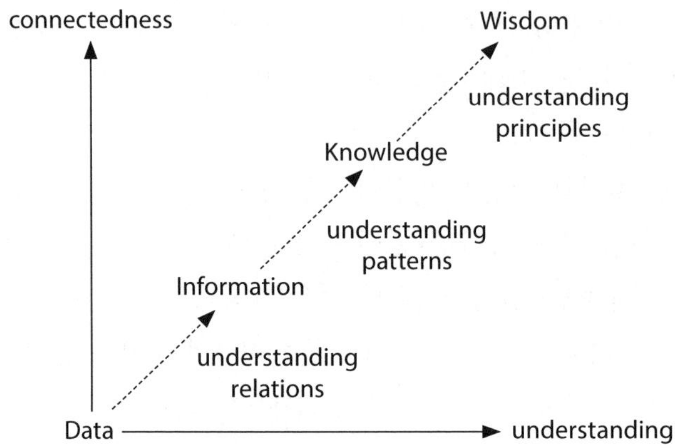

<그림 1> 자료-정보-지식-지혜의 변이 과정

으로 지식이 정의되며 지식을 바탕으로 지혜가 정의됨을 알 수 있다.[6)]

Bellinger, et al. (2004)는 <그림 1>에서처럼 자료에서 지혜로 가면서 "연결성(connectedness)"과 "이해도(understanding)"의 정도가 커지는 것으로 파악하고 있다.[7)] 자료가 연결성과 이해도 측면에서 가장 낮은 수준이며, 지혜가 가장 높은 수준이다. 자료에서 구성 요소들간 관계성이 포착되면 정보가 되고, 정보에서 패턴이 포착되면 지식이 되며, 지식에서 원칙이 더해지면 지혜가 되는 것으로 보고 있다. 그들에 따르면, 자료는 다른 것들과의 관련성이 맺어져 있지 않은 사실이나 사태를

6) 한국외국어대학교 지식콘텐츠학부의 홈페이지에 나오는 "교육목표"에는 위의 네 가지 개념들의 관련성이 다음과 같이 소개되어 있다 (http://www.hufscon.com/?c=1/7): "데이터(data)로 넘쳐나는 시대. 그러나 수많은 데이터는 어떤 특정한 사람에게 의미 있는 것이 될 때에만 유용한 "정보(Information)"가 될 수 있습니다. 유용한 정보는 "가치"를 낳고, 가치 있는 정보는 하나의 "지식(Knowledge)"으로, 또한 그 지식을 이성과 통찰에 의해 인간에게 유용한 것이 되게 함으로써 "지혜(Wisdom)"가 됩니다. 지식콘텐츠학은 데이터가 정보로, 정보가 지식을 거쳐 지혜로 축적되는 순환 속에서 …"

7) 관련 사이트의 주소는 다음과 같다 : http://www.systems-thinking.org/dikw/dikw.htm.

나타낸다 (예: It is raining). 반면에 정보는 인과관계 등의 관련성을 구체화하고 있다 (예: The temperature dropped 15 degrees and then it started raining). 그렇지만 지식은 관련성의 패턴까지 나타내며 기술되고 있는 대상이나 다음에 어떤 일이 일어날지 등에 대해 높은 수준의 예측을 가능하게 해 준다 (예: If the humidity is very high and the temperature drops substantially, the atmosphere is often unlikely to be able to hold the moisture so it rains). 마지막으로, 지혜는 지식 내에 숨어 있는 기본적인 원칙에 대한 더 높은 차원의 이해도를 구체화하고 있다 (예: It rains because it rains. And this encompasses an understanding of all the interactions that happen between raining, evaporation, air currents, temperature gradients, changes, …).

제1장 컴퓨터 작동 방식과 인간의 사고 작용

이 장에서는 "지식망(knowledge network)"이라는 개념을 이해하기 위해 그 기원 및 특성을 간단히 살펴 보려고 한다. 그 기원을 알기 위해서는 인간의 사고 작용을 컴퓨터의 작동 원리로 이해하려는 정보처리적 접근법을 먼저 알아야 한다. 이러한 접근법에서는 우리가 머리 속에 가지고 있는 지식 표상의 집합체를 일종의 데이터베이스(DB)로 본다. 정보처리 시스템의 핵심은 DB와 여기에 작용하는 알고리즘이기 때문에 좋은 시스템이 되기 위해서는 DB와 알고리즘이 좋아야 한다는 것은 의문의 여지가 없다. 좀 더 지능적인 일을 하기 위한 프로그램에서는 그에 상응하는 DB 체계를 갖추어야 하는데, 이런 목적의 좀 더 고차원적 효율성을 가진 DB를 일반적으로 "지식베이스(KB)"라고 한다. 우리는 인간의 뇌 속에서는 지식이 어떻게 표상되어 있는지를 연구함으로써 KB의 나아가야 할 방향에 대한 시사점을 찾을 수 있을 것이다. 이런 맥락에서 후반부에서는 KB의 속성을 DB의 속성과 비교해서 검토해 보려고 한다. 우리는 지식망이 지식베이스의 한 하위 유형으로 규정될 수 있음을 보게 될 것이다.

1.1. 정보처리적 접근법

20세기 후반에 마음/정신에 초점을 맞추는 방향으로 과학적 패러다임에 큰 변화가 일어났으며 그 과정에서 인지과학이라는 학문이 태동했다. 인지과학에서는 심리 현상과 두뇌 및 컴퓨터를 서로 밀접한 관련이 있는 것으로 간주함으로써 인간의 마음과 지적 과정을 설명해 오고 있다. 그 주요 가설 중의 하나는 인간의 지적 활동 과정을 정보처리적 관점에서 설명할 수 있다는 것인데,[1] 이런 관점은 Newell & Simon (1961)에서부터 구체화되기 시작했다. 즉, 컴퓨터의 작동 방식을 바탕으로 인간의 사고 작용을 설명할 수 있다는 것이다 (한광희 외 2000: 23). Thagard (2005: 10)는 이 정보처리적 관점을 인지과학의 핵심 가설로 규정하고 그 요점을 다음과 같이 정리하고 있다.

(1) The Computational-Representational Understanding of Mind (CRUM)
Thinking can best be understood in terms of representational structures in the mind and computational procedures that operate on those structures.

"마음에 대한 계산-표상적 이해(CRUM)"로 명명된 이 가설에 의하면, 인간의 사고 작용은 마음/뇌 속에 있는 표상 구조와 그 표상 구조에 작용하는 계산/처리 과정에 의해 잘 이해될 수 있다고 한다.

우리가 알고 있듯이, 컴퓨터 프로그램은 데이터 구조와 그 데이터 구조에 작용하는 알고리즘으로 구성되어 있다. 이와 마찬가지로, 정보처리적 관점의 CRUM에 의하면 우리 뇌 속에는 데이터 구조와 유사한 "심적 표상(mental representation)"과 알고리즘과 유사한 "계산 과정(computational procedures)"을 가지고 있다고 본다. 이를 도식화하면 다음과 같이 나타낼 수 있다 (Thagard 2005: 11).

(2) 가. Program: data structures + algorithms = running programs
나. Mind: mental representations + computational procedures = thinking

---

1) 정보처리적 관점이 유지되기 위해서는 몇 가지 가정이 필요하다 (한광희 외 2000: 24-25; Palmer & Kimchi 1986, 이정모 1988).

인간이 사고를 해서 어떤 해답을 얻어내는 과정이 컴퓨터의 프로그램을 돌려 원하는 답을 얻어내는 과정과 비슷하다고 보는 관점이다.

인간의 지적 활동을 정보처리적 관점에서 보면 우리의 머리 속에 들어 있는 지식은 심적 표상으로 구성되어 있다고 볼 수 있다 ("… knowledge in the mind consists of mental representations" (Thagard 2005: 4)). 또한 그 심적 표상은 지식을 나타내는 것이기 때문에 "지식 표상"으로 부를 수도 있다. 어떤 것이 효율적인 지식 표상이 될지는 목적에 따라 달라질 수 있겠지만, 인간의 능력을 모방할 수 있는 컴퓨터 개발이 목적이라면 인간의 머리 속에 들어 있는 심적 표상 체계가 우리가 추구해야 할 지식 표상 체계가 될 것이다.

정보처리적 패러다임으로 인간의 사고 작용을 이해하려는 접근법이 인공지능 분야나 인지과학에서 대세를 이루면서 크게 발전을 해 왔지만, 완전한 접근법은 아니다. 그 접근 방법에 한계가 드러나면서 "연결주의(connectionism)" 접근법 및 인지신경과학적 접근법, 사회문화적 접근법 등의 대안적 접근 방법도 나오고 있다 (한광희 외 2000: 28-29, Thagard 2005: Part II). 그럼에도 불구하고 정보처리적 접근법이 여전히 우리 인간의 사고 작용을 이해할 수 있는 중요한 접근법일 뿐만 아니라 대안적 접근법을 이해하기 위해서도 잘 알아야 하는 접근법이다. 또한, 아래의 3장에서 볼 수 있듯이, 지식 표상 체계도 논리 체계나 개념 체계 등 이제까지 많이 연구되어 온 것들을 활용할 수 있기 때문에 여전히 가장 중요한 접근법으로 볼 수 있다. 이런 측면에서 서로 다른 접근법들은 대안적 접근법이라기보다는 보완적 접근법으로 이해를 하는 것이 더 합리적이라고 생각한다. 왜냐하면 지식의 종류에 따라 효율적으로 표상할 수 있는 접근법이 다를 수 있기 때문이다.

1.2. 지식베이스와 지식망

컴퓨터 프로그램의 두 가지 중심 요소는 데이터 구조와 알고리즘이다. 그 데이터 구조는 일반적으로 데이터베이스(DB)로 불린다. 그러나 "전문가 시스템(expert system)"이나 "인공지능(artificial intelligence)" 등 좀 더 지능적인 프로그램을 언급하는 상황에서는 데이터베이스라는 용어 대신에 "지식베이스(knowledge base: KB)"라는 용어를 사용한다. 그래서 일반적인 전문가 시스템의 핵심 구성 요소로 사실과 규칙의 집합인 지식베이스와 각종 추론을 포함하고 있는 추론 엔진을 들고 있다 (도용태 외 2001: 128-129). 그렇다면 지식베이스는 좀 더 지능적인/지식적인 체계를 갖추거나 좀 더 지능적인 일을 수행하는 데에 필요한 데이터베이스를 말한다고 볼 수 있다. 이 섹션에서는 지식베이스의 속성을 검토해 보고 지식베이스와 지식망(knowledge network)의 관련성에 대해서도 살펴 보려고 한다.

한국어 위키피디아에서는 지식베이스를 다음과 같이 특정한 조건을 갖춘 데이터베이스로 규정하고 있다.[2)]

(3) 지식 베이스는 전문가 시스템의 구성 요소의 하나로서, 인공지능 에이전트가 사용될 분야와 관련된 지적 활동과 경험을 통해서 축적한 전문 지식 그리고 문제 해결에 필요한 사실과 규칙 등이 저장되어 있는 데이터베이스이다.

이에 따르면 지식베이스에는 특정 분야의 전문 지식과 관련 규칙이 축적되어 있다. 반면에 영문 위키피디아에는 지식베이스를 다음과 같이 규정하고 있다.[3)]

---

2) 해당 주소는 다음과 같다 : https://ko.wikipedia.org/wiki/지식_베이스
3) 해당 주소는 다음과 같다 : https://en.wikipedia.org/wiki/Knowledge_base

(4) A knowledge base (KB) is a technology used to store complex structured and unstructured information used by a computer system.

여기서는 지식베이스를 (구조화되어 있든 구조화되어 있지 않든) 복잡한 구성을 이루고 있는 정보를 저장하는 기술로 설명하고 있다. 또한, 지식베이스라는 용어가 만들어진 이유는 지식 기반 시스템에서 사용되는 지식 저장소를 일반적으로 널리 사용되던 데이터베이스라는 용어와 구별하기 위해서였다고 설명을 덧붙이고 있다.[4)]

아래 3장에서 좀 더 자세히 살펴 보겠지만, 도용태 외 (2001: 130-131)에 따르면 지식은 지식베이스의 표현 방법에 따라 크게 세 가지 유형으로 표현이 된다고 한다.[5)] 먼저, if로 시작되는 조건부와 then으로 시작되는 실행부로 나누어 표현되는 "규칙/산출(rule/production)" 방식이 있다. 그리고 "노드(node)"와 노드를 연결하는 "호(arc)"로 구성된 네트워크 구조의 "의미망(semantic network)" 방식이 있다 (이민행 2005: 122-126 참조). 의미망의 간단한 예를 하나 보기로 하자.[6)] 아래 <그림 1>의 의미망에서 "Mammal, Animal, Bear" 등의 여러 노드가 "is a, has, lives in" 등의 여러 호로 연결이 되어 있다. 의미망 방식은 다른 방식에 비해 지식의 인과 관계를 표시하기가 편리하다는 장점을 가지고 있다 (도용태 외 2001: 131). 마지막으로, "개념(concept)" 등의 정

4) 해당 부분의 영어 원문은 다음과 같다: The term "knowledge-base" was coined to distinguish this form of knowledge store from the more common and widely used term database. At the time (the 1970s) virtually all large Management Information Systems stored their data in some type of hierarchical or relational database. At this point in the history of Information Technology the distinction between a database and a knowledge base was clear and unambiguous.

5) 이민행 (2005: 126-130, 135-138)은 대표적인 지식 표상 이론으로 의미망 방식("의미네트워크 이론")과 프레임 방식("프레임 이론") 이외에 "개념 의존 이론(conceptual dependency theory)"과 "격문법(case grammar)"을 추가로 들고 있다.

6) 의미망 <그림 1>의 출처는 다음과 같다 : https://commons.wikimedia.org/w/index.php?curid=1353062

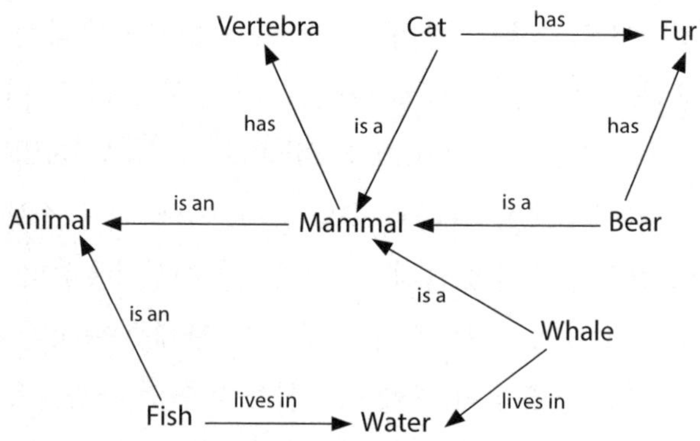

<그림 1> 의미망

보를 "속성과 값의 쌍(attribute-value pair)"의 다발로 표시하는 "프레임(frame)" 방식이 있다.[7] 의미망 방식에서는 일반적으로 노드와 노드의 연결 관계가 특정되어 있는 것이 아니지만 프레임 방식에서는 일반적으로 기본 정보 단위가 계층적 구조로 연결이 되어 있다. 개념 등의 정보 단위가 계층적으로 연결이 되어 있으면 상하위 관계에 있는 정보 단위의 속성을 효율적으로 표상할 수 있는 장점이 있다.

위에서 지식의 표현 방식을 크게 세 가지 유형으로 나눌 수 있다고 했지만, 사실은 그렇게 간단하게 유형을 분류할 수 있는 것은 아니다. 여러 가지 독립 변수가 작용하고 있기 때문에 각 변수의 값에 따라 수 없이 많은 분류가 가능하다. 첫째, 기본 정보 단위가 무엇인지에 따라 표현 방식이 달라진다. 가능한 기본 단위로는 단어의 개별 의미인 "어의(sense)" 및 개념이 많이 활용되고 있지만, 일부 논리 체계에서는 문장 전체의 의미인 "명제(proposition)"도 기본 단위가 된다. 둘째, 기본 정보 단위가 더 이상 분석될 수 없는 단순 단위로 표상이 되는지 다른 요

7) 도용태 외 (2001: 131)에서는 프레임 방식이라고 하고 있지만 관련 개념의 속성에 따라 "frame, script" 등의 용어가 사용되고 있다 (Thagard 2005: 60).

소들로 구성되어 있는 복합 단위로 표상이 되는지에 따라서도 표현 방식이 달라진다. 예를 들어, piano라는 단어의 첫 소리를 [p]로 표시할 수도 있지만 {<VOICE ->, <PLACE Bilabial>, <MANNER Stop>}처럼 속성과 값의 집합으로 나타낼 수도 있다. 셋째, 기본 정보 단위들이 어떤 관계로 연결이 되어 있는지도 중요한 변수로 작용한다. 기본 정보 단위들은 상하위 관계, 부분-전체 관계 등의 관계를 형성할 수 있는데, 이 중 어떤 관계들을 표상의 대상으로 삼는지 어떤 관계들을 중심으로 표상하는지 등에 따라 달라질 수 있다. 각 지식 표현 체계는 관련 변수의 값을 어떤 것으로 잡느냐에 따라 서로 다른 속성을 가질 수 있다.

지식 표현에 작용하는 여러 가지 변수를 고려해서 도용태 외 (2001)의 세 가지의 지식 표현 유형을 재검토해 보자. 규칙/산출 방식은 절과 절이 [if … then …]의 문장 형식으로 연결이 되어 있다. 이런 문장 단위를 기본 단위로 보면 이 단위는 명제를 나타내며 복합적인 내부 구조를 가지고 있다. 그렇지만 이 명제들끼리는 상하위 관계 등의 관계를 가지고 있지 않다. 의미망 방식에서 노드로 표시되는 기본 정보 단위는 일반적으로 단어 어의가 되며 이는 더 이상 분석할 수 없는 단위로 가정이 된다. 그리고 각 노드 쌍은 개별적 특성에 따라 다양한 종류의 관계로 연결이 된다. 프레임 방식에서는 일반적으로 개념을 기본 정보 단위로 보고 있으며 각 개념은 "슬롯(slot)"과 "필러(filler)"로 불리는 속성과 그 값 쌍의 다발로 표시된다. 의미망에서는 노드와 노드의 연결에서 상하위 관계가 특별히 중요한 역할을 하지 않지만 프레임 방식에서 모든 프레임들은 상하위 관계를 중심으로 연결이 된다.

의미망 방식과 프레임 방식의 여러 차이에도 불구하고 프레임 방식은 기본적으로 의미망 방식의 한 종류로 볼 수 있다 (도용태 외 2001: 53, 이민행 2005: 132). 노드나 개념 단위로 나타나는 기본 정보 단위들이 서로 특정한 관계로 연결되어 있다는 점에서는 두 유형이 동일하며 노드들의 연결 방식이 개념들의 연결 방식보다 (덜 체계적이며) 제약이 적기 때문이다. 우리가 이 책에서 살펴 볼 지식망들은 온톨로지 등 프레임 방식의 지식 표현 방법을 쓰고 있는 것도 있지만 워드넷 등 의미망 방식의 표현 방법을 쓰고 있는 것도 있다. 그러므로 우리가 이 책에서 사용하는 지식망은 의미망 방식이나 프레임 방식의 지식 표상 체계를 사용하는 모든 체계를 지칭하는 용어로 이해를 할 수 있다.

우리는 의미망 방식이나 프레임 방식으로 표현된 지식베이스를 지식망으로 규정을 하였다. 즉, 지식망을 지식베이스의 한 하위 유형으로 규정을 한 것이다. 또한, 지식베이스는 좀 더 체계화된, 좀 더 지능화된 데이터베이스라고 볼 수 있다. 그러므로 지식망은 데이터베이스의 한 하위 유형이라는 결론을 내릴 수 있다. 그 특성을 정리해 보면, 우선, 기본 정보 단위들이 특정한 관계로 연결이 되어 있는 망(network)을 형성하고 있다. 다음으로, 이들은 대부분 의미망 방식이나 프레임 방식으로 지식을 표상하고 있다는 공통점을 지니고 있다. 이런 의미에서 규칙/산출 방식의 지식 표상체는 지식망이라고 하기 어렵다. 규칙들이 일정한 망을 형성하고 있는 것이 아니기 때문이다. 그럼에도 불구하고 인공지능의 역사에서 중요하게 활용되어 오고 있기 때문에 3.3절에서 간단히 살펴 보게 될 것이다.

제2장 지식 표상 단위: 어휘 의미와 개념

앞 장에서 우리는 지식망이라는 개념이 생기게 된 기원을 인간의 지적 활동을 정보처리적 관점에서 이해하려는 전통에서 찾았다. 그리고 지식망을 지식베이스의 한 하위 유형으로 규정을 하였다. 지식망에서는 일반적으로 의미망 방식이나 프레임 방식으로 지식을 표상하는데, 그 표상의 기본 단위는 어휘 의미인 어의(sense)나 개념(concept)이 된다. 예를 들어, 어휘망에서는 어의를 기본 단위로 하고 온톨로지에서는 개념을 기본 단위로 하고 있다. 이 장에서는 먼저 어휘 의미와 개념은 어떤 것인지와 이들의 관계를 어떻게 규정할 수 있는지 검토해 보려고 한다. 그리고 여러 언어의 친족 용어를 어떤 방식으로 언어 중립적인 장치로 표상할 수 있는지 지식 표상의 한 예시로 살펴 보려고 한다.

2.1. 어의와 개념 및 상호 관계

우리가 특정 어휘/단어의 의미를 사전에서 찾아 보면 하나의 단어는 일반적으로 하나 이상의 의미를 가지고 있다. 이들 각각의 의미를 "어의(sense)"라고 한다. 예를 들어, 1장에서 살펴 본 [지식]이라는 단어는 네 개의 어의를 가지고 있다.[1)]

(1) [지식 (知識, knowledge)] (표준 국어 대사전)

가. 어떤 대상에 대하여 배우거나 실천을 통하여 알게 된 명확한 인식이나

1) 이제부터 단어 그 자체를 나타낼 때는 [···]로 표시하고 그 단어의 '의미나 개념'을 나타낼 때는 '···'를 사용하려고 한다.

이해.

나. 알고 있는 내용이나 사물.

다. {불교} '벗02'을 이르는 말. 아는 사람이라는 뜻이다. 그 사람이 착한 사람으로서 세상을 올바르게 지도하면 선지식이라고 하고, 나쁜 사람이면 악지식이라고 한다.

라. {철학} 인식에 의하여 얻어진 성과. 사물에 대한 단편적인 사실적·경험적 인식을 말하며, 객관적 타당성을 요구할 수 있는 판단의 체계를 이른다.

일반적으로 단어의 의미라고 말할 때는 이들 어의를 지칭한다. 왜냐하면 [지식]이 위 네 개의 어의를 통합적으로 나타낼 수 있는 의미를 따로 가지고 있는 것이 아니기 때문이다. 이처럼 하나의 단어가 하나 이상의 의미를 가지고 있는 현상을 "어휘적 중의성(lexical ambiguity)"이라고 말한다. 일반적으로 대부분의 단어가 중의적임에도 불구하고 하나의 의미밖에 없는 것처럼 느껴지는 것은 문맥이나 상황에 따라 하나의 의미만 부각되기 때문이다.

우리가 접하는 사전에서 각 단어의 어의가 정확하게 잘 정립이 되어 있는지에 대해서는 계속 논란의 여지가 있다. 그렇지만 이는 사전의 문제이며 6장에서 살펴 볼 "단어망(word net)"과 같은 지식망에서는 사전에 나오는 어의가 기본 정보 단위가 된다. 그러므로 위에서 살펴 본 [지식]이라는 단어는 어의별로 하나씩 총 네 개의 서로 다른 노드를 차지하게 된다. 이들을 '지식(가), 지식(나), 지식(다), 지식(라)'로 표기하면 각 노드가 나타내는 의미가 서로 다르므로 연결되는 노드들도 다르게 된다. 어쨌든 어의를 기본 단위로 하는 워드넷과 같은 지식망의 경우에는 기본 단위에 대한 논란은 크지 않다고 할 수 있다.

그렇지만 온톨로지와 같은 개념 중심의 지식망에서는 기본 단위를 어떻게 정립해야 할지 쉽지 않다. 무엇보다 "개념(concept)"이 무엇인지 그 정체를 파악하기가 어렵다. 언어 표현의 의미를 그 표현이 지시하는 세상의 사물인 지시체가 아니라 "심적 표상(mental representation)"에서 찾아야 한다는 입장도 있다. 심적 표상의 정체성에 대한 의견도 분분하지만 심적 표상을 개념으로 파악하는 것이 일반적이다. 이런 관점에서 보면, 어떤 기호(sign), 예를 들어, [개]라는 단어가 세상의 지시체를 나타내는 것은 우리의 마음 속의 개념을 통해서라는 것이다. Odgen과 Richards에 의해 주장된 이 관계는 다음의 <그림>에서 잘 드러난다(강범모 2010: 198).

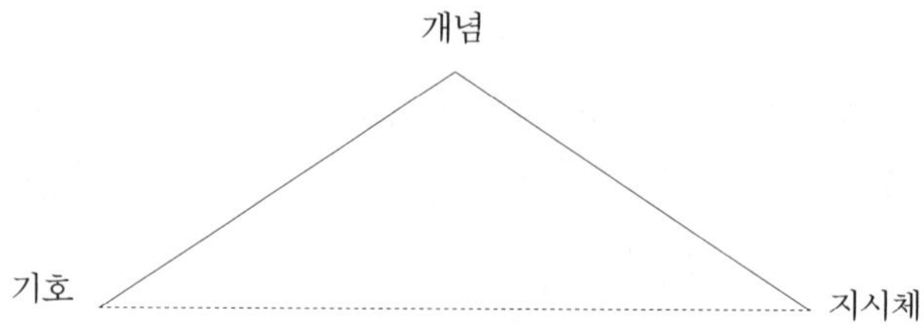

<그림 1> 기호-개념-지시체 삼각형

기호와 개념의 관계 및 개념과 지시체의 관계는 직접적이지만 기호와 지시체의 관계는 간접적이다. 개념은 심적 표상의 일종이며 기호와 지시체를 연결하는 어떤 것이라고 이해를 할 수 있다.

개념을 위와 같이 이해하더라도 좀 더 구체적으로 들여다 보면 개념을 무엇을 근거로 어떻게 정립해야 할지 막막하다. 여기서 우리가 기댈 수 있는 출발점은 개념은 어의와 밀접한 관련이 있다는 것이다. 예를 들어, 표준 국어 대사전을 보면 애완동물 개를 나타내는 [개03]의 어의는 다음 세 개가 있다.

(2) [개03]의 의미

가. {동물} 갯과의 포유류. 가축으로 사람을 잘 따르고 영리하다. 일반적으로 늑대 따위와 비슷하게 생겼으며 날카로운 이빨이 있다. 냄새를 잘 맡으며 귀가 밝아 사냥이나 군용, 맹인 선도와 마약 및 폭약 탐지에 쓰인다. 전 세계에 걸쳐 모양, 크기, 색깔이 다양한 300여 품종이 있다.

나. 행실이 형편없는 사람을 비속하게 이르는 말.

다. 다른 사람의 앞잡이 노릇을 하는 사람을 낮잡아 이르는 말.

이 세 개의 어의는 분명히 동일한 개념을 나타내는 것이 아니기 때문에 [개03]은 세 개의 개념을 나타낸다고 가정을 할 수 있다. 분명히 (가)의 어의는 우리가 알고 있는 애완동물 개에 대한 개념과 밀접한 관련이 있다.

개념과 어의가 깊은 관련성이 있지만 문제는 어의를 그대로 개념으로 볼 수가 없다는 데에 있다 (H-R Chae 2010: 40). 일부 단어는 어의 정의에 "이접 접속사(disjunction)" or를 포함하고 있지만 두 개 이상의 어의를 가진 중의적 어휘로 볼 수 없다 (Cruse 2000: 34).

(3) 가. Princess: 'female child of monarch' or 'wife of male child of monarch'

나. Brother-in-law: 'spouse's brother' or 'sister's husband'

만약 princess가 두 개의 어의를 가지고 있다면 공주가 아니라 왕자의 부인을 만났다는 의미로 [I met not a princess but a princess]와 같은 문장이 성립이 되어야 한다. 그렇지만 이 문장은 비문법적이다. 이렇게 'female child of monarch or wife of male child of monarch'는 하나의 어의로 볼 수밖에 없지만 분명히 두 개의 서로 다른 개념, 즉 'female child of monarch'와 'wife of male child of monarch'를 포함

하고 있다. 마찬가지로 brother-in-law도 두 개의 서로 다른 개념을 가지고 있지만 하나의 어의로 분석이 되어야 한다. 다른 예로, [a heavy book]과 [an interesting book]을 비교해 보자. 앞에서는 book이 물리적인 부피를 가진 것을 의미하지만 뒤에서는 문자로 기록된 텍스트를 의미한다. 비록 이 두 예에서 book이 두 개의 어의를 가지고 있다고 보기는 어렵지만 관련된 개념은 서로 다르다.

이처럼 어의와 개념은 밀접한 관련을 가지고 있지만, 동일한 단위로 볼 수는 없다. 그렇다면 어의와 개념은 어떤 관련을 가지고 있는 것으로 보는 것이 좋을지 채희락 (2012: 301-302)의 논의를 바탕으로 생각해 보기로 하자. 학자들 사이에 구체적으로 어떤 것을 기본 개념 단위로 보아야 하는지에 대해서는 일치된 견해가 없다. Wierzbicka나 Goddard 같은 학자들은 50-60개의 "개념소(conceptual primitives)," 즉 기본 개념 단위만 있으면 모든 어의들을 기술할 수 있다고 주장한다 (Goddard 1998: 58). 그들이 주장하는 개념소들을 정말 개념소로 볼 수 있을지에 대해서는 의문의 여지가 있지만, 개념소로 볼 수 있다고 하더라도 온톨로지 등의 지식망의 기본 단위로 할 수는 없다. 기본 단위의 수가 너무 적어 이들과 수 많은 어의들을 연결하기가 거의 불가능하기 때문이다. 이처럼 몇 십 개의 개념소만 설정하는 극단적인 접근법이 있지만, 다른 극단적인 접근법은 어의가 그대로 개념이라는 접근법이다.[2] 이 접근법에 따르면 개념의 수는 수십 만 개 혹은 그 이상에 이를 것이다. 이론적으로든 실용적으로든 이런 극단적인 접근법은 바람직하지 않다고 생각된다.

위 두 극단적인 입장 사이에서 다음과 같은 Mahesh (1996)의 중도적인 입장을 고려해 볼 필요가 있다.

---

2) 물론, 우리는 바로 위에서 어의를 그대로 개념으로 볼 수는 없다는 것을 알았지만, 한 극단적인 가정으로 예를 든 것이다.

(4) 소수 개념소 접근법과 어의 접근법의 중도적 접근법

> ... strongly discourages direct encoding of word senses as ontological concepts and at the same time constrains the developers from getting bogged down in unending decompositions of word meanings into deep underlying concepts and conceptual relations. ... not to decompose complex events or objects unless we see a practical need from a problem in analyzing an actual text. (Mahesh 1996: 49)

이 접근법에서는 어의를 그대로 개념 단위로 사용하는 접근법과 어의를 끝까지 분석해 (소수의) 개념소를 찾아 내려는 접근법을 경계하고 있다. 실제 언어 분석에서 필요하면 어의에서 개념을 분리해 내고 그렇지 않으면 어떤 어의가 복합 개념을 나타내고 있더라도 더 이상 분석하지 않고 기본 단위로 삼을 것을 권장하고 있다.

단어가 나타내는 의미인 어의 혹은 개념들 사이에는 여러 가지 관계가 성립한다 (강범모 2010: 201-203 참조). 먼저, 하나의 개념이 다른 개념을 포함할 때 이 둘은 상하 관계에 있다고 한다. 예를 들어, '동물'이라는 개념은 '짐승'이라는 개념을 포함하고 있는데, 이 경우 전자를 "상의어/상위어(hypernym)"이라고 하고 후자를 "하의어/하위어(hyponym)"이라고 한다. 많은 경우에 개념을 "범주(category/class)"로 볼 수도 있는데, 이 경우에 전자는 상위 범주가 되고 후자는 하위 범주가 된다. A가 B의 상의어이고 B가 C의 상의어 일 때 반드시 A는 C의 상의어가 되므로 상하 관계에 있는 개념/범주들은 "계층 구조(hierarchical structure)"를 이룬다. <그림 2>를 보자. A와 B 사이에 "A는 B이다 (A is B)" 혹은 "A는 B의 일종이다 (A is a kind of B)"라는 말이 성립하면 A는 B의 하의어이다. 예를 들어, "호랑이는 짐승이다" 혹은 "호랑이는 짐승의 일종이다"라는 말이 성립하기 때문에 '호랑이'는 '짐승'의 하의

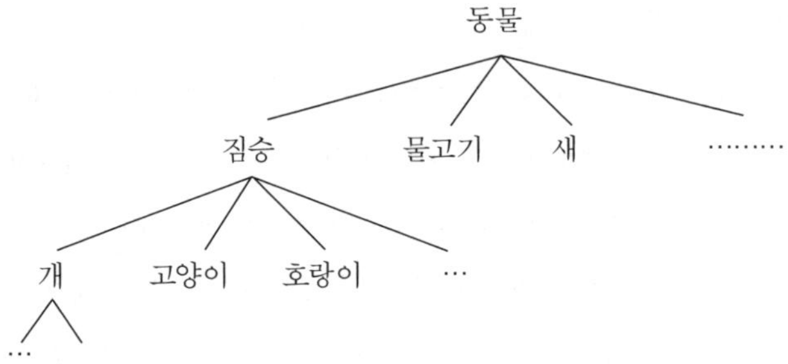

<그림 2> 동물 계층 구조

어임을 알 수 있다.

다음으로 개념들 사이에 볼 수 있는 관계는 "부분-전체(part-whole)" 관계이다. 하나의 개념이 다른 개념의 부분을 나타낼 때 이들은 부분-전체 관계에 있다. 예를 들어, 코는 얼굴의 부분 혹은 일부이므로 '코'라는 개념과 '얼굴'이라는 개념은 부분-전체 관계에 있다. 또한 용인시와 경기도와 같은 행정 구역도 부분-전체 관계에 있다. 전형적인 부분-전체 관계는 이처럼 관련 개념이 물리적인 포함 관계를 나타낼 때이지만, 학생과 학교 사이에 볼 수 있는 구성원과 집단 관계 등도 부분-전체 관계로 볼 수 있다.

개념 혹은 의미들 사이에 볼 수 있는 대표적인 관계가 상하 관계와 부분-전체 관계이다. 그 외 동의/유의 관계와 반의 관계도 있는데, 이들은 개념/의미들 사이의 관계가 아니라 단어들 사이의 관계를 나타낸다. 동의 관계는 [외삼촌]과 [외숙부] 사이에서 볼 수 있듯이 같은 의미를 가진 단어들 사이에 성립하는 관계이며 이들을 "동의어(synonym)"라고 한다. 그런데 일반적으로 완전히 동일한 의미를 가진 단어들은 별로 존재하지 않으며 대부분은 비슷한 의미를 나타낸다. 이런 관점에서 동의어라는 용어보다 "유의어"라는 용어가 더 적절하다고 볼 수 있다. [외삼촌]과 [외숙부]도 지칭 대상은 동일할지라도 그 쓰임이 완전히 동일하지는 않다. 반의 관계는 [아버지]와 [어머니] 사이에서 볼 수 있는 것처럼 의미가 반대인 단어들 사이에서 성립하는 관계이며 이들을 "반의어(antonym)"라고 한다. 그 외에 [아빠]와 [엄마] 그리고 [부친]과 [모친]도 반의 관계에 있는 단어 쌍들이다. 의미적으로 보면 [아버지]와 [엄마] 또는 [아빠]와 [어머니]도 반의 관계에 있는 것처럼 보이지만 이들은 반의 관계에 있지 않다. 반의 관계는 개념/의미들간의 관계가 아니라 단어들 사이의 관계이기 때문이다.

우리는 위에서 상하 관계에 있는 개념들은 서로 계층 구조를 이루고 있음을 알았다. 지식망을 구축함에 있어 이 계층 구조를 잘 활용하는 것이 무엇보다 중요한데, 그 이유는 계층 구조가 속성 "상속(inheritance)"과 그에 따른 추론을 용이하게 할 수 있게 해 주기 때문이다. 예를 들어 <그림 2>에서 호랑이는 짐승의 한 하의어이다. 짐승은 '몸에 털이 나고 네발을 가졌으며 정온 동물'이라는 속성을 가진 것으로 규정이 된다. 호랑이도 짐승의 하의어이기 때문에 이런 속성을 모두 가지고 있지만 계층 구조에서 호랑이의 정보를 표상할 때는 그 속성들을 모두 명시적으로 표시할 필요가 없다. 호랑이는 짐승의 하의어로서 짐승이 가지고 있는 속성을 모두 상속 받기 때문이다. 그래서 호랑이를 규정할 때는 몸에 털이 있다는 속성이 없지만 호랑이가 털이 있는 동물이라는 것을 쉽게 추론할 수 있다.

마지막으로, 개념의 정의와 관련하여 간단히 살펴 보기로 하자. 예를 들어, [개]가 표시하는 개념을 정의할 때 쉽게 생각할 수 있는 방법은 개가 가지고 있는 속성의 집합으로 나타내는 것이다. (2가)에 따르면, '개'는 {…, 날카로운 이빨이 있다, 냄새를 잘 맡는다, 귀가 밝다, …} 등의 조건을 가지고 있으며 이런 조건들을 모두 만족시키는 것만 개라고 할 수 있다. 그렇지만 이런 유형의 개념 정의는 문제가 있다 (강범모 2010: 199-201 참조). 분명히 개라고 할 수 있는 일부 개체는 사고 등으로 인해 냄새를 잘 못 맡을 수도 있기 때문이다. 개로 판명되기 위한 다른 조건들은 모두 만족시키지만 냄새를 못 맡는다고 해서 개가 아니라고 할 수는 없다. 이런 문제를 해결하기 위해 나온 방안은 "전형성(typicality)"에 초점을 맞추어 정의를 하는 것이다 (Thagard 2005: 60 참조). 전형적인 개는 모든 조건을 만족시키지만 현실 세계에서는 어떤 이유에서든 그 조건의 일부를 충족하지 못하는 비전형적인 개체도 있다는 것이다. 다른 예로 '새'를 정의하는 조건 중에는 공중을 날아 다닐 수 있다는 조건이 있다. 참새나 제비처럼 전형적인 새는 당연히 잘 날아다닌다. 그렇지만 닭은 잘 날아 다닐 수 없으며 펭귄은 전혀 날지를 못한다. 이들을 전형적인 새로 보기는 어렵지만 그럼에도 불구하고 닭과 펭귄이 새가 아닌 것은 아니다.

2.2. 어휘 표상의 실례: 친족 용어

우리는 위 절에서 어의와 개념의 관련성에 대해 살펴 보았다. 둘은 깊은 관련성이 있지만 어의를 그대로 개념으로 볼 수는 없다는 것을 알았다. 될 수 있으면 적은 수의 개념소를 설정하려는 Wierzbicka의 전통에 따르면 [총각]은 {⋯ MALE, ADULT, NON-MARRIED ⋯}로 분석이 될 것이다. 즉, [총각]이 나타내는 어의는 MALE 등의 기본 개념 단위로 분석이 된다는 것이다. 여기서 [총각]이 나타내는 어의와 이들 개념소 사이에는 직관적으로 포착할 수 있는 관련성이 있다. 다시 말하면, [총각]의 의미를 아는 사람들은 누구나 그 의미 속에는 MALE, ADULT, NON-MARRIED라는 "작은 의미"가 숨어 있다는 것을 직관적으로 알 수 있다. 그렇지만 색채 용어나 친족 용어 등 일부 유형의 어휘들에는 이런 직관적인 관련성이 없는 경우도 있다. 이 섹션에서는 이들의 의미를 어떻게 표상할 수 있는지 살펴 보려고 한다.

[빨강, 파랑] 등 색채 용어들은 어떤 어의 혹은 개념을 나타내는지, 각 용어가 나타내는 어의와 개념이 어떤 관계가 있는지 등이 분명하지 않다. [총각]을 생각할 때 직관적으로 남자라는 개념이 떠오르지만 [빨강]이라는 용어를 생각할 때는 직관적으로 떠오르는 개념이 없거나 무엇인지 분명하지 않다. 색채 용어를 정의할 때 사용할 수 있는 가장 좋은 방법은 "먼셀 표색계(Munsell Color System)"에서 잘 정립된 바의 색상, 명도, 채도의 세 가지 척도를 사용하는 것이다. 세 가지 척도로 표상되는 공간에서 특정한 색채 용어가 나타내는 영역을 바탕으로 해당 색채 용어를 정의할 수 있다. '빨강'과 '파랑'은 그 공간에서 다른 영역을 차지하며 세 척도 각각에서 서로 어떤 차이가 어느 정도 있는지도 알 수 있다. 이렇게 한 언어 내의 여러 색채 용어들이 어떤 유사점과 차이점을 가지고 있는지 뿐만 아니라 서로 다른 언어에서 유사한 색채 용어가 어떤 유사점과 차이점을 가지고 있는지도 알 수 있다. 예를 들어, 한국어의 [빨강]의 의미와 영어의 red의 의미는 비슷한 공간을 차지하겠지만 완전히 동일한 공간을 차지하지는 않을 것이다.

다음으로, [아버지, 삼촌, 할머니] 등의 친족 용어에 대해 생각해 보자. [아버지]라는 단어를 생각하면 {··· MALE, ADULT, PARENT OF, ···} 등의 개념들이 떠 오른다. 그렇지만 이 기본 개념들만으로는 '아버지'를 정의할 수 없다. 기준이 되는 사람인 '나'를 중심으로 나의 아버지는 1세대 위 사람이며 직계라야 한다는 등의 정보가 더 필요하기 때문이다. 이렇게 친족 용어와 관련된 기본 개념은 직관적인 측면도 있지만 그렇지 않은 측면도 있다. 이런 점들을 감안하여 Baik & Chae (2010a, 2010b, 2010c)에서는 한국어 뿐만 아니라 영어와 일본어, 중국어 등의 친족 용어들을 체계적으로 분석할 수 있는 틀을 제시하고 있다 (Chae 2010: 40-42 참조).

그 분석 틀은 "가계도(family tree)"와 세 개의 자질을 포함하고 있다. 가계도에는 아래에 나오는 세 가지 유형의 친족 관계가 표시된다.

(5) 가. — : 직계 존비속 관계

나. ↔ : 형제 자매 관계

다. ······ : 혼인 관계

실선 —은 두 개체가 직계 관계에 있음을 나타내고 양 쪽에 화살표가 있는 선 ↔은 형제 자매/동기 관계를 나타낸다. 그리고 점선 ······은 혼인 관계를 나타낸다. 이 세 유형의 관계가 표시된 가계도는 아래의 <그림 3>과 같다. 기준이 되는 개체인 "자아(ego)"는 "00"으로 표시되어 있고 그 위 직계 세대는 (+)10/20/30/…의 숫자로 그 아래 직계 세대는 −10/20/30/…의 숫자로 표시되어 있다. 이들은 실선으로 연결되어 있다. 그리고 화살표 선으로 연결되어 있는 형제 자매 관계와 점선으로 연결되어 있는 혼인 관계는 동일 라인에 있는데 x1/x2/x3/… 등의 숫자로 나타난다.

<그림 3>의 가계도와 더불어 수형도의 각 노드에 필요한 추가적인 정보를 나타낼 "자질(feature)"과 그 값이 필요하다.

(6) 가. SEX: {M(ale)}, {F(emale)}

나. AGE: {O(lder-than)}, {Y(ounger-than)}

다. ORDER: {F(irs)t}, {Sec(ond)}, {L(as)t}

성별을 나타내는 SEX의 자질 값은 "남성(M)"과 "여성(F)"이며, 나이를 나타내는 AGE의 자질 값은 자아보다 나이가 많음을 나타내는 O와 자아보다 나이가 적음을 나타내는 Y가 있다. 형제 자매 사이의 출생 순서

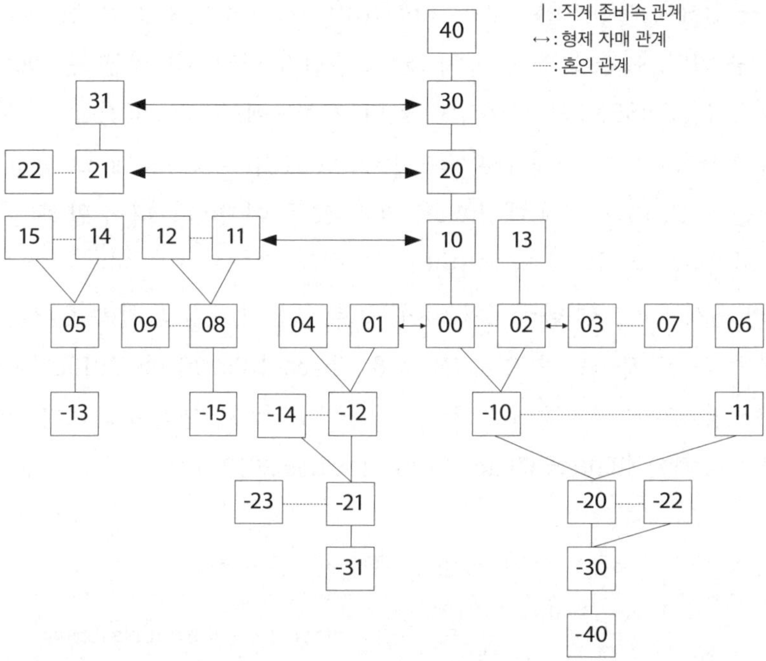

<그림 3> 가계도

를 나타내는 ORDER의 자질 값은 "첫째(Ft), 둘째(Sec), 마지막(Lt)"이 있다.

이제 우리는 위의 가계도와 자질을 바탕으로 각 언어의 친족 용어를 표상할 수 있다. 각 용어는 다음 형식의 "순서가 있는 n개 요소의 집합(ordered n-tuples)"으로 나타낼 수 있다.

(7) <a, ⋯, n>

첫 번째 요소인 a는 자아 노드를 나타내고 마지막 요소인 n은 "지칭 대상(addressee)" 노드를 나타낸다. 이 두 요소 중간에는 이 둘을 최단 거리로 연결해 주는 가계도상의 모든 노드가 나타난다. 그리고 이들 각 노드는 필요에 따라 SEX, AGE, ORDER의 자질을 일부 혹은 전부를 가질 수 있다. 예를 들어 한국어 [외할머니]가 나타내는 개념은 <00, 10[SEX: F], 20[SEX: F]>로 표상이 된다. 가계도에서 노드 00으로 표시된 나의 외할머니는 직계 관계에 있는 노드 20을 지칭하는데, 그 중간에 있는 노드 10과 지칭 대상 노드 20은 모두 여성이다. 다시 말하면, 나의 어머니의 어머니가 외할머니라는 것이다.

위의 체계에 따르면 한국어와 영어, 일본어, 중국어 등의 친족 용어들을 체계적으로 분석할 수 있다 (Baik & Chae 2010a, 2010b, 2010c). 여기서는 영어와 한국어의 주요 친족 용어들이 어떻게 분석이 되는지 살펴 보기로 하자 (Baik & Chae 2010b, cf. Chae 2010: 42).

<표 1> 한국어와 영어의 주요 친족 용어 분석

Kinship Terms		Notations in the n-tuple format
Korean	English	
손녀	*granddaughter*	<00, -10, -20[SEX:F]>
어머니/모친	*mother*	<00, 10[SEX:F]>
아버지/부	*father/dad*	<00, 10[SEX:M]>
아들	*son*	<00, -10[SEX:M]>
딸	*daughter*	<00, -10[SEX:F]>
아주머니	*aunt*	<00, 10, 11[SEX:F]>
남편	*husband*	<00[SEX:F], 02[SEX:M]>
아내	*wife*	<00[SEX:M], 02[SEX:F]>
할아버지	*grandfather*	<00, 10, 20[SEX:M]>
며느리	*daughter-in-law*	<00, -10[SEX:M], -11[SEX:F]>
	sister	<00, 01[SEX:F]>
	brother	<00, 01[SEX:M]>
누이동생		<00[SEX:M], 01[SEX:F, AGE:Y]>
오빠/오라비		<00[SEX:F], 01[SEX:M, AGE:O]>

Kinship Terms		Notations in the n-tuple format
Korean	English	
	sister-in-law-1	<00, 02, 03[SEX:F]>
	sister-in-law-2	<00, 01[SEX:M], 04[SEX:F]>
	brother-in-law-1	<00, 02, 03[SEX:M]>
	Brother-in-law-2	<00, 01[SEX:F], 04[SEX:M]>
처제		<00[SEX:M], 02[SEX:F], 03[SEX:F, AGE:Y]>
계수		<00[SEX:M], 01[SEX:M], 04[SEX:F]>
처남		<00[SEX:M, 02[SEX:F], 03[SEX:M]>
매부		<00[SEX:M], 01[SEX:F, AGE:O], 04[SEX:M]>
장손		<00, -10[SEX:M, ORDER:Ft], -20[SEX:M, ORDER:Ft]>
당질		<00[SEX:M], 10[SEX:M], 20[SEX:M], 21[SEX:M], 14[SEX:M], 05[SEX:M], -13[SEX:M]>

위 도표의 영어와 한국어의 친족 용어를 비교해 보면, [손녀/granddaughter, 어머니/mother, 아버지/father, 아들/son, 딸/daughter, 아주머니/aunt, 남편/husband, 아내/wife, 할아버지/grandfather, 며느리/daughter-in-law]는 두 언어에서 동일한 개념을 나타낸다.[3] 그렇지만, 예를 들어, [오빠]와 brother의 의미는 각각 <00[SEX:F], 01[SEX:M, AGE:O]>와 <00, 01[SEX:M]>로 서로 다르다. 둘 다 지칭 대상이 형제자매 중 남자이지만, 두 가지 점에서 차이가 난다. [오빠]는 자아가 여

3) 일부 용어는 중의적인데, 이 경우 모든 어의에서 동일한 것은 아니다. 예를 들어, 주어진 [아주머니]의 표상 <00, 10, 11[SEX:F]>은 '부모와 같은 항렬의 여자를 이르거나 부르는 말'이라는 어의만 나타낸다.

자인 경우에만 사용이 되지만 brother는 그런 제약이 없다. 그리고 [오빠]는 지칭 대상이 자아보다 나이가 많아야 하지만 brother는 그렇지 않다. 두 언어에서 동일한 의미의 친족 용어도 있고 아닌 것도 있지만 전반적으로 한국어에 더 다양한 종류의 친족 용어가 있음을 알 수 있다. [당질]과 같은 용어는 상당히 복잡한 관계를 나타내는데, 이는 한국어에만 존재한다.

우리는 이 섹션에서 색채 용어와 친족 용어를 어떻게 분석할 수 있을지 살펴 보았다. 이 분석을 통해 알 수 있는 사실은 일부 유형의 어휘는 직관적으로 파악할 수 없는 체계가 필요하다는 것이다. 먼셀 표색계를 모르는 사람들은 비록 [빨강, 파랑] 등의 색채 용어의 의미를 정확하게 알고 있다고 하더라도 모든 색채 용어를 색상, 명도, 채도의 세 가지 요소로 표상할 수 있다는 것을 알 수가 없을 것이다. 그리고 친족 용어의 경우에는, 성별과 나이 등 일부 직관적인 측면이 있지만 자아와 지칭 대상 사이에 직계, 방계 등의 관계를 규정하는 가계도와 그 외 여러 정보들이 그렇게 체계적으로 관여되어 있음을 알기는 쉽지 않다. 이들 색채 용어와 친족 용어는 용어 자체가 하나의 기본 개념을 나타낸다고 할 수 있을지 아니면 복합 개념인지, 복합 개념이라면 어떤 기본 기본들의 복합체인지 등에 대한 여러 가지 논점을 불러 일으킨다. 이 용어들의 가장 큰 특징은 일반 화자들이 쉽게 생각할 수 없는 의미 구성 요소를 가지고 있다는 것이다.

제3장 지식 표상 방법론

우리는 1장에서 지식망이라는 개념의 기원이 되는 정보처리적 접근법을 알아 보고 지식망을 지식베이스의 일종으로 규정하였다. 2장에서는 지식 표상이라는 관점에서 어휘 의미와 관련 개념에 대해 살펴 보았다. 이 장에서는 이런 배경 지식을 바탕으로 좀 더 일반적인 지식 표상 방법론에 대해서 살펴 보려고 한다. 우리 인간이 알고 있는 지식을 합리적이고 체계적으로 표상하는 방법에 대해서는 수천 년 전부터 관심을 가져 왔던 영역이다. 가장 오랜 역사를 가진 체계가 명제 논리, 술어 논리 등의 논리 표상 체계이다. 우리는 3.2절, 3.3절과 3.4절에서 각각 논리 표상 체계와 규칙/산출 표상 체계 및 개념 표상 체계를 살펴 볼 것이다. 개념 표상 체계는 일반적으로 우리가 1.2절에서 살펴 본 세 가지 지식 표현 유형 중 프레임 방식을 쓰고 있다. 이들 표상 체계를 구체적으로 살펴 보기 전에 먼저 3.1절에서는 어떤 표상 체계가 좋은지 그 평가 기준에 대해서 검토할 것이다. 3.2절~3.4절에서 개별 표상 체계를 살펴 볼 때 이 기준들을 고려하면 각 표상 체계의 장단점을 파악할 수 있을 것이다.

우리는 여기서 여러 가능한 표상 체계 중에서 전통적인 세 가지 유형만 살펴 본다. 이들을 포함한 여러 표상 체계 중 어떤 한 유형이 우리가 머리 속에 가지고 있는 다양한 종류의 지식을 모두 표상할 수 있을지는 앞으로의 연구 과제이다. 우리가 알고 있는 표상 체계 중에는 개념을 기본 단위로 하는 프레임 방식이 가장 많은 종류의 지식을 표상할 수 있으리라고 생각한다. 그렇지만 프레임 방식이든 다른 방식이든 한 특정 표상 유형이 모든 종류의 지식을 표상할 수 있을 것 같지는 않다. 예를 들어, 우리가 2.2절에서 살펴 본 친족 용어를 프레임 방식으로 적절하게 표상을 할 수 있을지는 의문이다. 지식의 종류에 따라 효율적인 표현 체계나 방식이 달라질 것이며 그런 의미에서 각 표상 체계/방식은 옳고 그름의 차원이 아니라 어떤 종류의 지식을 효율적으로 표상할 수 있을지에 초점을 맞추어 평가하는 것이 좋을 것이다. 그렇다면 각 표현 체계/방식은 지식을 표상함에 있어 서로 상보적인 역할을 하는 것으로 보아야 한다.

3.1. 평가 기준

우리가 가지고 있는 지식을 표상할 수 있는 방법은 여러 가지가 있으며 이들 중 어떤 것이 좋은지를 평가하기 위해서는 구체적인 기준이 필요하다. Thagard (2005: 15-19)는 아래와 같이 크게 다섯 가지 기준을 제시하고 있다.

(1) 가. 표상 능력 (representational power)
　나. 처리/계산 능력 (Computational power)
　다. 심리적 적절성 (psychological plausibility)
　라. 신경학적 적절성 (neurological plausibility)
　마. 실용적 응용성 (practical applicability)

처리/계산 능력은 "문제 해결(Problem solving), 학습(Learning), 언어(Language)" 분야로 나누어 살펴 볼 수 있다. 문제 해결 분야는 다시 "계획(Planning), 결정(Decision), 설명(Explanation)" 능력을 가지고 있는지 세부적으로 따져 볼 수 있다. 표상 능력과 처리 능력은 모든 표상 체계가 갖추어야 할 기본적인 것이며 실용적 응용성 또한 중요한 기준 중의 하나이다. 실용적 응용성은 해당 시스템이 교육이나 디자인 등에 어떻게 활용될 수 있는지의 기준이다. 심리적 적절성과 신경학적 적절성은 우리 인간이 머리 속에 가지고 있는 표상 체계와 유사한 표상 체계를 만드는 것이 목적이라면 반드시 염두에 두어야 할 기준이다.

표상 능력은 얼마나 많은 정보를 해당 표상 체계가 표현할 수 있는지를 보는 것이다. 지식의 유형은 수없이 많은데, 그 체계가 이 중 어떤 종류의 지식을 표현할 수 있는지를 따져 보는 것이다. 예를 들어, 그 체계가 '한국의 겨울은 춥다'와 같은 세상에 대한 일반적 정보를 표상할 수 있는지, 여러 유형의 추론이 가능한 방식으로 표상을 하고 있는지 등을 살펴 보면 해당 체계를 평가할 수 있다. 좀 더 구체적인 예를 들면, 우리가 2.2절에서 살펴 보았던 색채 용어나 친족 용어 같은 것들도 체계적으로 잘 표상할 수 있는지도 평가의 기준이 될 수 있다.

처리/계산 능력은 해당 표상 체계를 바탕으로 어떤 일을 할 수 있는지를 살펴 보는 기준이다. 인간이 할 수 있는 여러 가지 일 중에서 세 가지의 중요한 사고 능력, 즉 문제 해결 능력, 학습 능력과 언어 능력을 효율적으로 잘 설명할 수 있는 표상 체계인지 등을 살펴 보는 기준이다. 문제 해결 능력은 목적 달성을 위한 추론 과정을 잘 설명할 수 있는지 살펴 보는 기준으로 세부적으로 계획, 결정, 설명 능력으로 나눌 수 있다. 계획은 초기 단계에서 여러 가지 중간 단계를 거쳐 목적 단계에 이르는 과정을 포함한다. 결정력은 목적 달성을 위해 취할 수 있는 여러 가지 수단 중에서 최선의 것을 선택할 수 있는 능력이다. 설명력이란 어떤 것이 일어난 이유를 제시할 수 있는 능력을 말한다. 다음으로, 학습 능력은 자료/경험을 바탕으로 새로운 것을 배울 수 있는 능력을 말한다. 마지막으로, 언어 능력이란 언어를 산출하고 이해하는 능력을 말한다. 언어에 대한 지식이 잘 표상이 되어야 이를 활용해서 상황에 맞게 문장을 만들어 내고 이해할 수 있게 된다. 처리 능력이라는 기준을 고려할 때는 어떤 표상 체계가 단순히 얼마나 많은 일을 할 수 있는지에만 초점을 맞추어서는 안 된다. 할 수 있는 일을 얼마나 효율적으로 수행할 수 있는지도 함께 고려해야 한다.

인공지능은 공학의 한 분야이다. 그렇기 때문에 인공지능적 관점에서는 어떤 시스템이 일을 수행함에 있어 실재로 사람들이 그 일을 어떻게 처리하는지에 대해서는 관심을 기울이지 않는다. 그렇지만 사람의 뇌 작용을 연구하는 인지과학적 관점에서는 사람들의 일 처리 방식에 관심이 크다. 그렇기 때문에 표상 체계를 평가함에 있어서도 그 표상 체계가 어떤 일을 할 수 있는지의 문제와 더불어 사람과 같은 방식으로 해당 일을 하는지도 고려해야 한다. 이 기준이 심리적 적절성이다. 예를 들어, 사람이 실수를 하는 곳에서는 유사한 유형의 실수를 하는 프로그램이 그런 실수를 하지 않는 것보다 심리적 실체성이 높다고 할 수 있다. 또한 사람의 사고 작용이 뇌에서 일어나므로 뇌 세포의 작동 방식을 그대로 반영하는 것이 그렇지 않은 것보다 신경학적 적절성이 높다고 할 수 있다.

이제까지 (1)에 제시된 지식 표상 체계 평가를 위한 기준을 간단히 살펴 보았다. 각 기준을 엄밀히 적용하기 위해서는 여러 가지 추가로 고려해야 할 논점들이 있다. 예를 들어, 표상 능력과 관련된 논점을 살펴 보기로 하자. 도용태 외 (2001: 56-62)에서 지식 표현의 중요한 이슈를 다섯 가지 들고 있는데, 그 중에 하나가 "지식 표현의 크기 정도(granularity)를 결정하는 것"이다. 해당 표현을 어느 정도로 상세하게 기술하느냐의 문제이다. 그 정도에 따라 최소 표현 단위를 어떤 것으로 할 것이며 몇 개로 할 것인지가 결정이 된다. 가령 [John spotted Sue]라는 문장의 의미를 표상할 때 {spotted (agent('John), theme('Sue))}로 할 수 있다.[1]

1) agent는 술어가 나타내는 행위를 하는 주체를 나타내며 theme은 그 행위의 대상 중의 한 유형을 나타낸다. 'John은 John이라는 이름으로 불리는 사람을 나타내며

이 표상을 바탕으로 했을 때 우리는 [Who spotted Sue?]라는 질문에는 쉽게 답할 수 있지만 [Did John see Sue?]와 같은 질문에는 쉽게 답할 수 없다. 반면에 위 문장의 의미를 {saw (agent('John), theme('Sue), timespan('briefly))}로 표상한다고 가정해 보자. 단어 spot의 의미를 see와 timespan이라는 두 개의 기본 단위로 나누어 표상을 한 것이다. 즉, spot의 의미를 보는 행위가 잠시 동안 일어난 것으로 파악을 한 것이다. 이렇게 표상을 하면 [Did John see Sue?]와 같은 질문에 쉽게 답할 수 있다.[2] 이처럼 spot의 의미를 하나의 기본 단위 'spot'으로 나타낼 것인지 'see'와 'timespan'이라는 두 개의 기본 단위로 나타낼 것인지 지식 표현의 크기 정도를 결정해야 한다. 이는 결국 표상 능력에 영향을 끼치는 논점이 된다.

3.2. 논리 표상 체계: 명제 논리

이 장에서 살펴 볼 첫 번째 지식 표상 체제는 논리 체계이다. 논리 체계가 우리 머리 속에 들어있는 지식을 표상하는 방법으로 널리 활용되는 것은 아니지만 우선적으로 살펴 보아야 할 표상 체계이다 (Thagard 2005: 23). 첫째, 표상과 처리에 관한 많은 기본 아이디어들이 논리 체계에 바탕을 두고 있다. 둘째, 많은 철학자와 인공지능 연구자들이 논리 체계가 추론 작업에 중심적인 역할을 하는 것으로 간주한다. 셋째, 논리 체계는 상당한 표상 능력을 가지고 있는데 다른 어떤 표상 방법일지라도 상응하는 정도의 표상 능력을 우선적으로 가져야 한다. 이런 의미

바로 다음에 나오는 'briefly는 briefly라는 단어의 의미를 나타낸다.

2) 후자처럼 표상을 하면 [Did John spot Sue?]와 같은 질문에 답하기가 쉽지 않다는 어려움이 있다.

에서 논리 표상 체계는 모든 표상 체계의 기본이 되는 체계라고 할 수 있다. 이 섹션에서는 논리 체계 중 가장 간단한 명제 논리를 소개하려고 한다 (강범모 2010: 423-430, 윤영은 2013: 108-128 참조).

"명제 논리(propositional logic)"는 논리 체계 중에서 가장 간단한 것이다. 기본 단위가 "명제(proposition)"인데 이는 자연언어의 평서문 형식의 절이나 문장이 나타내는 의미 단위로 참과 거짓의 값을 갖는다. 예를 들어, [민수는 키가 180cm이다]라는 문장이 있을 때 이 문장이 나타내는 전체 의미가 명제이며 실제 세상에서 민수가 180cm이면 참이고 그렇지 않으면 거짓이다. 그런데 우리가 표현할 수 있는 문장은 단문만 있는 것이 아니라 다음과 같은 복합문도 있다.

(2) 민수는 키가 180cm이고 수지는 키가 170cm이다.

이 문장이 참인지 거짓인지는 [민수는 키가 180cm이다]라는 문장이 나타내는 명제와 [수지는 키가 170cm이다]라는 문장이 나타내는 명제의 값에 달려 있다. 여기서 단문의 진리치를 바탕으로 복합문의 진리치를 계산할 수 있도록 해 주는 형식적 체계가 명제 논리이다.

우리가 한국어나 영어 등의 자연어 문법을 말할 때 어떤 단어들의 결합이 정상적인 표현, 즉 문법적인 표현인지를 말해 주는 "통사론(syntax)" 부분과 문법적인 표현의 의미를 파악하는 방법을 규정해 주는 "의미론(semantics)" 부분이 있다. 논리 체계도 일종의 언어로 볼 수 있으며 그 언어를 규정해 주는 통사부와 의미부가 필요하다. 통사부에서는 어떤 표현들이 해당 논리 체계에서 문법적인, 즉 "적형(well-formed)"의 표현인지를 규정해 주고 의미부에서는 부분의 의미에서 적형 표현 전체의 의미를 어떻게 도출할 수 있는지를 규정해 준다.

명제 논리 언어의 통사부는 기본 어휘와 형성/통사 규칙으로 구성되어 있다. 형성/통사 규칙은 적형 표현을 만드는 규칙이다. 어떤 한 특정의 명제 논리 언어를 L1이라고 했을 때 그 통사부는 다음과 같이 나타낼 수 있다.

(3) 명제 논리 언어 L1의 통사부

가. 기본 어휘

a. (원자) 명제: p, q, r, s, t, …

b. 논리 연결어: ~, ∧, ∨, →, ↔

나. 형성/통사 규칙

a. 모든 원자 명제는 적형식이다.

b. Φ가 적형식이면 ~Φ도 적형식이다.

c. Φ와 Ψ가 적형식이면 (Φ∧Ψ), (Φ∨Ψ), (Φ→Ψ), (Φ↔Ψ)도 모두 적형식이다.

d. 위에서 명시된 것 이외에는 적형식이 아니다.

위 통사부에서 "~"는 부정(negation), "∧"는 연접(conjunction), "∨"는 이접(disjunction), "→"는 조건, "↔"는 양조건을 나타낸다.

위의 통사부 형성 규칙에 따르면 아래 (4)의 표현들은 모두 적형식이지만 (5)의 표현들은 모두 적형식이 아니다.

(4) 가. ((p→q)∧r)

나. ~(p∧(q∧(r∧s)))

다. ~(p→(q∨~r))

(5) 가. p~∨q

나. p→q∧r∨s

다. p(q∨r)~s∧t

(4)의 표현들은 모두 (3나)의 형성 규칙을 준수하지만, (5)의 표현들은 그 형성 규칙이 허용하지 않는 부분을 포함하고 있다. 예를 들어, (4나)의 표현에서 제일 안 쪽 부분은 (r∧s)인데 이 부분은 (3나c) 중 연접 논리 연결어를 포함한 표현이며 그 바깥 부분인 q∧(r∧s)과 이의 바깥 부분인 p∧(q∧(r∧s))도 동일한 형태의 표현이다. 최종적으로는 이 전체에 부정 연결어가 붙은 것인데 이는 (3나b)에 의해서 허용된 표현이다. 적형식이 아닌 예로 (5나)를 살펴 보면 (3나)의 어떤 규칙도 q∧r∨s 부분을 허용하지 않는다.

위에서 살펴 보았듯이, 명제 논리 언어 L1의 표현들은 원자 명제 p, q, r, s, t, …만으로 구성된 단문 형태이거나 이들이 논리 연결어 ~, ∧, ∨, →, ↔에 의해 결합된 복문 형태가 있다. 복문 표현의 진리치를 알기 위해서는 의미부가 필요한데, L1의 의미부는 다섯 개의 의미 규칙으로 구성되어 있다. 여기서 iff는 [if and only if]를 줄인 말인데, '-면 그리고 그 때에만'이란 뜻이다.

(6) 명제 논리 언어 L1의 의미부

가. ~Φ is true iff Φ is false.

나. (Φ∧Ψ) is true iff Φ is true and Ψ is true.

다. (Φ∨Ψ) is true iff Φ is true or Ψ is true.

라. (Φ→Ψ) is true iff Φ is false or Ψ is true.

마. (Φ↔Ψ) is true iff the truth values of Φ and Ψ are the same.

이상의 의미 규칙을 "진리표(truth table)"로 표시하면 다음과 같다. 여기서 "1"은 "참(being true)"을 나타내고 "0"은 "거짓(being false)"을 나타낸다.

<표 1> 명제 논리 언어 L1의 진리표

Φ	Ψ	~Φ	Φ∧Ψ	Φ∨Ψ	Φ→Ψ	Φ↔Ψ
1	1	0	1	1	1	1
1	0	0	0	1	0	0
0	1	1	0	1	1	0
0	0	1	0	0	1	1

위의 의미 규칙들과 이 진리표를 보면, Φ와 ~Φ는 서로 반대되는 값을 갖는다는 것을 알 수 있다. [Φ∧Ψ]는 두 구성 명제가 모두 참일 때만 참이다. [Φ∨Ψ]는 어느 한 쪽 명제만 참이면 참이 된다. [Φ→Ψ]는 앞 쪽 명제가 참이고 뒤 쪽 명제가 거짓일 때문 거짓이고 나머지의 경우에는 모두 참이다. 앞 명제가 거짓일 경우에는 뒤 명제와 무관하게 전체가 참이 되는데 우리의 직관과 잘 맞지 않는 측면이 있다. 마지막으로, [Φ↔Ψ]는 두 구성 명제의 값이 동일할 때만 전체 명제가 참이 된다.

위에서 살펴 본 명제 논리는 명제를 기본 단위로 하는 표현을 표상할 수 있다. 예를 들어, [기온이 영상이다]를 명제 p로 표시하고 [눈이 비로 바뀐다]를 명제 q로 표시하면 [기온이 영상이면 눈이 비로 바뀐다]는 [p→q]로 표상할 수 있다. 이처럼 명제를 표현하는 절을 기본 단위로 하는 여러 표현들을 표상할 수 있다. 물론 이는 우리가 사용하는 수없이 많은 유형의 표현들 중 극히 일부 유형에 불과하기 때문에 명제 논리 체계의 표상 능력은 상당히 제한되어 있다. 무엇보다 [비가 온다]와 [눈이 온다]라는 두 개의 문장은 주어 부분은 다르지만 술어 부분은 동일한데, 이런 절 내부의 유사성과 차이점을 포착할 수 없다. 우리가 살펴 보지는 않았지만, "술어 논리(predicate logic)" 체계는 문장을 술부와 논항 부분으로 나누어 표상을 하기 때문에 이런 문제를 어느 정도 극복할 수 있다. 그렇지만, 술부와 논항 부분도 더 작은 단위로 쪼개질 수 있기 때문에 근본적인 해결책은 아니다. 논리 체계로 분석이 어려운 다른 예들로 now와 같은 시간 표현, you와 같은 지시 표현 등이 있다. 이들을 정확하게 기술하기 위해서는 문맥뿐만 아니라 상황 정보도 필요하기 때문에 표상 체계의 형식화가 쉽지 않다.

다음으로 명제 논리 체계의 표상을 바탕으로 어떤 일을 할 수 있을지 그 처리 능력을 살펴 보기로 하자. 가장 대표적으로 "삼단논법(syllogism)" 등의 추론을 분석하는 데에 사용될 수 있다. 먼저 한국어로 표현된 삼단논법의 예를 보자 (윤영은 2013: 113-114).

(7) 가. 기온이 영상이면, 눈이 비로 바뀐다.
　나. 기온이 영상이다.
　다. 그러므로 눈이 비로 바뀐다.

우리는 두 개의 "전제(premise)" (가)와 (나)에서 결론 (다)를 도출해 낼 수 있는데, 이는 개별 문장이 나타내는 명제의 내용과는 관계 없이 언제나 성립한다. (가) 자리에 나오는 명제를 Φ라고 하고 (나) 자리에 나오는 명제를 Ψ라고 하면 위의 삼단논법을 명제 논리 체계로 나타내면 다음과 같은 추론식이 만들어 진다.

(8) $\Phi \rightarrow \Psi$
　Φ
　―――――
　$\therefore \Psi$

이 추론 규칙이 일반적으로 말하는 "긍정식(modus ponens)"이다. 또 다른 추론 규칙으로 "부정식(modus tollens)"이 있다.

(9) $\Phi \rightarrow \Psi$

$\sim \Psi$

$\therefore \sim \Phi$

이 추론식의 한국어 예는 다음과 같은 것이 있다.

(10) 가. 민수가 20살이라면 그의 누나는 25살이다.

나. 그의 누나가 25살이 아니다.

다. 그러므로 민수는 20살이 아니다.

우리는 명제 논리 표상 체계를 바탕으로 추론식 (8)과 (9)가 나타내는 바의 계산/처리를 할 수 있다.

우리는 이 섹션에서 가장 간단한 논리 체계인 명제 논리 체계를 살펴 보았다. 가장 간단한 체계만 살펴 보았기 때문에 논리 체계가 전반적으로 어떤 표상 능력과 처리 능력을 가지고 있는지 평가하기는 어렵다. 그렇지만 간단한 논리 체계임에도 불구하고 명제 논리 체계가 삼단논법 등의 추론 작업에 중요한 역할을 할 수 있음을 보았다. 술어 논리와 고차 논리 체계를 모두 감안하면 훨씬 더 다양한 종류의 추론을 설명할 수 있을 것이다. 이런 측면에서 논리 체계가 많은 철학자와 인공지능 연구자들의 연구 대상이 되어 왔다.

3.3. 규칙/산출 표상 체계

우리가 두 번째로 살펴 볼 표상 체계는 "규칙(rule)" 표상 체계이다. 인공지능 분야 등에서는 이를 "산출(productions)" 표상 체계라고도 한다. 그 구조는 아래와 같이 [IF …, THEN …]의 형식을 띠고 있다. 그래서 산출 규칙을 "if-then" 쌍 혹은 "조건(condition)-실행(action)" 쌍이라고도 한다.

(11) IF you pass forty Arts courses, THEN you graduate with a B.A.

IF 조건 절은 해당 규칙이 적용되는 상황을 명시하고 THEN 실행 절은 그 상황에서 어떤 일이 일어나는지 혹은 어떤 일을 해야 하는지를 명시한다. 즉, IF 절의 조건이 성립되면 THEN 절의 결과가 된다는 것을 기술하는 규칙이다. 논리 표상 체계와는 달리 규칙 표상 체계는 처음부터 인간의 인지 과정을 모형화한 측면이 있기 때문에 어느 정도의 심리적 실체성을 가지고 있는 표상 체계라고 할 수 있다. 규칙의 형식은 간단하지만 계산적으로 뿐만 아니라 심리적으로도 강력한 힘을 가진 체계라고 할 수 있다.

규칙 표상 체계는 Newell, et al. (1958)에서부터 인공지능 프로그램에 활용이 되었으며 그 후 Newell & Simon (1972)의 인간의 문제 해결 능력을 모방한 프로그램인 "GPS(General Problem Solver)"에도 도입이 되었다. 그 외에도 ACT 시스템 (Anderson 1983, 1993), SOAR 시스템 (Newell 1990, Rosenbloom, et al. 1993) 등이 개발되어 활용이 되었다. 최근에 Anderson (2014: 1, 4)은 ACT의 변이형인 ACT-R을 제안하면서 인지 기술은 산출 규칙에 의해 구현되며 ("cognitive skills are realized by production rules") 산출 규칙으로 구성된다고 ("a cognitive skill is composed of production rules") 주장한다. 이렇게 규칙/산출 표상 체계가 심리적 실체성을 가지고 있음을 강조하고 있다.

산출 규칙이 어떻게 작동하는지 구체적인 예와 더불어 살펴 보기로 하자. Anderson (2014: 4-6)에서는 다음과 같은 덧셈 문제를 바탕으로 산출 규칙의 작동 방식을 설명하고 있다.

(12)
$$\begin{array}{r} 264 \\ +716 \\ \hline \end{array}$$

이런 종류의 덧셈을 위해서는 다섯 개의 산출 규칙이 필요하다: NEXT-COLUMN, PROCESS-COLUMN, WRITE-ANSWER-CARRY, WRITE-ANSWER-LESS-THAN-TEN, WRITE-ANSWER-GREATER-THAN-NINE. 이들은 각각 다음과 같이 규정되어 있다.

(13) 덧셈을 위한 산출 규칙들

가. NEXT-COLUMN

IF	the goal is to solve an addition problem
	and c1 is the rightmost column without an answer digit
THEN	set a subgoal to write out an answer in c1

나. PROCESS-COLUMN

IF	the goal is to write out an answer in c1
	and d1 and d2 are the digits in that column
	and d3 is the sum of d1 and d2
THEN	set a subgoal to write out d3 in c1

다. WRITE-ANSWER-CARRY

IF the goal is to write out d1 in c1
and there is an unprocessed carry in c1
and d2 is the number after d1
THEN change the goal to write out d2
and mark the carry as processed

라. WRITE-ANSWER-LESS-THAN-TEN

IF the goal is to write out d1 in c1
and there is no unprocessed carry in c1
and d1 is less than 10
THEN write out d1
and the goal is satisfied

마. WRITE-ANSWER-GREATER-THAN-NINE

IF the goal is to write out d1 in c1
and there is no unprocessed carry in c1
and d1 is 10 or grater
and d2 is the ones digit of d1
THEN write out d2
and note a carry in the next column
and the goal is satisfied

산출 규칙들은 "목적(goal)"을 중심으로 연결되어 있는데, 어느 시점이든 언제나 하나의 목적이 활성화되어 있다. 위에 나오는 c1, d1, d2, d3는 변수를 나타내는데 각 규칙에서 이들은 서로 다른 값을 가질 수 있다. 즉, 예를 들어, PROCESS-COLUMN 규칙에 나오는 d1과 WRITE-ANSWER-CARRY에 나오는 d1이 반드시 동일한 값을 가지는 것은 아니라는 것이다. 이 규칙들을 통해서 우리는 조건부든 실행부든 한 개 이상의 절로 구성될 수 있음을 알 수 있다.

NEXT-COLUMN 규칙은 아직 처리를 하지 않은 가장 오른 쪽 칸에 초점을 맞추도록 하는 규칙인데, 계산을 시작할 때는 일의 자리부터 시작한다. 즉, (12)에서 이 규칙의 조건부를 만족하는 자리 수 칸은 일의 자리 칸인 제일 오른 쪽 칸이다. 그 일의 자리 칸에서 PROCESS-COLUMN 규칙의 조건부를 만족하므로 이 규칙이 적용되어 두 수의 합을 구하는 하위 목적을 설정하게 된다. 그 다음에는 일의 자리 칸에서는 아래 자리에서 올라 온 올림수가 없으므로 WRITE-ANSWER-CARRY 규칙은 적용되지 않는다. 이 규칙은 조건부에 처리되지 않은 올림수가 있을 때에만 ("there is an unprocessed carry in c1") 적용된다. 일의 자리 칸의 두 수의 합이 10(4+6)이므로 ("d1 is 10 or greater") WRITE-ANSWER-GREATER-THAN-NINE 규칙이 적용된다. 이 규칙의 실행부에 명시된 대로 0을 1의 자리 합산 자리에 쓰고 1을 올림수로 기록하게 된다. 이제 1의 자리 칸에서는 계산이 끝났으므로 NEXT-COLUMN 규칙에 의해 계산이 아직 안된 가장 오른 쪽 자리인 10의 자리 칸에 초점을 맞추게 된다. PROCESS-COLUMN 규칙의 적용을 받아 (6+1)의 합을 구하는 목적을 세우게 된다. 그런데 이번에는 아래에서 올라온 올림수 1이 있기 때문에 WRITE-ANSWER-CARRY 규칙의 적용을 받아 (7+1)의 값을 얻으려는 목적을 수립한다. 그 결과로 얻은 8은 10보다 적기 때문에 WRITE-ANSWER-LESS-THAN-TEN 규칙의 적용을 받아 10자리 칸의 합으로 8을 적고 다음 자리로 이동을 하게 된다. 이런 과정을 거치면서 최종 답인 980을 얻게 된다.

비록 산출 규칙의 구조는 [IF … THEN …] 형태로 간단하지만, 규칙 표상 체계는 여러 가지 유형의 지식을 표상할 수 있다 (Thagard 2005: 44). 첫째, [IF x is a student, THEN x is overworked]와 같은

세상에 대한 일반적인 정보를 표상할 수 있다. 둘째, [IF you register early, THEN you will get the courses you want]와 같은 세상 일이 어떻게 돌아가는지에 대한 정보를 표상할 수 있다. 셋째, [IF an English sentence has a plural subject, THEN it has a plural verb]와 같이 문법 규칙을 표상할 수 있다. 넷째, 앞에서 살펴 본 추론 규칙들도 규칙 형태로 표상될 수 있다. 예들 들어, 앞 절 (8)에서 살펴 본 긍정식(modus ponens)은 [IF you have an *if-then* rule and the *if* part is true, THEN the *then* part will be true too]처럼 표상할 수 있다.

다양한 유형의 지식을 표상할 수 있다는 점 이외에도 특히 규칙 표상 체계는 "디폴트(default)" 개념을 표상화할 수 있다는 장점이 있다.[3] 논리 체계에서는 한 번 규정이 되면 그것과 다른 값으로 변경할 수가 없다. 예를 들어, 모든 학생은 과로한 상태라는 내용을 술어 논리 체계로 표시하면 [(for all x) (student (x) → overworked (x))]로 표상할 수 있다.[4] 이는 모든 학생이 예외 없이 과로한 상태라는 의미로 보편적인 진리를 나타내기 때문에 일부 학생은 과로한 상태가 아니라는 명제가 추가되면 전체 시스템에 모순이 생기게 된다. 그렇지만 규칙 표상 체계에서는 동일한 의미를 나타내는 [IF x is a student, THEN x is overworked]가 보편적인 진리를 나타내는 것이 아니라 (예외를 허용하는) 디폴트로 해석이 될 수 있다. 예를 들어, [IF x is a student and x is taking only easy courses, THEN x is not overworked]라는 규칙을

3) 디폴트란 예외를 허용하는 대략적인 일반화를 의미한다. 예를 들어, 아래 아 한글이나 워드와 같은 문서 편집기에서 글자 크기는 일반적으로 10호로 지정이 되어 있다. 이는 글자 크기의 디폴트 값이 10호라는 것인데, 많은 사람들이 10호 크기를 사용하기 때문에 미리 그 값으로 지정해 놓은 것이며 필요에 따라 다른 크기로 바꿀 수도 있다.

4) 우리는 이 책에서 술어 논리 체계를 공부하지는 않았지만 책의 내용을 이해하기 위해서는 [(for all x) (student (x) → overworked (x))]가 나타내는 기본 의미만 알면 된다. '모든 개체 x에 대해서 그 개체 x가 학생이라면 그 개체는 과로한 상태이다'라는 의미로 학생이면 모두 과로한 상태임을 표상하고 있다.

추가해도 앞의 규칙과 양립할 수 있다. 왜냐하면 학생이면서 쉬운 과목만 선택하는 사람에게는 앞의 규칙이 아니라 이 규칙의 적용만 받기 때문이다. 즉, 논리 체계에서는 학생이면 누구나 과로한 상태에 있다고 표시가 되지만 규칙 체계에서는 조건부를 더 상세하게 규정함으로써 좀 더 포괄적인 규칙의 예외로 표상할 수 있다는 것이다. 현실적으로 이런 상황이 많으므로 표상 체계가 디폴트를 표상화할 수 있다는 것은 큰 장점이 된다.

규칙 표상 체계의 또 다른 장점은 무엇을 해야 할지에 대한 책략적 정보를 쉽게 표상할 수 있다는 것이다 (Thagard 2005: 45). 다시 말하면, 결정을 필요로 하는 상황에 대한 지식 표현에 적합하다는 것이다. 이는 규칙이 목적을 나타내는 행동을 포함하는 경우가 많기 때문이다. 예를 들어, [IF you want to go home for the weekend, and you have bus fare, THEN you can catch a bus]와 같은 규칙의 경우 문제 해결자의 역할을 할 수 있다. 규칙 표상 체계는 그 외에도 몇 가지 장점이 있다 (도용태 외 2001: 54, 131).[5] 규칙은 "독립성(modularity)"을 가지고 있기 때문에 독립적으로 추가, 삭제, 변경될 수 있다는 장점이 있다. 다음으로, 정해진 표현 방식의 구조가 있기 때문에 지식 표현이 용이하다는 장점도 있다. 특히, 규칙이 자연어 형태로 되어 있기 때문에 표현과 이해가 쉽다.

5) 규칙 표상 체계의 단점은 문제풀이에 많은 시간이 필요하며 "제어를 따라가기 어렵다는 문제가 있다" (도용태 외 2001: 54).

3.4. 개념 표상 체계: 프레임 방식

우리는 2.1절에서 개념과 관련된 논점을 단어 의미인 어의와의 관련성을 바탕으로 살펴 보았다. 어의를 그대로 개념의 기본 단위로 볼 수도 없지만 수십 개 정도의 적은 수의 기본 개념이 모든 어의의 구성요소가 된다고 보기도 어렵다. 이런 측면에서 어의와 기본 개념간의 관계를 어떻게 정립할 수 있을지가 논점이 된다. 또 다른 주요 논점은 기본 개념과 복합 개념간의 관계를 어떻게 정립할 수 있을지에 대한 것이다. 예를 들어, 먼저 2.1절의 (2)에서 살펴 본 [개03]이라는 단어가 나타내는 다음의 의미를 하나의 기본 개념으로 볼 수 있을지가 문제가 된다.

(14) [개03]의 의미 (표준 국어 대사전)

가. {동물} 갯과의 포유류. 가축으로 사람을 잘 따르고 영리하다. 일반적으로 늑대 따위와 비슷하게 생겼으며 날카로운 이빨이 있다. 냄새를 잘 맡으며 귀가 밝아 사냥이나 군용, 맹인 선도와 마약 및 폭약 탐지에 쓰인다. 전 세계에 걸쳐 모양, 크기, 색깔이 다양한 300여 품종이 있다.

다음으로, [개03]의 의미와 다음 의미의 [진돗개]는 어떤 관계에 있는지도 문제가 된다.

(15) [진돗개]의 의미 (표준 국어 대사전)

{동물} 개의 한 품종. 몸은 누런 갈색 또는 흰색이며, 귀는 뾰족하게 서고 꼬리는 왼쪽으로 말린다. 전남 진도에서 나는 우리나라 특산종이다. 천연기념물 제53호.

[개03]이 나타내는 의미/개념과 [진돗개]가 나타내는 의미/개념은 상하

관계에 있기 때문에 후자는 전자가 가지고 있는 모든 정보를 가지고 있으면서 추가적으로 더 많은 정보를 가지고 있다. 그러므로 전자가 후자보다 더 기본적인 개념을 나타내고 후자는 전자보다 더 복합적인 개념을 나타낸다.

이 절에서는 개념을 바탕으로 지식을 표상하는 프레임 방식의 접근법을 살펴 보려고 한다. 그 과정에서 위의 논점들이 실제로 어떻게 처리되고 있는지 점검해 볼 수 있을 것이다. 개념을 형식화하는 방법은 여러 가지가 있겠지만 프레임 방식이 가장 많이 활용되고 있다. 개념을 형식화하는 방법으로서의 프레임은 Minsky (1975)에 의해 처음 제안이 되었는데 이는 초기의 인지심리학자 삐아제(J. Piaget)가 제안한 "스키마(schema)"라는 개념에 바탕을 두고 있다 (이민행 2005: 131). 우리의 인지 능력은 외부 환경과의 끊임 없는 상호 작용에 의해 여러 가지 형태로 조직화되는데 이런 기본적인 정신 구조를 스키마라고 한다. 그러므로 프레임이라는 것은 우리가 성장하면서 형성된 조직화되고 정형화된 상황을 표상하기 위한 데이터 구조라는 것이다. 이런 관점에서 보면, 개념이라는 것은 한 편으로는, 앞에서 보았듯이, 단어 의미인 어의와 밀접한 관련이 있지만, 다른 한 편으로는 우리의 인지 형성 과정을 반영하는 측면이 있다. 물론, 어의도 궁극적으로는 인지 형성 과정의 결과가 반영된 것이기 때문에 어떤 관점에서 보면 개념과 어의의 뿌리는 같다고 볼 수 있다.

개념 형식화를 위한 프레임을 구체적으로 살펴 보기 전에 다시 한 번 강조하고 싶은 것은, 2.1절 마지막 부분에서 보았듯이, 개념은 예외를 허용하지 않는 엄밀한 범주로 보는 것이 아니라 전형적인 대상이나 상황을 나타내는 것으로 보아야 한다는 것이다. 예를 들어, 이 세상의 모든 개를 포괄하는 정의는 불가능하지만 전형적인 개의 특성을 바탕으로 한 정의는 가능하며, 이런 정의가 현실적으로 더 합리적이라는 것이다. 대부분의 프레임 방식에서는 개념을 전형성의 문제로 본다. 다음으로 강조하고 싶은 것은 프레임이 어떤 구체적인 형식을 취하고 있든 대부분의 프레임 방식에서는 개념들간의 상하 관계가 포착이 되며 이 상하 관계에 따라 하위 개념은 상위 개념의 속성을 상속(inheritance) 받을 수 있다는 것이다. 이는 상하 관계로 인해 생기는 계층 구조적 속성에 기인하는 것으로 개념을 간단하고 효율적으로 기술할 수 있게 해준다.

구체적인 프레임 구조는 학자들마다 다르지만 일반적으로는 프레임을 "슬롯(slot)"의 집합으로 보는데, 각각의 슬롯은 특정한 유형의 값 "필러(filler)"를 가진다. 이제부터 여러 유형의 프레임을 살펴 보면서 어떤 방식으로 개념을 형식화할 수 있는지 살펴 보기로 하자. 아직까지 어떤 종류의 슬롯이 몇 개 필요한지와 프레임 구조에 대해 일반적으로 받아들여지는 특정의 형식은 없으며 각각이 장단점을 가지고 있다. 가장 효율적인 슬롯과 프레임 구조를 찾는 것도 우리가 앞으로 수행해야 할 과제이겠지만, 사용자의 필요에 따라 합리적인 프레임 구조가 다를 수도 있다.

먼저, 모든 학생들이 알고 있는 '강의(course)'라는 개념이 어떻게 슬롯의 집합으로 형식화될 수 있는지 예를 보자 (Thagard 2005: 61)

(16) COURSE 프레임

A kind of: process (systematic series of actions)

Kinds of courses: lecture course, seminar, etc.

Instructor:

Room:

Meeting time:

Requirements: exams, essays, etc.

Instances: Philosophy 100, Mathematics 242, etc.

여기서 'course'라는 개념을 나타내는 프레임인 COURSE는 7개의 슬롯으로 구성되어 있다. 먼저 [A kind of]라는 슬롯은 'course'의 상위 개념인 'process'를 필러로 가진다. 즉, [A kind of]는 상위 개념을 값으로 가지는 슬롯이다 (cf. course is a kind of process). [Kinds of courses]라는 슬롯은 하위 개념을 필러로 가진다. 즉, [Kinds of courses]는 하위 개념들을 값으로 가지는 슬롯이다 (cf. lecture course/seminar is a kind of course). 그 외 슬롯들 중 [Instructor, Room, Requirements]는 모두 쉽게 이해할 수 있다. 어떤 강의든 정확한 정의를 위해서는 강사, 강의실과 요구 사항 등에 대한 정보가 필요하다. 물론, 대부분의 강의는 강사와 강의실 및 요구 사항이 있지만 통신 강의 등 경우에 따라서는 이들이 없을 수도 있다. 그러므로 이들은 필러가 있는 것이 디폴트이겠지만 특수한 경우에는 필러가 없을 수도 있다. [Instances]는 구체적인 사례를 지칭하는 슬롯이므로 여기서는 Philosophy 100 등 (특정 기관에서 특정 기간에) 실제로 제공되고 있는 강의(course)의 목록을 값으로 가진다.

다음으로 '의자(chair)'라는 개념을 나타내는 프레임, 즉 CHAIR 프레임으로 제안된 예를 살펴 보자 (Barr et al. 1989, 이민행 2005: 132 참조).

(17) CHAIR 프레임

Specialization-of: FURNITURE

Number-of-legs: an integer (DEFAULT=4)

Style-of-back: straight, cushioned, …

Number-of-arms: 0, 1 or 2

여기서 [Specialization-of]라는 슬롯은 (16)의 [A kind of]와 같은 기능을 하는 슬롯이다. 즉, CHAIR의 상위 개념인 FURNITURE를 값/필러로 가지는 슬롯이다. 나머지 세 개의 슬롯은 새로운 것인데 모두 일정한 유형의 필러를 가진다. [Style-of-back]과 [Number-of-arms]의 필러로는 가능한 값들이 나열되어 있지만 [Number-of-legs]의 필러 자리에는 "하나의 정수(integer)"라는 가능 값에 대한 조건이 부여되어 있다. 그러므로 어떤 수든 (양의) 정수이기만 하면 정당한 값이 될 수 있다. 괄호 속에 "DEFAULT=4"로 규정되어 있는 것은 특별히 다른 수가 명시되어 있지 않으면 다리의 수가 네 개가 된다는 것이다. 일반적으로 의자의 다리는 네 개이기 때문이다. (16)과 (17)을 비교해 보면 개념에 따라 필요한 슬롯과 필러가 달라질 수 있다는 것을 알 수 있다. 물론, 이들이 각각 COURSE와 CHAIR라는 개념을 적절히 잘 표상하는 프레임인지에 대해서도 추가적인 연구가 필요하다.

위에서 살펴 본 COURSE, CHAIR 등의 개념은 특정 개체를 나타내는 것이 아니라 하나의 범주/유형(category/class)을 나타낸다. 그렇지만 특정한 개체를 나타내는 고유명사도 프레임 방식으로 표상화할 수 있다.[6]

(18) ALEX (고유명사) 프레임

NAME	Alex
ISA	Boy
SEX	Male
AGE	IF-NEEDED: Subtract(current,BIRTHDATE)
HOME	100 Main Street

6) 해당 프레임의 출처는 다음과 같다 : https://en.wikipedia.org/wiki/Frame_(artificial_intelligence).

BIRTHDATE	8/4/2000
FAVORATE_FOOD	Spaghetti
BODY_TYPE	Wiry
NUM_LEGS	1

슬롯 [ISA]는 위에서 본 [A kind of]나 [Specialization-of]와 동일한 것으로 상위 개념을 나타낸다. 물론, 특정 개인을 나타내는 Alex는 일반 개념이 아니라 하나의 사례이지만 Boy는 Alex의 상위 개념으로 볼 수 있다. [SEX]의 값/필러인 Male은 상위 개념인 Boy에서 디폴트 값을 그대로 물려 받은 것이다. 그렇지만 [NUM_LEGS]의 값은 Boy에서 디폴트 값 2를 물려 받은 것이 아니라 Alex의 예외적 속성으로 1을 가지고 있다. 즉, Alex는 사고 등으로 다리 한 개가 없다는 정보를 나타낸다. [AGE]의 값으로는 특정 숫자가 나타나는 것이 아니라 그 값을 얻기 위해 필요한 "절차(procedure)"를 수행하라는 의미로 "IF-NEEDED"가 필러로 나와 있다. 그 절차는 지금 날짜에서 생일을 빼라는 것이다. 즉, 나이는 해마다 달라지기 때문에 현 시점의 날짜와 생일을 바탕으로 계산할 수 있다는 것이다.

이제까지 전형적인 개념인 COURSE와 CHAIR 그리고 ALEX라는 이름을 가진 특정 개체를 어떻게 프레임 방식으로 표상할 수 있는지 살펴 보았다. 그런데 개념들 중에는 정형화된 일련의 행위를 포함하는 것들이 있다. Schank & Abelson (1977)은 이들을 "스크립트(script)"로 표상화하는 이론을 제시하였다.[7] 스크립트는 프레임의 한 특정한 유형으로 볼 수 있다.[8] 그들이 제시한 대표적인 예는 "식당 방문하기

---

7) "A script is a structured representation describing a stereotyped sequence of events in a particular context." (https://en.wikipedia.org/wiki/Script_theory)

8) "… scripts are very much like frames, except the values that fill the slots must be ordered." (https://en.wikipedia.org/wiki/Script_theory)

(restaurant)" 스크립트이다 (Bower, et al. 1979: 178-180, 이민행 2005: 133-135 참조).

(19) RESTAURANT 스크립트

Name: Restaurant

Roles: Customer, Waiter, Cook, Cashier, Owner

Props: Tables, Menu, Food, Bill, Money, Tip

Entry Conditions: Customer hungry, Customer has money

Results: Customer has less money, Owner has more money,

Customer is not hungry

Scene 1: Entering

Customer enters restaurant

Customer looks for table

Customer decides where to sit

Customer goes to table

Customer sits down

Scene 2: Ordering

Customer picks up menu

Customer looks at menu

Customer decides on food

Customer signals waitress

Waitress comes to table

Customer orders food

Waitress goes to cook

Waitress gives food order to cook

Cook prepares food

Scene 3: Eating

Cook gives food to waitress

Waitress brings food to customer

Customer eats food

Scene 4: Exiting

Waitress writes bill

Waitress goes over to customer

Waitress gives bill to customer

Customer gives tip to waitress

Customer goes to cashier

Customer gives money to cashier

Customer leaves restaurant

이 스크립트는 여러 부분으로 구성되어 있다. 개별 참여자들이 수행하는 행위를 나타내는 손님, 웨이터 등의 "역할(roles)"과 책상, 메뉴 등 스크립트의 내용을 보완해 주는 것들을 나타내는 "지지물(props)"이 있다. 그리고 해당 스크립트가 나타내는 행위가 호출될/활성화될 상황을 기술하는 부분인 "개시 조건(entry conditions)"과 스크립트의 행위가 완료되었을 때의 상황을 나타내는 "결과(results)"가 있다. 예를 들어, 식당 방문의 행위를 하기 이전에는 손님이 배가 고프고 돈이 있는 상황인데, 그 행위가 끝나고 나면 그 손님은 배가 고프지 않으며 식비 만큼 돈이 줄어들지만 주인을 그 만큼 돈이 더 많아지는 상황이 된다. 마지막으로 해당 스크립트의 시간적 측면을 순서대로 나타내는 "장면의 연속체(sequence of scenes)"가 있다.

위에서 나열한 프레임들과 스크립트를 살펴 보면 개념은 프레임으로 표상이 되는 것과 스크립트로 표상이 되는 것으로 나누어 질 것 같지만 실제로 그렇지는 않다. 예를 들어, [시험(exam)]이라는 단어가 나타내는 개념 EXAM은 어떻게 표상화 될 수 있을지 살펴 보자 (Thagard 2005: 61).

(20) EXAM 프레임/스크립트

A kind of: course requirement

Kinds of exam: written, oral, take-home, short-answer, etc.

Room:

Sequence:

Get the exam questions

Put your name on the exam paper

Answer the questions

Check your answers

Hand in your exam

이 체계는 슬롯들로 구성되어 있기 때문에 기본적으로 프레임의 형식을 띠고 있다. 그렇지만 슬롯들 중에는 [Sequence]가 포함되어 있으며 그 값/필러는 일련의 행위의 연속체이다. 이는 바로 위에서 살펴 본 스크립트의 핵심적 속성이다. 이런 측면에서 (20)은 프레임과 스크립트의 속성을 모두 가지고 있다고 보아야 한다. 그러므로 개념을 종류에 따라서 프레임으로 표상화될 수 있는 것과 스크립트로 표상화될 수 있는 것으로 양분하기는 어려울 것 같다. 비록 개념의 종류에 따라 행위나 장면의 연속체가 중요한 역할을 하는 것이 있겠지만 기본적으로 모든 개념은 프레임과 스크립트적 속성을 모두 가지고 있는 체계로 형식화할 수 있으리라고 본다.

이제까지 몇 가지 유형의 프레임/스크립트를 살펴 보았다. 이들을 바탕으로 우리가 2.2절에서 검토해 본 색채 용어와 친족 용어는 어떻게 표상화할 수 있을지 알아 보자. 색채 용어는 색상(hue), 명도(value), 채도(chroma)의 세 가지 척도를 슬롯으로 생각하면 쉽게 표상할 수 있을 것이다. 예를 들어, 전형적인 [빨강(red)]은 다음과 같이 표상화할 수 있다.

(21) RED 프레임

Hue	5R
Value	4
Chroma	14

전형적인 빨강은 슬롯 [Hue]의 필러로 여러 가지 가능한 값 중에서 "5R"을 가진다. 슬롯 [Value]는 0에서 10까지의 11단계 중에서 4를 필러로 가지고 슬롯 [Chroma]는 일반적으로 1에서 14까지의 14단계 중 14를 필러로 가진다. 이 슬롯들은 위의 예들에서는 사용되지 않은 것들이다.

그러면 친족 용어는 어떻게 표상화할 수 있을까? 2.2절에서 우리는 친족 용어를 표상하기 위해서 여러 가지 장치가 필요함을 알았다. 먼저 직계 관계, 동기 관계와 혼인 관계가 표시되어 있는 가계도와 SEX, AGE, ORDER 세 개의 자질을 설정하였다. 각각의 친족 용어는 이들을 바탕으로 다음과 같이 표상화될 수 있다 (2.2절 (7) 참조).

(22) <a, …, n>

첫 번째 요소 a는 자아(ego) 노드를 마지막 요소 n은 지칭 대상(addressee) 노드를 나타낸다. 그리고 이 두 요소 중간에는 가계도상에서 거쳐 지나 가는 노드들이 나타난다. 그리고 이들 각 노드는 필요에 따라 세 개의 자질 중 일부 혹은 전부를 가질 수 있다.

위의 (22)에서 포착된 내용을 프레임 방식으로 표상화하기 위한 방법은 여러 가지가 있으리라고 생각한다. 손쉽게 생각할 수 있는 방법은 자아 노드와 지칭 대상 노드 및 그 중간에 오는 노드를 각각 슬롯으로 설정하는 것이다. 그리고 가계도도 슬롯의 하나로 설정이 되어야 할 것이다. 예를 들어, (22)의 체계에 따르면 [외할머니]는 <00, 10[SEX: F], 20[SEX: F]>로 표상화되는데 이를 프레임 체계로 표상해 보자.

(23) [외할머니] 프레임

Family tree	(a specific family tree)
Ego	00
Intermediate 1	10[SEX: F]
Addressee	20[SEX: F]

이 프레임은 이제까지의 다른 프레임들보다 좀 더 복잡하다. 먼저, 슬롯 [Family tree]의 필러가 특이하다. 2.2절의 <그림 3>에서 살펴 본 바와 같은 구체적인 가계도이다. 그리고 다른 각 슬롯은 [Family tree]의 필러로 나타나는 가계도 속의 숫자를 필러로 가진다는 제약을 가지고 있다. 또한 이 필러들은 자체가 세 개의 자질 중 일부 혹은 전부의 자질을 가질 수 있다. 이런 구조의 프레임이 정당화될 수 있을지는 좀 더 연구를 해 보아야 하겠지만 한 가지 가능성으로 제시해 보았다.

이제까지 여러 가지 종류의 개념을 표상화하기 위한 여러 유형의 프레임/스크립트를 살펴 보았다. 프레임 방식의 표상화가 성공적으로 정착되기 위해서는 먼저 슬롯-필러를 어떤 방식으로 나타낼지 등에 대한 형식적인 일반화를 이루어야 한다. 그리고 어떤 종류의 슬롯을 몇 개 설정해야 할지 그리고 각각의 슬롯에 대한 필러는 어떤 것이 되어야 할지 등에 대한 연구도 필요할 것이다. 그럼에도 불구하고 프레임 방식은 논리 표상 체계나 규칙 표상 체계 등에 비해 여러 가지 장점이 있다. 이 장점들을 검토하면서 이 섹션을 마치려고 한다.

다른 표상 체계에 비해 개념을 바탕으로 한 프레임 표상 체계의 장점은 전형적인 예를 바탕으로 개념을 정립할 수 있기 때문에 디폴트 값을 설정하고 그에 따라 예외적인 속성을 가진 예들도 표상할 수 있다는 것이다. 예를 들어, (17)의 CHAIR 프레임에서 [Number-of-legs]의 필러를 규정함에 있어 디폴트 값을 4라고 규정함으로써 의자는 일반적으로 4개의 다리를 가지고 있음을 나타낼 수 있다. 그렇지만 의자에 따라서는 (예외적으로) 2개나 3개의 다리를 가질 수도 있다. 또한 개념간의 상하위 관계를 나타내는 슬롯을 바탕으로 상위 개념으로부터 속성을 상속 받을 수가 있다는 것도 장점이다. 예를 들어, (18)의 ALEX 프레임에서 [SEX]의 필러가 "Male"이라는 것은 따로 규정할 필요 없이 상위 개념인 'Boy'에서 자동적으로 상속받을 수 있다. 전형성을 바탕으로 디폴트 값을 활용할 수 있고 개념의 상하위 관계에 따른 계층구조의 장점을 활용할 수 있는 것은 규칙 표상 체계 등에서는 (가능하다고 할지라도) 쉽게 활용할 수 없는 장치들이다 (Thagard 2005: 61-62 참조). 일반적으로 프레임 방식은 지식을 자연스럽게 표현할 수 있을 뿐만 아니라 여러 유형의 정보를 잘 표현할 수 있고 많은 양의 정보를 효율적으로 표현할 수 있다는 장점을 가지고 있다 (도용태 외 2001: 54, 131).

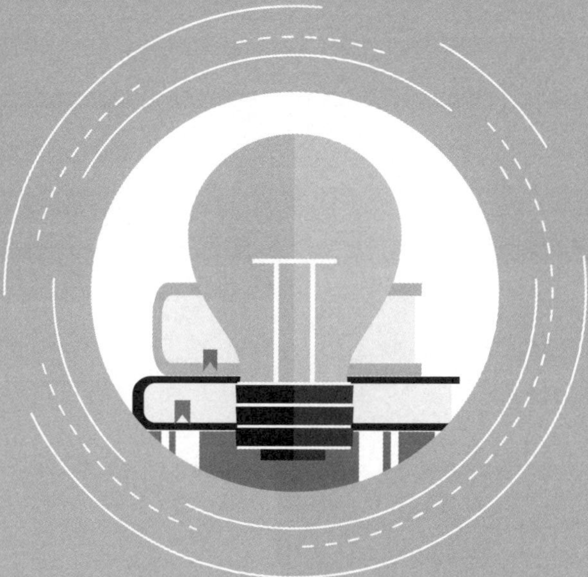

제2부 지식망 종류

제2부 지식망 종류

이해윤

지식의 표현은 표현 내용과 표현 방식에 따라 구분될 수 있다. 표현 내용은 지식으로 구체화되는 내용물로서 시스템에 따라 그 범위가 달라질 수 있다. 단순히 내용을 나타내는 어휘들로부터 시작하여 심층적 내용이나 표현되지 않은 추론 내용까지도 포괄할 수 있다. 표현 방식은 표현 내용을 나타내는 형식적 수단으로서 이 또한 시스템에 따라 달라질 수 있다. 단순히 표현 내용을 나열식으로 제시하는 것부터 시작하여, 네트워크나 프레임으로, 더 나아가 복잡한 논리기호로 나타낼 수도 있다. <그림 1>은 현재까지의 다양한 지식망들의 발전 단계를 보여준다.

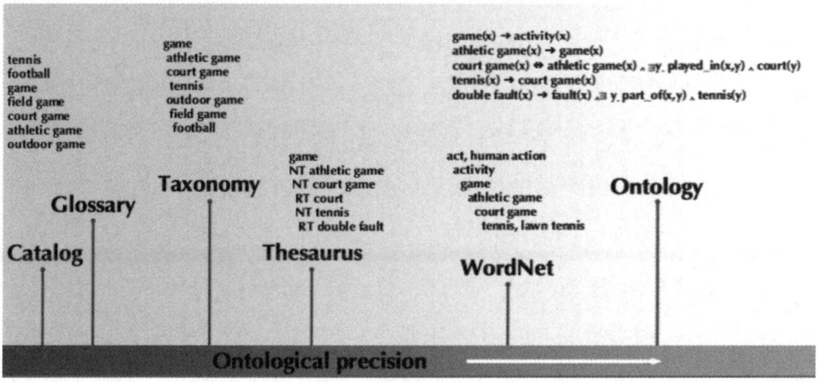

<그림 1> 지식망의 발전 단계

먼저 가장 단순한 지식의 표현으로 색인어 목록(catalog)을 들 수 있다. 문서에 의한 기록물을 대상으로 하는 경우 그 주제를 나타내는 요소를 색인어로 보고 색인어에 해당하는 용어들을 추출하는 과정을 색인화(indexing)라고 한다. 이러한 색인화 과정을 통해 색인어 목록 외에도 용어집(glossary)이나 통제어휘집(controlled vocabulary) 등과 같은 색인 데이터베이스를 구축할 수 있다. 색인어 선정에 있어서 작업자는 가급적 그 대상의 내용에 잘 부합하는 색인어를 망라하여 선정해야 한다. 이렇게 구축된 색인 데이터베이스는 한편으로는 문서에 대한 주제 분석에 쓰일 수도 있고, 다른 한편으로는 정보검색시에 원하는 정보를 정확히 추출하는 데 이용될 수 있다.

다음으로 색인어 목록보다 더 구조화된 데이터베이스로서는 분류체계 또는 분류학(taxonomy)을 들 수 있다. 이 분류체계는 어휘들에 대한 상하위 계층 분류작업을 통해서 구축된다. 이러한 분류체계의 존재는 대부분의 학문 분야에서 전제되며, 특히 생물학이나 문헌정보학, 철학 등에서 중요하게 다루어진다. 철학의 경우, 존재론이라는 하위영역으로 연구되어 왔으며 분류체계에 이론적 토대를 제공하고 있다.

분류학의 다음 단계로는 시소러스(thesaurus)가 있다. 시소러스는 어휘들간 상하위 관계에 의한 계층구조 뿐만 아니라 유의어, 관련어 등의 정보를 포함한 보다 복잡한 데이터베이스라고 말할 수 있다. 특히 현대에는 검색 시스템에서 문서 검색의 효율성을 높이는 데 필수적인 자원으로 간주되어 전산학 분야에서 많은 관심을 받고 있다.

한편, 컴퓨터에 의해 자연언어를 처리하기 위해서는 어휘가 갖는 다양한 정보들 뿐만 아니라 어휘들간의 다양한 관계들도 필요하다. 이러한 요구에 부응하여 전산학, 언어학, 심리학 등에서는 보다 풍부한 정보를 담고 있는 대규모 어휘 데이터베이스를 구축하려는 노력들이 있어왔다. 이러한 노력의 대표적인 결과물로서는 영어 단어망 WordNet을 들 수 있다. 또한 다른 언어들도 그간 나름의 단어망을 구축해 왔으며, 이들을 연결하는 다국어 단어망들도 존재한다. 이러한 단어망들은 정보검색 뿐만 아니라 기계번역, 문서분류 등과 같은 다양한 응용 분야에 활용된다.

끝으로 온톨로지(ontology)는 현재까지의 지식망들 중 표현 내용과 표현 방식에 있어서 가장 발전된 단계에 해당된다고 볼 수 있다. 온톨로지는 이전 단계의 지식망들이 대상으로 한 단어나 의미를 넘어서 개념을 기본 단위로 한다. 그리고 이전 단계의 지식망들이 보여준 어휘적/의미적 관계들 외에 기술가능한 다양한 관계들과 관련 지식을 담고 있다. 또한 대부분 논리언어를 사용하여 그 내용을 표현하고 있어서 추론을 통해 기존 지식을 점검하거나 새로운 지식을 생성해낼 수도 있다.

이러한 온톨로지는 현대 사회의 다양한 분야에서 응용되고 있으며, 특히 시맨틱웹(semantic web)의 출현과 더불어 그 중요성이 인식되면서 새롭게 주목을 받고 있다. 시맨틱웹은 웹 상의 정보에 잘 정의된 의미를 부여함으로써 사람뿐만 아니라 컴퓨터도 문서의 의미를 쉽게 해석할 수 있도록 한다. 즉, 시맨틱웹에서는 기존의 웹 문서와는 달리 컴퓨터가 해석하기 쉽도록 부여한 의미를 갖기 때문에 웹의 의미 정보를 자동으로 추출할 수 있을 뿐만 아니라 정보의 확장이나 공유도 가능하게 된다. 이러한 시맨틱웹을 실현하기 위해서는 다양한 기술들이 필요하다. <그림 2>는 시맨틱웹을 실현하는 기술의 로드맵을 보여준다.[1)]

<그림 2>를 보면, 기본적으로 상위 계층에 있는 기술은 하위 계층의 기술을 기반으로 하고 있다. 밑에서 2 단까지의 URI, Unicode, XML은 기초 기술에 해당한다. 3 단부터 5 단까지 기술들 중 RDF, RDF-S, OWL은 주로 데이터 기술 방법과 데이터 간의 관계를 정의한다. 그리

1) https://en.wikipedia.org/wiki/Semantic_Web

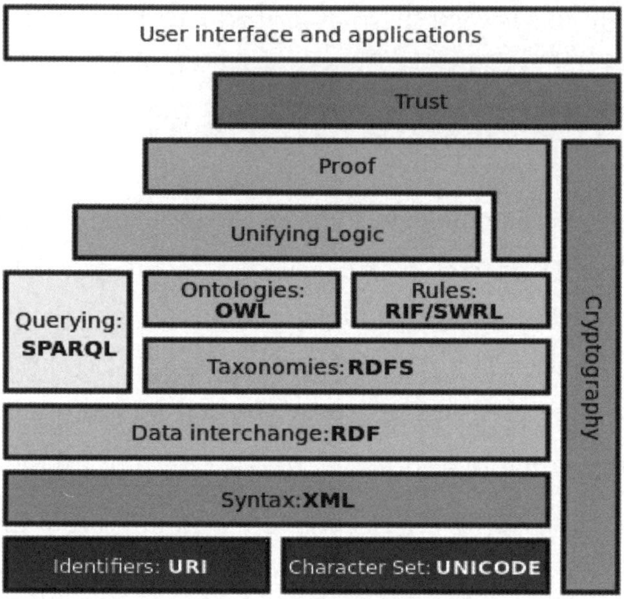

<그림 2> 시맨틱웹의 로드맵

고 SPARQL은 데이터의 검색 방법을 정의하고, RIF는 추론 규칙을 정의한다. 6 단부터의 요소들은 시맨틱웹 상의 데이터를 이용하여 추론을 하거나, 추론의 결과를 증명하는 것들이다 (정재은 외 역 2015). 이러한 시맨틱웹 기술들 중 온톨로지가 핵심 기술이라고 할 수 있다. 왜냐하면 기존 웹과 시맨틱웹의 근본적 차이는 웹 문서에 의미 부여 여부이고, 이는 온톨로지가 주로 담당하기 때문이다. 차세대의 웹과 지식처리의 핵심 기술로 시맨틱웹을 꼽는다면, 가장 발달된 지식망인 온톨로지는 앞으로도 중요한 위치를 차지할 것으로 보인다.

제2부에서는 지식망들을 발전 단계별로 개관해 보고자 한다. 가장 단순한 분류학(4장)부터 시작하여, 시소러스(5장), 단어망(6장), 온톨로지(7장) 순으로 다룬다. 각 장에서 해당 지식망에 대한 일반적인 설명에서 시작하여 대표적인 지식망들을 구체적으로 살펴봄으로써 그에

대한 이해를 높이고자 한다. 특히 시소러스와 단어망의 경우 국내외 연구 결과물들을 대비시킴으로써 국내 연구의 현 단계를 짚어 보고자 한다.

4.1. 개관

분류(classification)란 어떤 대상에 관하여 일정한 원리나 관점에 기초하여 구분하고 하나의 논리적 체계로 완성시키는 것이라 할 수 있다. 분류에는 일반적으로 다음 네 가지 원칙들이 적용된다 (정동열·조찬식 2016: 132).

- 합목적성: 분류의 목적, 성질, 용도 등에 적합한 원리를 적용한다.
- 망라성: 일관성 있는 구분 원리에 근거하면서 전체를 포함한다.
- 상호 배제성: 분류 항목 간에 중복되지 않는 범위에서 서로 배타성을 유지해야 한다.
- 점진성: 구분의 각 단계가 순서를 밟아 계층적으로 이루어진다.

우리는 이러한 분류를 행함으로써 우리가 지각하는 세계에 관한 지식을 손쉽게 체계화할 수 있다. 즉 우리가 지각하는 개체들을 분류함으로써 정보 처리를 단순화시키고 인식 대상을 보다 잘 이해할 수 있게 된다.

한편 이러한 분류 개념을 토대로 하는 분류 체계로서의 분류학(taxonomy)은 현대적 의미로는 데이터를 수집하고 분석하여 공통 속성을 밝히는 귀납적 방법에 의하여 모은 것들을 정리하고 나누는 과정을 의미한다. 예를 들어, 새와 짐승과 물고기는 각각 서식하는 공간도 다르고 모양이나 성질도 다르지만 등뼈를 가지고 있다는 공통점이 있다. 서로 다른 점을 버리고 공통점을 찾는 소위 "사상(abstraction)"이라는 방법을 적용하면 척추동물이라는 상위 개념을 얻을 수 있다. 이런 방법으로 분류 체계를 만들어 갈 수 있다 (최석두·한상길 2008: 163).

분류학은 기본적으로 일련의 표준을 제공함으로써 의사소통을 간소화한다. 분류학의 적용은 전문영역에서 우선적으로 찾아볼 수 있다. 생물의 분류나 도서 분류에서 이를 확인해 볼 수 있다. 한편 일반적 현상에 대한 분류 시도는 철학에서 찾아볼 수 있다. 이는 현대의 온톨로지(7장)로 연결된다. 아래에서는 영역별 분류체계들을 살펴보기로 한다.

4.2. 생물학

분류학은 동물, 식물을 포함한 생물학의 가장 기초적인 부문이다. 즉 생물학은 분류학적 연구가 어느 정도 이루어진 후에야 비로소 본격적인 과학적 연구를 시작할 수 있다. 다음은 동물과 식물의 분류 예를 보여준다.

계 (Kingdom):	동물계	식물계
문 (Phylum):	절지동물문	겉씨식물문
강 (Class):	곤충강	구과식물강
목 (Order):	나비목	은행목
과 (Family):	호랑나비과	은행나무과
속 (Genus):	호랑나비속	은행나무속
종 (Species):	호랑나비	은행나무

생물학의 분류에서 식물이나 동물 개념은 매우 추상적인 개념이기 때문에 “계”라고 부른다. 동물계 중에서 해면동물, 연체동물, 절지동물,

척추동물 등의 수준을 "문"이라 부른다. 절지동물문 중에서 거미류, 곤충류의 수준은 "강"이라 부른다. 곤충강 중에서 바퀴벌레류, 사마귀류, 나비류의 수준은 "목"이라 부른다. 그리고 목 아래에 "과", "속", "종" 수준으로 내려간다. 식물계도 동물계와 비슷한 방식으로 분류된다.

4.3. 문헌정보학

도서관은 다양하고 수많은 정보자료들을 수집해 놓아 이를 가급적 많은 이용자가 활용할 수 있도록 하는 기관이다. 그러므로 도서관에서의 자료 분류는 다음과 같은 점에서 매우 중요한 의미를 갖는다 (정동렬·조찬식 2016). 첫째, 자료의 전체적인 체계를 알 수 있다. 둘째, 관련 주제들을 하나의 범주에 모음으로써 관련 주제 중심의 접근이 가능해진다. 셋째, 특정 주제에 대해 어떤 자료가 수집되고 소장되어 있는지를 알 수 있다. 넷째, 자료들이 주제에 따라 구분되어 있으므로 자료 검색의 시간과 노력을 절약할 수 있다.

도서관의 자료 분류에는 여러 가지 방법들이 제안되어 왔다. 이는 분류 방식이 정보자료 자체보다는 정보자료를 둘러싼 사회적, 문화적 환경에 의해서 결정되기 때문이다. 아래에서는 현재 세계적으로 가장 널리 쓰이는 정보자료 분류법인 "듀이 십진분류(Dewey Decimal Classification: DDC)"를 살펴보기로 한다.

듀이(Melvil Dewey)는 미국 애머스트칼리지의 도서관에서 일하면서 불편하게 느낀 점을 고쳐 새로운 분류법을 만들었다. 그는 1876년에 쓴 『도서관의 도서 및 자료의 분류와 배열』에서 소위 듀이 십진분류법을 제안하였다. 베이컨의 분류법, 즉 인간의 정신 능력인 기억력, 상상력, 이성에 착안하여 인간의 지성에 의한 학문을 역사, 시학, 철학의 세 가지로 분할하고, 도서의 주제를 아홉 개로 구분하였다. 이에 따른 DDC의 대주제 분류인 10 개의 주류(class)는 다음과 같다.

000	컴퓨터 과학, 정보 총류 (Computer science, information & general works)
100	철학, 심리학 (Philosophy & psychology)
200	종교 (Religion)
300	사회 과학 (Social sciences)
400	언어 (Language)
500	과학 (Science)
600	기술 (Technology)
700	예술, 레크리에이션 (Arts & recreation)
800	문학 (Literature)
900	역사, 지리 (History & geography)

000에는 태초의 인간과 자연이 혼돈에서 출발한다는 의미에서 특정 학문이나 주제에 속하지 않는 분야를 모았다. 100은 혼돈에서 질서를 찾기 위한 이성의 노력을 담은 철학을, 200에는 유한한 인간이 절대적인 신을 숭배한다는 뜻에서 종교를 담았다. 300에는 인간이 가족과 사회, 국가를 형성하는 데 필요한 사회과학을, 400에는 사회가 서로 소통하기 위해 필요한 언어를 모았다. 500에는 생활에 필요한 과학적 지식인 자연과학을 담고, 600에는 지식이 기술로 발전된 기술과학을 담았다. 생활 수준이 높아지면서 예술(700)이 나타나고, 정신을 풍요롭게 하는 문학(800)도 나타난다. 마지막으로 900에는 이 모든 것을 기록한 역사를 모았다 (네이버 지식백과). 이러한 대주제들은 다시 하위분류된다. 표시 방법은 0~9의 숫자를 사용한다. 분류할 때는 주제의 대상이 되는 학문의 분야를 정하고, 그 분야의 세부 영역을 계층적으로 내려가며, 해당하는 단계의 구분을 부여한다. 다음은 이러한 체계의 예로서 언어 분야의 강목(division)과, 그 아래의 언어학 영역의 요목(section)을 보여준다.

400	Language
410	Linguistics
420	English & Old English languages
430	German & related languages
440	French & related languages
450	Italian, Romanian & related languages
460	Spanish, Portuguese, Galician
470	Latin & Italic languages
480	Classical & modern Greek languages
490	Other languages

410	Linguistics
411	Writing systems of standard forms of languages
412	Etymology of standard forms of languages
413	Dictionaries of standard forms of languages
414	Phonology & phonetics of standard forms of languages
415	Grammar of standard forms of languages
416	*No longer used*
417	Dialectology & historical linguistics
418	Standard usage (Prescriptive linguistics)
419	Sign languages

4.4. 철학

아리스토텔레스(Aristotle)는 『범주론』에서 존재를 자체로서 존재하는 것(실체)과 이것에 붙어서 존재하는 것들(우연한 존재들)로 구별한다. 전자는 영희, 책상, 꽃 등이고, 후자는 영희의 머리 색깔, 표정, 책상의 모양, 크기, 꽃의 형태, 색깔 등에 해당한다. 그리고 이 둘을 결합한 [영희가 착하다], [꽃이 아름답다] 등의 실체-성질 구조가 전통적인 사유의 기본적인 틀이자 문장의 기본구조인 주어-술어 구조에 해당한다고 본다.

아리스토텔레스는 우연한 존재들을 9 가지 범주로 구분하여 다음과 같이 실체를 포함한 총 10 가지의 범주들을 제시한다.

실체(substance), 질(quality), 양(quantity), 관계(relation), 능동(action), 수동(passion), 소유(having), 상태(state), 시간(time), 장소(place)

'질'은 실체의 어떠함을 표현한다. 다른 범주들에 비해 그 종류가 특히 다양하다. 예를 들어, 색, 모양, 성격, 감촉 등의 하위 범주들을 설정할 수 있다. '양'은 수량을 표현한다. '관계'는 사물들 간에 존재하는 것이다. '능동'과 '수동'은 어떤 힘을 가함과 받음을 표현한다. '상태'는 어떤 속성이 지속적으로 유지되는 것을 말한다.

한편, 칸트(Kant)는 『순수이성비판』에서 아리스토텔레스의 분류체계를 비판하고 나름의 체계를 제시한다. 칸트는 존재와 사유의 일치라는 이전 생각에서 벗어나서, 인간은 감성을 통해서 만들어낸 감각 자료들을 오성을 통해서 종합적으로 구성한다고 본다. 오성은 판단을 통해서 다양한 자료들을 종합하는데, 이때 판단은 '양', '질', '관계', '양상'으로 구성된다. 그리고 각 그룹은 세 개의 범주를 갖는다. 이 세 개의 범주 설정은 thesis, antithesis, synthesis라는 정반합의 원리에 따른 것으로 본다. 칸트의 이러한 분류체계는 다음 <표 1>과 같이 정리된다 (Sowa 2000: 58, 이정우 2004: 327).

<표 1> 칸트의 분류체계

양 (quantity)	질 (quality)	관계 (relation)	양상 (modality)
단일성 (unity)	실재성 (reality)	실체 (inherence)	가능성 (possibility)
다수성 (plurality)	부정 (negation)	원인 (causality)	현존 (existence)
총체성 (totality)	제한성 (limitation)	상호성 (community)	필연성 (necessity)

칸트는 이렇게 범주표를 제시하고 바로 이 범주의 틀에 따라 인간이 자료들을 종합해서 구성한다고 본다.

현대에 들어와 분류체계를 제시하는 여러 학자들을 찾아볼 수 있다. 예를 들어, 훗설(Husserl), 화이트헤드(Whitehead), 하이데거(Heidegger) 등을 들 수 있다. 이외에도 치좀(Chisholm)은 <그림 1>에서 보는 바와 같은 수형도 형태의 분류체계를 제안한다 (Chisholm 1996).

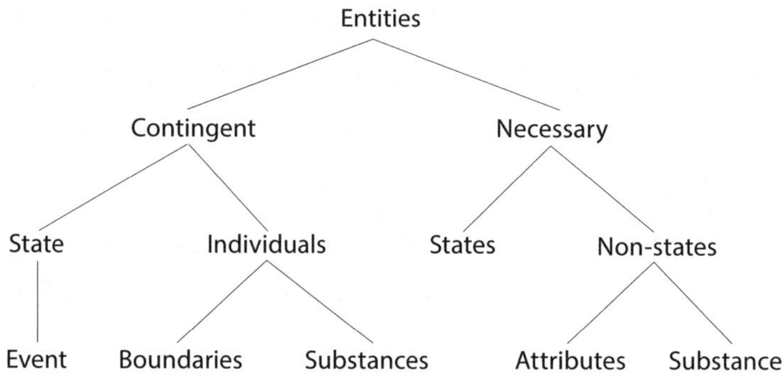

<그림 1> 치좀의 분류체계

이러한 수형도는 다음과 같은 구성 원리들을 충족시켜야 하는 수학적 엄밀성을 갖는다. 다음은 적정의 분류체계를 설정하기 위해 Smith(2003)이 제시한 원리들이다.

- 분류체계는 "연결된 비순환적 그래프 (a conntected graph without cycles)" 형태를 지녀야 한다. 이를 통해 하나의 노드는 하나의 상위 노드를 갖게 된다.
- 분류체계는 더 이상의 하위 노드를 갖지 않는 최소 노드를 지녀야 한다.
- 분류체계는 하나의 최대 노드를 가져야 한다. 즉 하위 노드들은 궁극적으로 하나의 최상위 노드로 수렴되어야 한다.

한편, 분류체계가 반드시 수형도 형태를 가져야 하는 것은 아니다. 소와(Sowa)는 이전 철학자들의 분류체계들을 고려하여 다음 <그림 2>에서 보는 바와 같이 격자(lattice) 형태의 분류체계를 제안했다 (Sowa 2000: 7)[1]

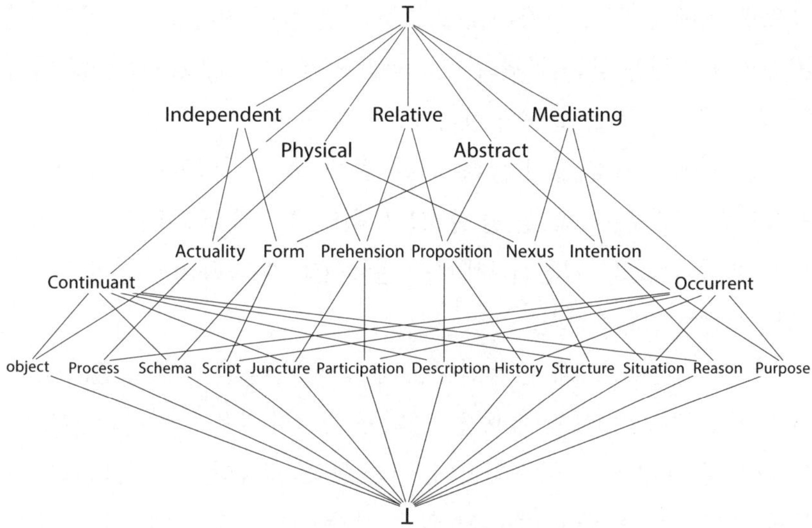

<그림 2> 소와의 분류체계

<그림 2>에 제시된 형태는 최상위 노드(T)와 최하위 노드(⊥)를 갖는 격자 구조에 해당한다. 내용상으로 보면, 위 분류체계는 최상위 개체를 세 가지 기준으로 구분한다. 첫째, Physical-Abstract으로 구분하고 전자는 다시 Actuality-Prehension-Nexus 세 범주로 그리고 후자는 다시 Form-Proposition-Intention 으로 구분한다. 둘째, 다음 세 가지로의 분류기준을 택한다: 실제 개체들인 Independent, 추상적 개체

1) Sowa's KR (Knowledge Representation) Ontology (http://www.jfsowa.com/ontology/).

들인 Relative, 종합적 개체들의 Mediating. 세째, 변화하는 개체들인 Continuant와 지속적인 속성을 갖는 개체들인 Occurrent으로 구분한다. 위 구조는 이러한 세 차원의 기준을 12개 범주에 적용한 모습으로서 수학적으로는 다중상속(multiple inheritance)을 허용하는 격자 형태를 갖는다. 따라서 하위 범주들의 의미는 관련된 상위 범주들의 조합으로 이해될 수 있다 (Sowa 2000). 예를 들어, Process는 일정기간 지속적인 속성을 갖는 실제의 개체들을 의미하고, Schema는 변화가능한 것의 구조를 갖는 일종의 형식들을 의미한다.

한편, 동양에서 만물의 생성, 기원, 존재 등을 설명하려는 학설로는 음양오행설(陰陽五行說)을 들 수 있다. 음양설과 오행설은 원래 독자적으로 제시되었으나 기원전 4세기초 전국시대 제 나라의 추연이 체계적으로 결합시켰다고 한다.

음양설의 경우, 고대 중국인들은 우주의 만물이 형(形), 질(質), 기(氣) 등으로 이루어졌는데, 이들 중 기를 생명의 본원으로 바라본다. 기는 다시 음과 양으로 구분되는데, 이를 통해 세상의 모든 상대적인 면들을 설명하고자 한다. 즉 음과 양은 각각 어둠과 밝음에 관련되어 있어, 천/지, 일/월, 남/여, 상/하 등의 이분법적 자연현상 구분을 음양으로 설명한다.

오행설의 경우, 『서경』의 홍범편에서 오행설 관련 정의를 찾아볼 수 있다 (정인재 역 1989) .

> "그 하나는 '오행'인데 첫째 물(水), 둘째 불(火), 셋째 나무(木), 넷째 쇠(金), 다섯째 흙(土)이다. 물은 축축하여 아래로 스며들고, 불은 위로 타올라 가고, 나무는 휘어지기도 하고 곧아지기도 하며, 쇠는 마음대로 모양을 바꿀 수 있고, 흙은 종자를 심어 오곡을 수확할 수 있다."

오행설의 다섯 가지 요소들은 상생(相生)과 상극(相剋)이라는 두 종류의 관계를 맺고 있다고 본다. <그림 3>은 이를 보여준다.

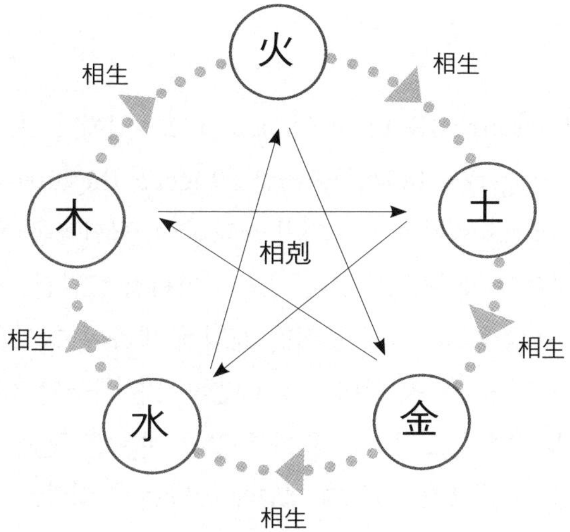

<그림 3> 오행의 관계

즉, 상생관계에 의하면, 목이 화를 낳고, 화가 토를 낳고, 토가 금을 낳고, 금이 수를 낳고, 수가 목을 낳는다. 그리고 상극관계에 의하면, 목이 토를 이기고, 금이 목을 이기며, 화가 금을 이기고, 수가 화를 이기며, 토가 수를 이긴다. 이러한 관계는 일상적인 사회생활에서 각 요소들의 성질과 기능을 고려해서 설정되었다고 한다.

이러한 관계들을 갖는 오행은 자연법칙에서부터 인간의 활동에 이르기까지 관련한다고 본다. 예를 들어, 방위의 경우 동서남북은 각각 목금화수에, 중앙은 토에 해당한다고 본다. 그리고 계절중 춘하추동은 목화금수에, 간절기는 토에 해당한다고 본다. 또한 유교적인 덕목인 인(仁), 의(義), 예(禮), 지(智), 신(信)도 이러한 오행설과 관련된다고 본다. 즉, 인은 목에, 의는 금에, 예는 화에, 지는 수에, 신은 토에 연결시킨다.

제5장 시소러스

5.1. 개관

시소러스(thesaurus)는 라틴어 [$\theta\eta\sigma\alpha\upsilon\rho$ (보물)]에서 유래한 말로 로제(Peter M. Roget)가 1852년 출판한 『Roget's Thesaurus of English Words and Phrases』에서 사용되기 시작하여, 어휘들을 동의 관계, 반의 관계, 상하위 관계 등으로 엮은 일종의 어휘집을 일컫는다.

전통적인 시소러스의 정의는 어떤 개념에 대하여 그것을 가장 적절히 표현할 수 있는 어휘를 선택하고자 만들어진 어구의 집대성으로 표현된다. 다시 말해 시소러스란 용어를 알고 내용을 찾는 일반 사전과는 반대로, 뜻을 알고 있으나 그 개념에 해당하는 적당한 용어를 찾는데 사용되는 용어집이라고 할 수 있다. 이와 관련하여 Chapman (2001: xiii)에서는 다음과 같이 밝히고 있다.

> "시소러스는 일반적인 아이디어에 대한 특정 어휘나 구를 찾는 장치이다. [⋯] 아이디어가 있지만 이를 가장 잘 표현하는 어휘 내지 구를 알지 못하거나 기억해 낼 수 없을 때, 또는 의도한 바를 보다 정확하고 효과적으로 말하는 방식을 원할 때 시소러스를 사용할 수 있다. 시소러스가 여러 가능성들을 제공하면, 당신은 그 특정 문맥에 가장 잘 맞는 것을 선택한다. 그 가능성들은 보통 우리가 생각하는 의미 뿐만 아니라 특정 어휘나 구가 갖는 특수한 의미들도 포함한다."

최근에는 시소러스를 지식베이스를 구성하는 하나의 용어 데이터베이스로 보는 관점이 많이 나타나고 있다. 다음은 이러한 관점 변화를 잘 표현하고 있다 (Jones 1993: 167).

> "시소러스는 특별한 주제 분야에서 문헌을 색인하고 검색하는 데 사용되는 단어와 구 들간의 관계에 대한 정보의 보고이며, 문헌에서 발생하는 생생한 텍스트 단어와 질의에서 사용된 단어 간의 매핑을 향상시키기 위해 전문가들이 구축해 놓은 용어 데이터베이스이다."

이러한 관점의 시소러스는 주어진 분야에서 통제된 용어들의 집합과 용어들 사이의 동의 관계 및 계층 관계 등을 표현한다. 그 결과 이런 성격의 시소러스는 정보 저장 또는 검색 시스템에서 문서 검색의 효율을 높이고, 문서의 색인에서 일관성을 주기 위하여 사용된다. 즉 시소러스의 효용성은 크게 두 가지 측면으로 요약할 수 있다. 하나는 검색자를 돕는 측면으로 문헌의 검색을 광범위하고 정확하게 하도록 하는 것이고, 다른 하나는 색인자를 돕는 측면으로 문헌의 색인 작업에 일관성을 유지하게 하는 것이다. 따라서 시소러스는 검색 작업에서는 적절한 검색어를 선택하여 검색 효율을 높이는 데 사용되며, 색인 작업에서는 적절한 색인 표목을 선택하고 용어를 통제하는 데 필요하다. 시소러스의 중요한 기능은 이와 같이 용어 사이의 관계를 나타내고, 정보의 탐색시 또는 문헌의 색인시 가장 적합한 용어를 선택하도록 도와주는 것이다 (양재군 2009).

아래에서는 먼저 전통적인 시소러스들을 살펴본다. 5.2 절에서는 로제의 시소러스를 개관해 본다. 그리고 5.3 절에서는 국내의 경우 조선말에 편찬된 일종의 시소러스로 간주되는 물명고를 개관해 본다. 다음으로 시소러스를 일종의 용어 데이터베이스로 간주하는 관점의 연구를 살펴보도록 한다. 구체적으로 5.4 절에서는 ISO에서 제안하고 있는 시소러스 개발 표준을 개관해 본다.

5.2. 로제의 시소러스

시소러스 초판 (1852)은 여섯 개 분류(class)로 나누어진 15,000 단어를 포함한다.[1] 각 분류를 살펴보면 다음과 같다.

- 제1 분류는 '추상적 관계(abstract relations)'이며, 존재, 관계, 양, 순서, 수, 시간, 변화, 인과관계의 8개 섹션으로 나뉜다.
- 제2 분류는 '공간(space)'이며, 공간 일반, 차원, 형태, 운동의 4개 섹션으로 나뉜다.
- 제3 분류는 '물질(matter)'이며, 물질 일반, 무기물질, 유기물질의 3개 섹션으로 나뉜다.
- 제4 분류는 '지성(intellect)'이며 크게 두 부문으로 나뉜다. 첫 번째는 '관념의 형성(formation of ideas)'으로서, 지적 작용 일반, 예비적 제 조건, 추론의 요소, 추론의 과정, 추론의 결과, 관념의 확대, 창조적 사고 등의 7개 섹션으로 나뉜다. 두 번째는 '관념의 전달(communication of ideas)'로서, 전달된 관념의 성질, 전달의 양상, 전달의 수단 등의 3개 섹션으로 나뉜다.
- 제5 분류는 '의지(volition)'이며 크게 두 부문으로 나뉜다. 첫 번째는 '개인적 의지(individual volition)'로서 의지 일반, 예상 의지, 의지 행위, 대립, 결과의 5개 섹션으로 나뉜다. 두 번째는 '사회적 의지(social volition)'로서 일반 의지, 특수 의지, 조건 의지, 소유 관계의 4개 섹션으로 나뉜다.
- 제6 분류는 '감정(emotion, religion and morality)'이며, 감정 일반, 개인 감정, 동정, 도덕, 종교의 5개 섹션으로 나뉜다.

---

1) 로제의 시소러스는 Gutenberg project에 의해서 디지털화되었으며, 웹상에서 검색 등의 서비스가 이루어진다 (http://www.gutenberg.org/ebooks/10681).

각 분류는 다시 섹션(section)으로 구분되고, 각 섹션은 990 개의 표제어로 구성된다. 각 표제어는 명사, 형용사, 동사, 부사, 감탄사 등의 단락(paragraph)으로 나뉜다. 각 단락은 유사한 의미를 갖는 단어나 구들이 세미콜론으로 구분된 그룹을 갖는다. 다음은 제5 분류 '의지' 중 '사회적 의지' 분야의 섹션 4 '소유관계' 하의 표제어 Loss에 대한 예이다.

> **#776. Loss -- N.** loss; deperdition†, perdition; forfeiture, lapse. privation, bereavement; deprivation *&c. (dispossession)* 789; riddance; damage, squandering, waste.
> **V.** lose; incur a loss, experience a loss, meet with a loss; miss; mislay, let slip, allow to slip through the fingers; be without *&c. (exempt)* 777.1; forfeit. get rid of *&c.* 782; waste *&c.* 638. be lost; lapse.
> **Adj.** losing *&c. v.;* not having *&c.* 777.1. shorn of, deprived of; denuded, bereaved, bereft, minus, cut off; dispossessed *&c.* 789; rid of, quit of; out of pocket. lost *&c. v.;* long lost; irretrievable *&c. (hopeless)* 859; off one's hands.
> **Int.** farewell to!, adieu to.

위 예에서 보면, 표제어 Loss는 명사, 동사, 형용사, 감탄사 순으로 배열되어 있고, 각 품사 내에서는 유의어들끼리 세미콜론에 의해 그룹핑되어 있다. 세미콜론의 그룹은 개념(concept)에 대응된다고 볼 수 있다. 즉 명사의 경우, 총 6개의 개념으로 나뉜다. 그리고 세미콜론 그룹의 요소들은 단어나 구가 나타날 수 있다. 위 예에서 동사 "mislay, let slip, allow to slip through the fingers" 그룹은 단어와 구가 섞여 나타난다.

초기 시소러스는 그후 수정 확대되었으며, 현재 이용되는 버전의 규모는 <표 1>과 같다 (Jarmasz & Szpakowicz 2001)[2)]

2) 표 1에서 SG는 Semicolon Group을, string은 단어나 구를 의미한다.

<표 1> 로제의 시소러스 규모

Class #	# of sections	# of heads	# of paragraphs	# of SGs	# of strings
1	8	182	1146	10479	38052
2	4	136	992	8904	32643
3	3	128	714	6447	22828
4	7	67	460	4243	15550
5	3	81	495	4953	18407
6	5	138	927	9626	36589
7	4	84	447	4125	15875
8	5	174	1251	11150	44870
Total:	39	990	6432	59927	224814

그리고 현재 다양한 형태의 서비스가 가능하다. 웹사이트(http://www.roget.org/)에서는 다양한 시각화 결과들을 보여준다. <그림 1>은 그래프로 제시된 표제어 happy의 예를 보여준다.

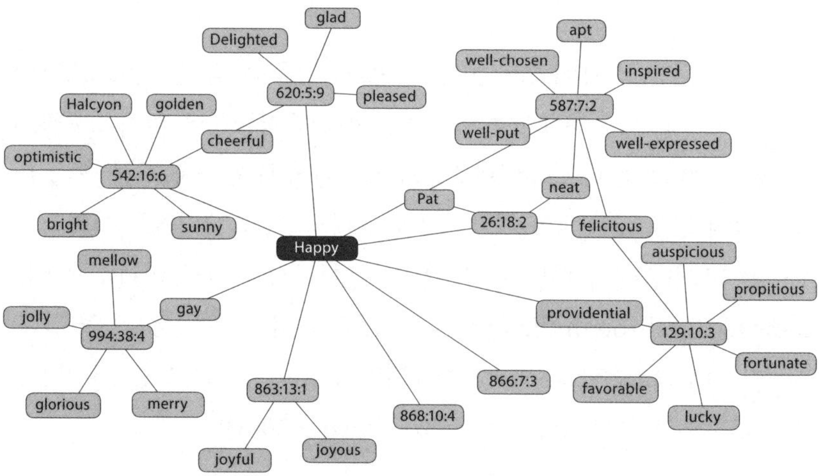

<그림 1> 로제의 시소러스 시각화 예시

5.3. 물명고

18, 19 세기 청대의 고증학 영향으로 물명에 대한 관심이 높아지면서 물명의 유서들이 편찬되었다. 한글로도 주석을 해 놓은 유서들은 『재물보』, 『박고』 등의 백과사전식 유서로부터 출발하여 유희의 『물명고』를 거쳐 일반인들이 쉽게 익힐 수 있는 다산의 『물명고』로 변천하여 오면서 널리 일반화되었다 (홍윤표 2013).

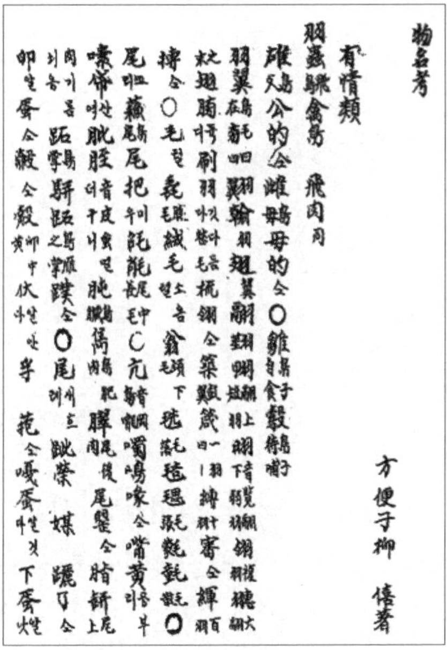
物名考

有情類

方便子柳僖著

<그림 2> 물명고

물명고는 실학파 학자였던 유희(柳僖: 1773~1837)가 편찬한 5권 1책의 박물지이자 한자어 분류어휘집이다.[3] 이 책에는 7000 여 물명의 성질과 형태 등이 상세하게 기록되어 있으며, 이 물명 중 1700 여 개는 우리말 어휘가 병기되어 있다. 표제항이 한자 또는 한자어로 되어 있지만, 그 주석문에 보이는 한글 표기의 물명은 국어 어휘 연구에 중요한 자료가 되고 있다 (홍윤표 2013). <그림 2>는 국립중앙도서관 소장본의 모습이다.

최경봉 (2005)에 의존하여 물명고의 구성 방식을 살펴보자. 먼저 물명고의 전반적 체계는 <그림 3>과 같이 다단계 분류방식을 택하고 있

3) 현재 원본은 전하지 않고 이를 전사한 것으로 보이는, 유희 후손의 소장본 (한국학중앙연구원 소장본), 국립중앙도서관본, 서울대학교 가람문고본, 일본의 鮎貝房之進 소장본, 鄭亮秀 소장본 등 다섯 가지 이본이 전한다 (홍윤표 2013).

다.[4)]

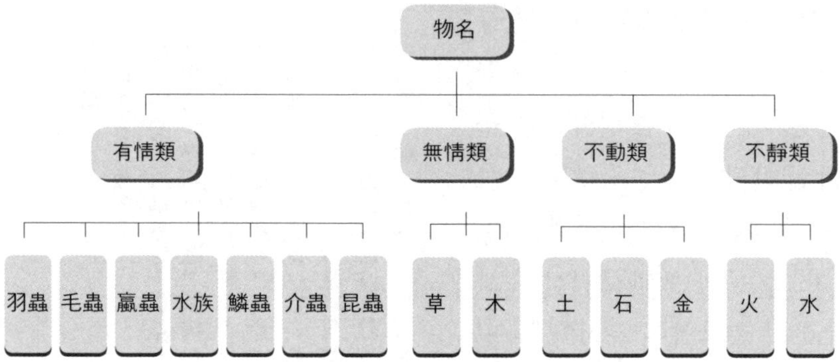

<그림 3> 물명고의 체계

구체적인 구성을 살펴보면, 하위부류 내에 같은 계열의 어휘들이 나열되고, 각 표제어들 아래에 해당 유의어들이 제시된다. 다음은 "유정류" 하의 "우충"과, "우충" 하의 "치"에 대한 유의어들을 보여준다.

(1) 가. 우충(羽蟲): 봉황(鳳凰), 치(雉), 백한(白鷴), 계(鷄), …

나. 치(稚): 휘(翬), 하적(厦翟), 적치(鸐雉), 희(鵗), …

또한 물명고에서는 유의어 외에도, 속성, 부분-전체 관계 어휘들이 나타나고 명사 외에도 명사와 관련된 동사들이 제시된다. 그리고 상하위 분류방식을 택하고 있다. 즉 상위 부류의 관련어들은 하위 부류에도 적용되기 때문에 상위 부류에 이에 대한 관련어들이 나오고, 하위어의 특징적인 관련어들은 해당 하위어의 부분에 배치되어 있다. 다음은 "우

4) 유정류에 '인간'이 빠져 있는 것으로 보아 물명고는 유교철학에 바탕을 두고 있기 때문에 '인간'과 '하늘'은 '물(物)'과는 독립적으로 존재하는 것으로 설정했을 것으로 추측된다 (최경봉 2005).

충"의 부분어, 관련어 등을 보여준다.

(2) 우충(羽蟲)

가. 모(毛), 미(尾), 미파(尾杷), … (부분어)

나. 난(卵), 과(戈), 위(罻), … (관련어: 명사)

다. 하단(下蛋), 비(飛), 명제(鳴啼)… (관련어: 동사)

이상에서 살펴본 물명고는 일종의 시소러스로서 다음과 같이 평가된다 (최경봉 2005). 첫째, 물명고의 상위 분류체계는 존재론적 특성을 기반으로 했다는 점에서 인간의 인지체계를 적절히 표현하는 분류체계로 볼 수 있다. 둘째, 물명고에서는 명사의 분류 방식을 취하고 있지만, 그 명사와 관련된 다양한 현상을 동시에 제시하고 있다는 점에서 어휘의 관련 양상을 총체적으로 보여준다고 할 수 있다.

5.4. 시소러스 개발 표준

시소러스 제작과 개발을 위한 지침을 제공하기 위하여 여러 표준이 1970년대부터 발표되었다. 국제표준으로는 ISO 2788과 ISO 5964, ANSI/NISO Z39.19 등이 있다.[5] 초기의 시소러스 가이드라인 및 표준

---

5) ISO 5964는 ISO 2788과 기본적인 지침은 같지만 다국어 시소러스 개발 지침에 초점을 두고 있다. ANSI/NISO Z39.19는 미국에서 발표된 표준으로서 단일어 통제 어휘 구축 및 유지에 관한 지침을 제공한다. 각 표준의 제목은 아래와 같다.
- ISO 2788: 1986 Documentation - Guidelines for the establishment and development of monolingual thesauri.
- ISO 5964: 1985 Documentation - Guidelines for the establishment and development of multilingual thesauri.
- ANSI/NISO Z39.19: 2005 Guidelines for the construction, format, and management of monolingual controlled vocabularies.

은 시소러스가 구축되면서 그 필요에 의하여 만들어졌으며, 그간 이 표준들에 시소러스들이 구축되었으나 여전히 수정을 필요로 하고 있다. 아래에서는 ISO 2788을 중심으로 시소러스 개발 표준을 살펴보기로 한다.

■ ISO 2788

ISO 2788은 단일 색인 기관 또는 다른 색인 기관들 사이의 일관성 있는 업무를 지원하기 위한 것으로, 단일어 시소러스 구축을 위한 지침을 제공하고 있다. 주요 내용으로는 어휘통제, 복합어, 관계어 정립, 디스플레이, 시소러스 관리 등을 포함한다. 이 표준은 1974년에 ISO(International Organisation for Standardisation)에 의해 처음 발표되었으며, 1986년에 그 개정판이 발표되었다.

이 표준에 의하면, 시소러스는 상하위 개념들 간의 전후 관계를 명백히 하기 위하여 공식적으로 조직, 통제된 색인어(indexing term)의 어휘집으로 정의된다. 이때 색인어는 명사나 명사구의 형태로 제시된 개념을 표현한 어휘이며, 복합어로 나타날 수도 있다. 그리고 색인어에서는 용어가 우선어(preferred term) 또는 비우선어(nonpreferred term)로 표현된다.

이 표준에서는 시소러스의 기본 관계로서 등가관계 (equivalence relationship), 계층관계 (hierarchical relationship), 연관관계 (associative relationship)를 규정하고 있다. 등가관계는 복수의 용어들이 동일 개념을 나타낸다고 인정되는 경우에 우선어 및 비우선어 간의 관계이다. 이러한 등가관계는 동의어와 유사 동의어로 제시될 수 있다. 동의어는 광범위한 문맥에서 의미가 동일하다고 인정되기 때문에 실제로 교환 가능한 용어로 정의된다. 유사 동의어는 일반적으로 의미가 상이하다고 인정되나 색인 작업에서는 동의어로 취급하는 용어이다. 다음

은 이에 대한 예이다.[6)]

(3) BIRDS	UF	Aves
Aves	USE	BIRDS

즉 birds와 aves는 동의어이고, birds가 우선어에 해당함을 표현하고 있다.

계층관계는 상하위 개념들을 나타낸다. 이러한 계층관계는 속(generic) 관계, 부분-전체 (part-whole) 관계, 사례 (instance) 관계로 구분된다. 속 관계는 개념 또는 그 요소와 종 간의 관계를 일치시키는 것으로 정의된다. 부분-전체 관계는 전체의 명칭을 나타내는 용어가 상위어로, 부분을 나타내는 용어가 하위어로 표시된다. 그리고 사례 관계는 보통명사로 표현되는 사물이나 사건의 일반적인 범주와 그 범주에 속하는 개체들 간의 관계이다. 다음은 이에 대한 하나의 예이다.

(4) AIRLINES	BT	TRANSPORT SERVICES
TRANSPORT SERVICES	NT	AIRLINES

즉 transport services가 airlines에 대해 상위어이고, airlines는 transport services에 대해 하위어임을 표현한다.

연관관계는 계층적이 아니지만 개념적으로 밀접하게 관련되어 있으

---

6) ISO 2788에서 사용되는 몇 가지 약어는 아래와 같다.
USE: 동의어와 유사 동의어 간의 선택이 필요한 경우, 우선어를 지시한다.
UF (Use For): 뒤에 나오는 용어가 비우선어임을 나타낸다.
BT (Broader Term): 좀 더 확장된 의미를 갖는 개념을 표현하는 상위어를 지시한다.
NT (Narrow Term): 더 세분화된 의미를 갖는 개념을 표현하는 하위어를 지시한다.
RT (Related Term): 관련은 있으나 동의어, 유사동의어, 상위어, 하위어를 표현하지 않는 관련어를 지시한다.

나, 등가 집합에는 포함되지 않는 용어 간의 관계이다. 다음은 이에 대한 예이다.

(5) BIRDS RT ORNITHOLOGY
ORNITHOLOGY RT BIRDS

즉 birds와 ornithology가 상호 관련어에 해당됨을 표현하고 있다. 이러한 연관관계는 관련 대상이 동일 범주에 속하는가 여부에 따라 두 종류로 구분된다. 동일 범주에 속하는 용어는 [배] / [보트] 처럼 의미가 중복되는 경우이고, 상이한 범주에 속하는 경우는 [사냥] / [사냥꾼] (과정/행위자), [밀] / [밀가루] (원재료/상품) 등이 해당된다.

■ ISO 25964

앞서 살펴본 ISO 2788 을 비롯한 많은 표준들이 제공되었고 이에 의거하여 많은 시소러스가 구축되었음에도 불구하고 시소러스 표준의 한계가 지적되어 왔다. 이에 ISO는 2008년부터 다양한 개정 요구를 반영하여 다른 표준들에서 언급되어온 시소러스 구축의 주요 논의사항 및 상이한 용어의 사용을 일관성있게 재구성하여 새로운 표준 ISO 25964를 만드는 프로젝트를 진행하고 있다.[7)]

이러한 ISO 25964 표준은 다음과 같은 특징들을 갖는다고 본다 (박옥남 2011). 첫째, ISO 25694는 시소러스 표준의 활용이 기존 분류 시스템, 시소러스, 동의어 리스트 등에 제한되어 활용된 것을 온톨로지, 토픽맵 등과 같은 시맨틱 네트워크의 구조적 어휘로 확장하고자 하였다. 둘째, ISO 25694는 기존의 표준에서는 제시되지 않았으나, 구축된

7) ISO 25964-1: 2011 Information and documentation – Thesauri and interoperability with other vocabularies – Part 1: Thesauri for information retrieval.

여러 시소러스에서 사용되었던 사항들을 반영하였다. 이로써 시소러스 구축의 표준 활용도를 높이고자 하였고, 또한 표준과 실제의 시소러스 사이에 일관성을 유지하고자 하였다. 셋째, ISO 25694는 실무자들의 표준 사용을 높이고자 이들의 요구를 반영하였다. 즉 시소러스 절차에서 계획, 구현, 공개, 업데이트 등으로 나누어 각 단계마다 개발자들이 점검해야 하는 사항들을 제시하고 있다. 넷째, ISO 25694는 변화하는 기술 환경을 반영하고자 시소러스를 전자적 환경에서 구축하기 위한 데이터모델, 시소러스와 응용프로그램을 통합하기 위한 요구사항, 시소러스의 상호 운용성을 향상시키기 위한 교환형식 및 프로토콜을 제시하였다.

제6장 단어망

인간 언어에 대한 컴퓨터 처리를 연구하는 자연언어처리(Natural Language Processing) 혹은 컴퓨터언어학(Computational Linguistics)에서는 품사 태깅, 형태소 분석, 구문 분석, 의미 분석 등의 작업들을 진행한다. 특히 의미 분석의 경우, 어휘들을 단순한 나열이 아니라, 그들간의 긴밀한 연결 상태를 하나의 망처럼 구성하여 자연언어가 갖는 어휘의 중의적 의미를 처리한다. 즉 어휘들을 문법적 관계와 의미적 관계를 중심으로 일종의 지식베이스를 구축하면, 언어분석 뿐만 아니라 정보검색, 기계번역, 문서분류 등과 같은 응용분야에서도 활용가능하다. 이러한 노력으로 나타난 결과가 단어망 또는 어휘의미망이라고 할 수 있다. 단어망은 시소러스와는 달리 한 어휘가 다른 어휘들에 대해 갖는 관계들을 망(network)이라는 형태로 나타낸 대규모 어휘 데이터베이스로서 오늘날 컴퓨터로 의미정보를 처리할 때 가장 핵심적인 요소라고 할 수 있다 (최호섭·옥철영 2002, 한정한 외 2008).

이러한 단어망은 일반적으로 하나의 언어에 대해 구축되지만, 여러 언어들을 대상으로 할 수도 있다. 아래 6.1 절에서는 단일어 단어망으로서 현재 대표적인 단어망인 영어 워드넷(WordNet)과 한국어 워드넷(KorLex)을 살펴본다. 그리고 6.2 절에서는 다국어 단어망으로서 유로워드넷(EuroWordNet)과 코어넷(CoreNet)을 살펴본다.

6.1. 단일어 단어망

6.1.1. WordNet

워드넷(WordNet)은 1986년부터 밀러(G. Miller)를 중심으로 한 프린스턴 대학교의 심리학자, 언어학자 그룹들이 개발하기 시작한 단어망 또는 어휘 의미망이다 (Miller et al. 1993, Fellbaum 1998).[1] 이는 인간의 두뇌 안에서 작동하는 인지 과정을 밝히기 위해 지식의 최소 단위를 개념으로 설정하고, 그 실현 단위를 어휘로 규정하여 약 20만 개에 달하는 어휘들 간의 다양한 의미 관계를 네트워크 형태로 구축한 "심상 어휘집(mental lexicon)"이다. 현재 워드넷을 모델로 약 30 개 언어의 50여 개 단어망들이 구축되어 있으며, 다른 언어 자원과의 통합을 통해 지식처리, 자연언어처리 분야에서 다양하게 활용되고 있다.

워드넷의 기본 단위는 동일한 어휘 의미를 갖는 "동의어 집합 또는 신셋 (synonym set: synset)"이고, 이는 개념(concept)에 해당한다. 즉 단어의 의미 (개념)는 이를 표현하는 단어 형태들을 나열함으로써 나타낼 수 있다고 하는 <표 1>의 메트릭스 가정 하에서 나온다 (Miller et al. 1993).

형태와 내용의 결합체인 기호의 하나인 어휘는 <표 1>에서 보는 바와 같이 '형태:의미=다:다' 대응관계를 맺는다. F_2의 경우 동일한 열에 M_1, M_2가 나타나서 다의어관계(polysemy)를 갖는다. 그리고 M_1의 경우 동일한 줄에 F_1, F_2가 나타나서 유의어관계(synonymy)를 갖는다. 워드넷의 기본단위 신셋은 후자에 해당한다.

---

1) 워드넷은 다른 언어의 워드넷과 구별하기 위하여 프린스턴 대학교의 워드넷이라는 의미로 PWN(Princeton WordNet)으로 불린다. 그리고 홈페이지(http://wordnet.princeton.edu)에서 관련 자료 및 검색 등의 서비스를 제공하고 있다.

<표 1> 형태-의미 간 대응관계

Word Meanings	Word Forms				
	F_1	F_2	F_3	…	F_n
M_1	$E_{1.1}$	$E_{1.2}$			
M_2		$E_{2.2}$			
M_3			$E_{3.3}$		
⋮				⋱	
M_m					$E_{m.n}$

신셋은 기본적으로 하나 이상의 어휘형태들로 구성되어야 하지만, 부가적으로 주석(gloss)과 예문이 첨가되어 그 의미를 정확히 파악하는 데 도와준다. 예를 들어, 다음 (1)에서 보는 바와 같이 워드넷에서 trunk는 {trunk, tree trunk}, {trunk, torso}, {trunk, proboscis} 등을 포함한 여러 신셋을 갖는다.[2]

(1)

- S: (n) **trunk**, tree trunk, bole (the main stem of a tree; usually covered with bark; the bole is usually the part that is commercially useful for lumber)
- S: (n) **trunk** (luggage consisting of a large strong case used when traveling or for storage)
- S: (n) torso, **trunk**, body (the body excluding the head and neck and limbs) *"they moved their arms and legs and bodies"*
- S: (n) luggage compartment, automobile trunk, **trunk**, boot (compartment in an automobile that carries luggage or shopping or tools) *"he put his golf bag in the trunk"*
- S: (n) proboscis, **trunk** (a long flexible snout as of an elephant)

현재 워드넷은 명사, 동사, 형용사, 부사 등 네 개의 범주로 구분되어

---

2) 워드넷 신셋의 요소들은 엄밀한 의미에서 동의어가 아니다. 그들간에는 미세한 의미에서, 내포의미(connotation)에서, 또는 연어(collocation)에서 차이가 나타날 수 있지만, 워드넷에서는 이러한 차이들을 고려하지 않는다.

구축되어 있고, 전체의 구축 규모를 단어 형태와 신셋으로 제시하면 <표 2>와 같다 (WordNet 3.0).

<표 2> 워드넷의 규모

POS	Unique Synsets	Strings	Total Word-Sense Pairs
Noun	117798	82115	146312
Verb	11529	13767	20547
Adjective	21479	18156	30002
Adverb	4481	3621	5580
Totals	155287	117659	206941

어휘들간 의미적 관계는 기본인 유의어관계 이외에도 다양한 관계들을 포함한다. 이들을 살펴보기로 한다. 첫째, 상하위관계(hyponymy)로서 상세한 개념이 보다 일반적인 개념에 연결된다. 이러한 상하위관계에 의해 신셋들을 연결시키면 우리는 위계구조를 얻게 된다. 예를 들어, {pillar box} → {mailbox, letterbox} → {box} → {container} 식의

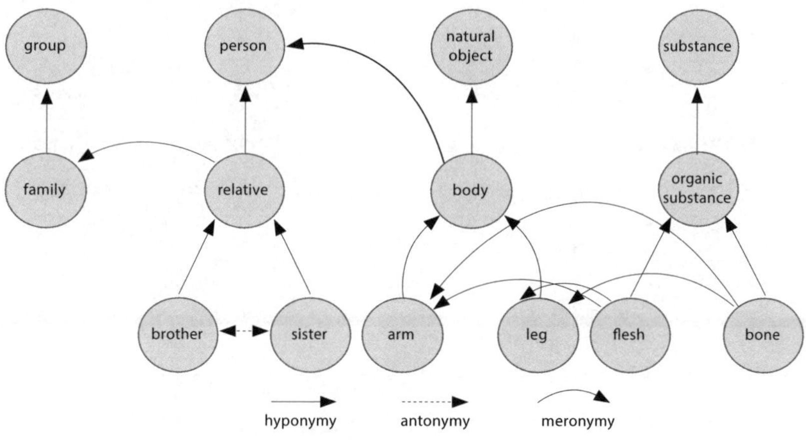

<그림 1> 명사의 의미관계

위계구조 형태로 연결된다. 둘째, 부분전체관계(meronymy)로서 구성 요소나 부분, 원소 등을 그 전체 개념에 연결시킨다. 이 관계는 상하위 관계처럼 위계구조를 형성하지만 상하위관계와는 달리 전이성(transitivity)을 반드시 보이는 것은 아니다. 예를 들어 {finger} → {hand} → {arm} 은 부분-전체관계에 의한 위계구조를 갖는다. 상하위관계나 부분전체관계는 특히 명사에서 두드러진다. <그림 1>은 이에 대한 예이다 (Miller et al. 1993). 셋째, 반의관계(antonymy)로서 서로 대립되는 개념들간에 맺고 있는 관계이다. 예를 들어, {rise, asend}와 {fall, descend} 간 의미적 관계가 이런 반의관계에 해당한다. 이 관계는 특히 형용사 워드넷에서 자주 보이는 관계이다. <그림 2>는 이에 대한 예이다 (Miller et al. 1993). 넷째, 동사의 경우 앞서 언급한 관계들 외에도 동사에 고유한 관계들을 표현한다. 예를 들어 함의 (entailment: *divorce - marry*), 전제 (presupposition: *buy-pay*), 원인 (cause: *show-see*) 등이 표현된다.

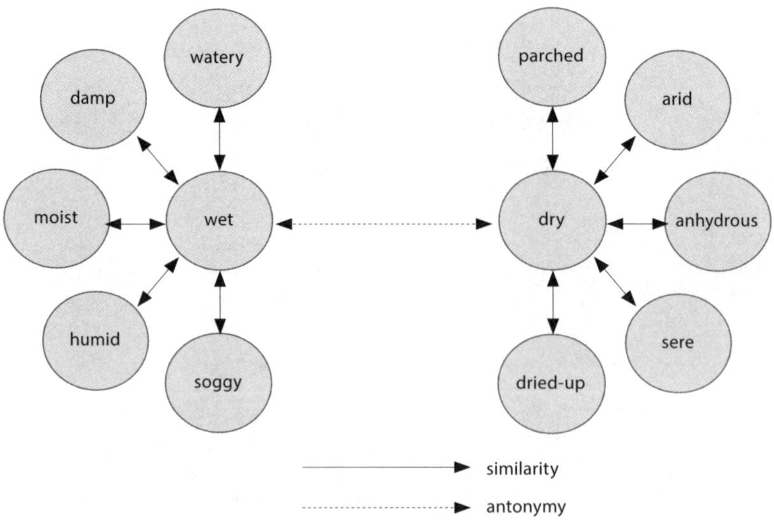

<그림 2> 형용사의 의미관계

다음은 품사별로 워드넷의 구체적인 모습을 살펴보자. 상하위관계를 기본으로 하여 여러 의미 관계들이 표현되지만, 품사별로 약간의 차이를 보여준다. 먼저 명사는 형식상 최상위어 {entity}를 분할하는 다음의 25 개 개념들로 시작되는 위계구조를 보인다.

(2)
- {act, action, activity}
- {animal, fauna}
- {artefact}
- {attribute, property}
- {body, corpus}
- {cognition, knowledge}
- {communication}
- {event, happening}
- {feeling, emotion}
- {food}
- {relation}
- {shape}
- {state, condition}
- {group, collection}
- {location, place}
- {motive}
- {natural object}
- {natural phenomenon}
- {person, human being}
- {plant, flora}
- {possession}
- {process}
- {quantity, amount}
- {substance}
- {time}

명사의 위계구조는 일반적으로 10 개 층위 이상으로 분화되지는 않는다. 인공물의 경우 대략 6~7 층위의 구조를 보이고, 사람의 경우 대략 3~4 층위의 구조를 보인다. 그러나 일반 어휘가 아닌 기술용어들의 경우 10 층위 이상의 보다 깊은 층위로까지 분화된다. 다음 <그림 3>은 14 층위의 구조를 갖는 dog를 보여준다.

- S: (n) **dog**, domestic dog, Canis familiaris
  - *direct hyponym* / *full hyponym*
  - *part meronym*
  - *member holonym*
  - *direct hypernym* / *inherited hypernym* / *sister term*
    - S: (n) canine, canid
      - S: (n) carnivore
        - S: (n) placental, placental mammal, eutherian, eutherian mammal
          - S: (n) mammal, mammalian
            - S: (n) vertebrate, craniate
              - S: (n) chordate
                - S: (n) animal, animate being, beast, brute, creature, fauna
                  - S: (n) organism, being
                    - S: (n) living thing, animate thing
                      - S: (n) whole, unit
                        - S: (n) object, physical object
                          - S: (n) physical entity
                            - S: (n) entity

<그림 3> 워드넷 명사: dog

동사의 경우, 다음의 최상위 15 개의 개념들을 설정하고, 각 개념 별로 다양한 의미관계들로 네트워크를 표현한다.

(3)
- Verbs of bodily functions and care
- Verbs of change
- Verbs of communication
- Competition verbs
- Consumption verbs
- Contact verbs
- Cognition verbs
- Creation verbs
- Motion verbs
- Emotion or psych verbs
- Stative verbs
- Perception verbs
- Verbs of possession
- Verbs of social interaction
- Weather verbs

명사에 비해 동사의 위계구조 층위는 3-4 층위로서 얕은 구조를 보인다. 그리고 상하위관계에서는 하위어 대부분은 상위어의 실현방식에 의해 구분된다.[3)] <그림 4>는 walk의 하위어들 일부를 보여준다.

- S: (v) **walk** (use one's feet to advance; advance by steps)
  - *direct troponym* / *full troponym*
    - S: (v) tramp down, trample, tread down (walk on and flatten)
    - S: (v) lollop (walk clumsily and with a bounce)
    - S: (v) tap (walk with a tapping sound)
    - S: (v) stumble, falter, bumble (walk unsteadily)
    - S: (v) spacewalk (move in space outside a space craft)
    - S: (v) foot, leg it, hoof, hoof it (walk)
    - S: (v) toe (walk so that the toes assume an indicated position or direction)
    - S: (v) traipse, shlep (walk or tramp about)
    - S: (v) perambulate, walk about, walk around (walk with no particular goal)
    - S: (v) ambulate (walk about; not be bedridden or incapable of walking)
    - S: (v) sneak, mouse, creep, pussyfoot (to go stealthily or furtively)
    - S: (v) wade (walk (through relatively shallow water))

<그림 4> 워드넷 동사: walk

형용사의 경우, 앞서 언급한 바와 같이 반의관계를 기본으로 하여 유사의미를 갖는 신셋들이 제시되는 방사구조를 갖는다. <그림 5>는 형용사 fast의 구조를 보여준다.

종합하면 워드넷은 여러 한계를 지니지만, 다음과 같은 장점들을 갖는다고 볼 수 있다 (윤애선 2012). 첫째, 기본 단위인 신셋으로 인해 의미와 형태를 가진 어휘를 지식처리의 요소로 직접 이용할 수 있다. 둘째, 워드넷의 규모가 중형 사전에 해당하며, 그 범위가 범용적이어서 실제 사용가능한 지식처리 시스템을 개발할 수 있다. 셋째, 계층구조의 상하관계, 자매관계는 어휘중의성 해결, 정보검색, 문서 유사도 분석, 추론이 필요한 질의-응답 시스템 등에 유용하게 사용된다.

---

3) 이와 같은 방식으로 동사에 적용되는 하위어를 특히 troponym이라 한다. 이해윤(2006)에서는 한국어 이동동사를 예로 한 동사 하위어 구분 방식을 제시하고 있다.

- S: (adj) **fast**
  - *see also*
  - *similar to*
    - S: (adj) accelerated
    - S: (adj) alacritous
    - S: (adj) blistering, hot, red-hot
    - S: (adj) double-quick
    - S: (adj) express
    - S: (adj) fast-breaking
    - S: (adj) fast-paced
    - S: (adj) fleet, swift
    - S: (adj) high-speed, high-velocity
    - S: (adj) hurrying, scurrying
    - S: (adj) immediate, prompt, quick, straightaway
    - S: (adj) instantaneous, instant
    - S: (adj) meteoric
    - S: (adj) quick, speedy
    - S: (adj) rapid
    - S: (adj) rapid, speedy
    - S: (adj) smart
    - S: (adj) winged
    - S: (adj) windy
  - *attribute*
  - *antonym*
    - W: (adj) slow [Opposed to: fast]
  - *derivationally related form*

<그림 5> 워드넷 형용사: fast

6.1.2. KorLex

한국어 워드넷 KorLex(Korean Lexico-semantic Network)는 자연언어처리 시스템에서 의미 및 지식을 효율적으로 처리하기 위해 필요한 자원으로서 PWN 2.0을 모델로 하여 부산대에서 개발되었다.[4] KorLex는 크게 세 단계로 구축되었는데, KorLex 1.0은 PWN 2.0을 대역한 버전이고, KorLex 1.5는 한국어의 어휘의미를 고려하여 기존 버전을 수정/확장한 버전이다. 그리고 KorLex 2.0에서는 한국어에 유효한 언어 의존적인 정보들이 추가되었다.

구체적으로 보면, KorLex 1.0은 대역형으로 구축되었다. 참조 모델을 설정하여 구축하는 대역형 방식은 구축 시간과 비용을 대폭 단축하는

4) 본절의 내용은 윤애선 외 (2009), 윤애선 (2012)에 기반한다.

효과를 가져온다. 그러나 한국어는 영어와는 다른 어족에 속하고, 문화도 차이가 크며, 한자어를 어원으로 하는 동형이의어가 많으므로 이러한 대역형 구축 방식은 제한적으로 이루어질 수 밖에 없다.

KorLex 1.5의 경우 다음과 같이 세 가지 점들에서 초기 버전이 확장되었다. 첫째, 『표준 국어 대사전』에 제시된 정의문, 예문, 어원, 의미관계, 파생정보 등을 이용하여 어휘의미가 추가되었다. 다음 예들을 보자.

(4) 가. 돈: 무게의 단위. 귀금석이나 한약재 따위의 무게를 잴 때 쓴다.
　나. 집: 칼, 벼루, 총 따위를 끼거나 담아 둘 수 있게 만든 것. "칼을 잘 닦은 후 집에 넣어 보관해라."
　다. 소리: 사람의 목소리. "소리가 너무 크니 조용히 말해라"

예 (4가)의 경우, 정의문을 참조하여 [돈]을 [(무게의) 단위]의 하위어로 새로운 신셋을 생성한다. 예 (4나)의 경우, 예문에서 [칼집]과 같은 하위어 정보를 추출하고 그 상위어로 [집]이라는 새로운 신셋을 생성한다. 예 (4다)의 경우, 정의문에 등가 표현이 제시되어 있으므로 [소리]를 [목소리]와 동일한 신셋 구성요소로 추가한다.

둘째, 한국어에서는 자주 사용되는 어휘이지만 KorLex 1.0에 없는 의미를 보충하고, 『표준국어대사전』의 정의문을 바탕으로 신셋을 추가, 삭제, 이동, 병합함으로써 의미체계를 수정한다. <그림 6>은 이에 대한 예를 보여준다.

<그림 6>에서 보면, KorLex 1.0에서는 PWN의 {trade1, merchandise1}, {import1}, {export1}, {run25, black market1}, {traffic2}가 {거래하다2}, {수입하다1}, {수출하다1}, {암거래하다1}, {매매하다1, 사고팔다1}로 대역된다. 그러나 KorLex 1.5에서는 『표준 국어 대사전』의 정의

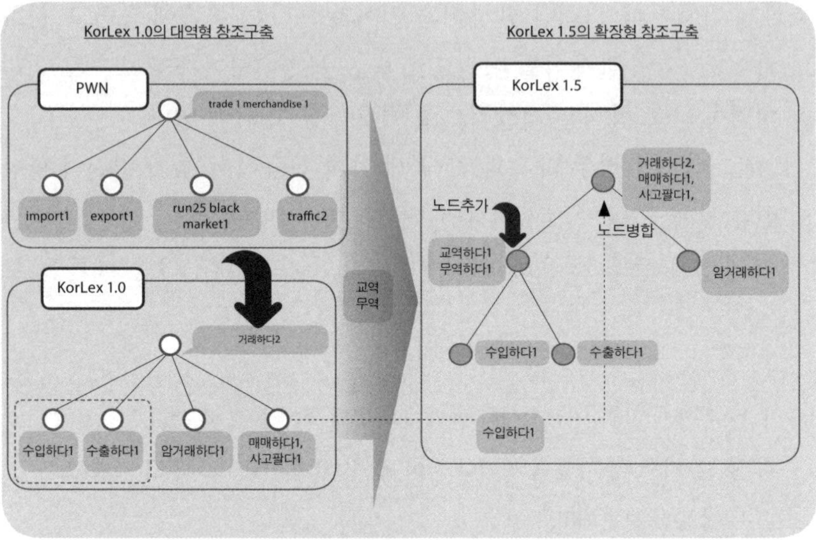

<그림 6> KorLex 1.5 구축 예

문을 참조하여 수정이 이루어진다. 즉 {매매하다1, 사고팔다1}이 상위어인 {거래하다2}와 등가이어서 두 노드가 병합된다. 그리고 {수입하다1}과 {수출하다1}을 묶는 {교역하다1, 무역하다1}이라는 새로운 노드를 추가한다.

셋째, 대부분의 아시아 언어들처럼 한국어도 [개], [명], [마리] 등과 같은 수분류사가 발달된 언어이다. KorLex 1.5 버전에서는 약 1300여 개의 분류사들이 추가되었다. 이러한 KorLex 1.5 버전의 규모는 <표 3>과 같다.

<표 3> KorLex 1.5 규모

단위	명사 1.5	동사 1.5	형용사 1.0	부사 1.0	분류사 1.5	계
어형	90,909	17,957	19,694	3,032	1,285	132,877
신셋	92,184	16,937	18,560	3,651	1,611	132,943
어의	104,417	20,151	20,897	3,123	1,611	150,199

KorLex 2.0 버전에서는 한국어에 고유한 정보들이 추가되었다. 첫째, PWN에서 제시하고 있는 동사의 논항구조는 매우 단순하다. 예를 들어, 동사 kick은 다음과 같은 하위범주화 정보를 갖는 것으로 제시되고 있다.

(5) 가. Somebody ___s something

나. Something ___s somebody

다. Something ___s something

즉 두 개의 논항이 나타나고, 각 논항은 사람 또는 사물이어야 한다는 정도의 정보만을 담고 있다. 반면에 『세종 전자사전』은 비교적 상세한 논항 구조와 선택 제약 정보를 포함하고 있다. KorLex 2.0에서는 『세종 전자사전』의 격틀정보를 참조하여 동사의 정보를 보강하였다. 예를 들어 아래는 동사 [차다]에 대한 정보를 보여준다.[5]

(6) 가. [AGT 인간]-이 [INS 발]-로 [THM 구체물]-을 차다

나. [AGT 인간]-이 [THM 기구(공, 제기)]-를 차다

즉 각 논항들에 대해 의미역 정보와 출현가능한 개념들을 제시해 줌으로써 상세한 언어처리를 가능케 해준다.

둘째, 수분류사와 명사 간의 공기 관계 정보가 추가된다. [커피 한 잔], [오징어 세 마리], [책 두 권] 등에서와 같이 수분류사는 명사의 의미범주와 밀접히 연관되어 있다. 따라서 이들간 공기 정보를 추가하면 효율적인 언어처리가 가능하다.

---

5) 예에서 AGT(agent)는 행위자 의미역을, INS(instrument)는 도구 의미역을, THM(theme)은 대상 의미역을 가리킨다.

끝으로 KorLex의 구체적인 정보 표현 모습을 살펴보도록 한다. KorLex는 사이트를 통해 검색 서비스를 제공하고 있다.[6] <그림 7>은 명사 [사과]의 정보를 보여준다.

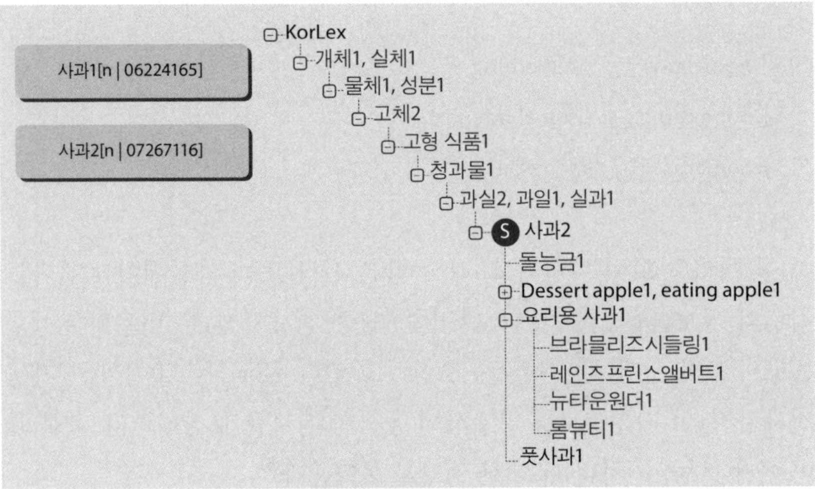

<그림 7> KorLex: [사과]

동음이의어 [사과]에서 과일 사과([사과2])는 위와 같은 계층구조를 갖는다. 검색어는 S로 표시되고, 각 계층의 신셋을 클릭하게 되면 대상 신셋의 동일 계층 신셋들이 나열된다. 짙은 색의 신셋은 하위 신셋이 존재하고, 연한 색의 신셋은 하위 신셋이 존재하지 않는다.

형용사나 동사도 <그림 7>의 명사와 비슷한 위계구조를 보인다. 그러나 형용사의 경우 PWN에서 본 바와 같이 반의 관계를 갖는 2-3 개의 신셋이 핵을 이루고, 각각의 핵은 방사형 구조를 갖는다. <그림 8>의 KorLex도 이와 비슷한 구조를 보인다.

6) http://korlex.pusan.ac.kr

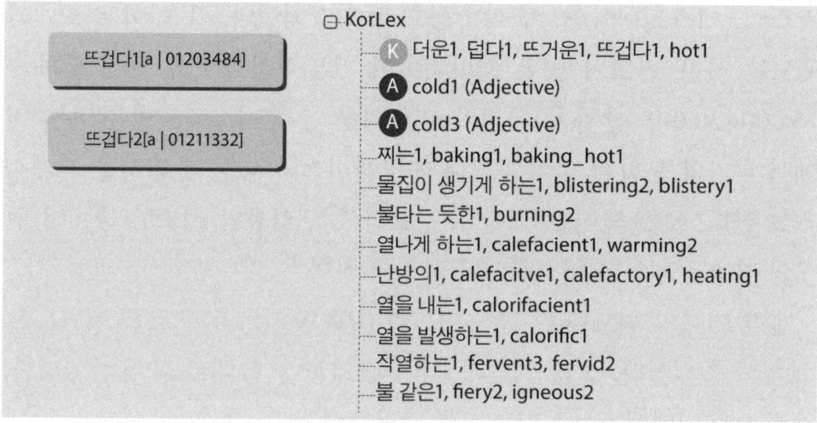

<그림 8> KorLex: [뜨겁다]

형용사 [뜨겁다]에 대한 검색 결과, [뜨겁다1]의 위계구조는 <그림 8>과 같다. 명사와는 달리, 형용사는 K로 표시되는 핵어, 이와 반의 관계를 갖는 신셋들 A, 그리고 유의 관계에 있는 신셋들로 표현된다.

6.2. 다국어 단어망

6.2.1. EuroWordNet

유로워드넷(EuroWordNet: EWN)은 영어의 워드넷(PWN)과 동일한 구조로 구축된, 여러 유럽 언어들의 워드넷들을 연결한 다국어 어휘 데이터베이스라고 할 수 있다.[7)] 유럽연합의 지원을 받아 1996.03~1999.07 기간에 이루어진 프로젝트로서 초기에는 네덜란드어, 이태리어, 스페인어, 영어의 네 개 언어들로 시작하여 독일어, 프

7) 본 절의 내용은 Vossen ed. (1998), Vossen (1999)에 기반한다.

랑스어, 에스토니아어, 체코어 등으로 확장되었다. 각 언어 워드넷의 규모는 사용 빈도가 높은 일반적이고 기본적인 단어들을 포괄하는 15,000~30,000 신셋(개념)정도이다. 이를 통해 유로워드넷은 유럽 내에서 국가와 문화를 넘어서는 다양한 서비스와 응용 가능성을 제공하려고 한다. 예를 들어, 번역이나, 정보검색, 질의응답 시스템 등에서 언어의 장벽을 넘는 서비스를 제공하고자 한다.[8)]

개별 언어의 워드넷은 영어 워드넷 (PWN 1.5)의 구조를 기반으로 하여 구축되었다. 신셋 개념과 의미 관계들을 그대로 수용하였지만, 전체 데이터베이스는 다음과 같은 점들에서 PWN과 차이를 나타낸다. 첫째, 다국어 데이터베이스를 목적으로 하기 때문에 다국어간 의미관계들이 설정된다. 이를 통해 워드넷들간의 비교가 가능하다. 다음 spoon을 포함하는 영어 워드넷과 네덜란드 워드넷을 보면 두 언어간 어휘구성의 차이를 볼 수 있다.

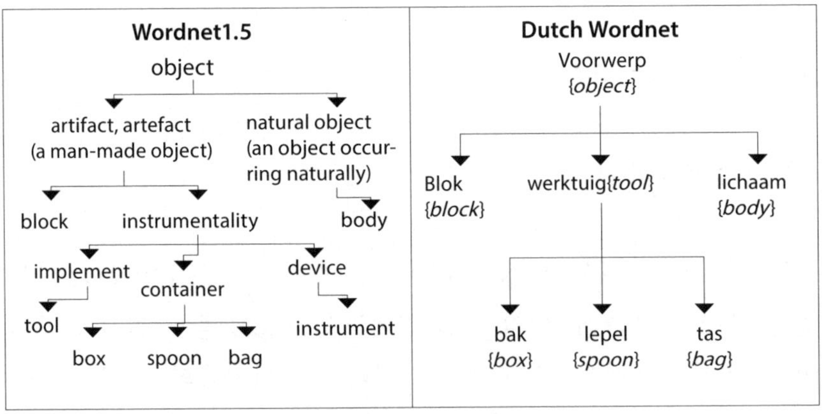

<그림 9> 영어 워드넷과 네덜란드 워드넷 구성 비교

8) 이외에도 유로워드넷과 같은 다국어 단어망을 이용하여 언어학적 연구의 하나로서 언어들간 어휘 비교도 가능하다 (이해윤 2010).

위 워드넷들을 비교해 보면, 영어에서 인공물과 자연물을 구분하고 있으나 네덜란드어에서는 그런 구분을 하지 않는다. 또한 두 언어는 어휘화 측면에서도 차이가 난다. 영어에서 어휘로 존재하는 container, artefact 등은 네덜란드어의 경우 해당 어휘가 존재하지 않는다. 그 결과 두 워드넷의 전체 구조도 차이가 난다. 둘째, 개별 언어의 워드넷은 개별 언어의 자원들에 기초하고, 또한 각 언어에 고유한 의미 관계들을 포함하고 있다. 이를 통해 언어간 차이를 파악할 수 있고, 다른 워드넷들과는 독립적으로 자신의 워드넷을 수정/확장할 수 있다.

다음은 유로워드넷의 구조를 살펴보자. 다국어 데이터베이스 성격을 갖는 유로워드넷은 개별 워드넷에 관여하는 모듈과 워드넷들간의 연결에 관여하는 중앙 모듈로 이원화되어 있다. 개별 워드넷의 신셋은 등가관계(equivalence relations)를 통해 중앙의 다국어색인 (Inter-Lingual-Index: ILI)에 연결된다. <그림 10>은 ILI를 통해 연결된 이러한 유로워드넷의 모습을 보여준다.

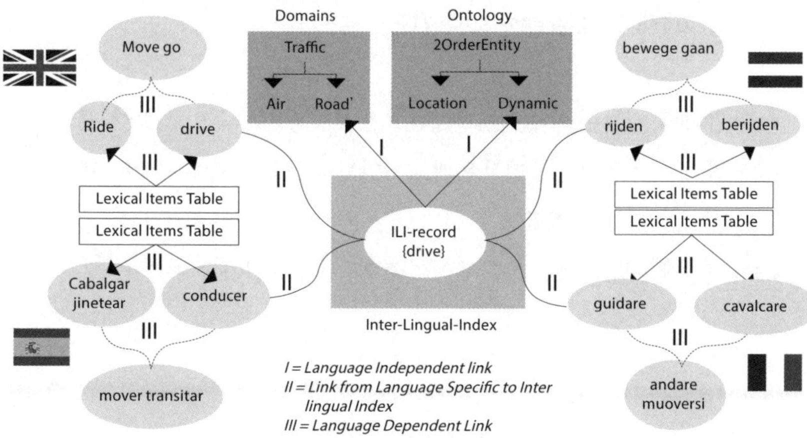

<그림 10> 유로워드넷의 구성

<그림 10>에서 개별 워드넷을 연결해 주는 중앙에 있는 모듈들을 보면, ILI와 Top Ontology 그리고 Domain Ontology로 구성되어 있다. 이들을 살펴보도록 한다.

ILI는 의미들의 구조화되지 않은 목록으로서, 각 ILI 레코드는 신셋, 주석, 출처 등으로 구성되어 있다. ILI의 주 목적은 개별 워드넷들을 연결시키는 데 있으므로 구조화될 필요는 없다. 좀더 자세히 살펴보면, ILI는 약 1300여 개의 레코드 또는 "기초개념(base concept)"으로 이루어져 있다. 기초개념은 위계구조에서 상단에 위치하고, 다른 개념들과 비교적 많은 관계를 맺고 있는 것들에 해당한다. 이러한 기초개념들은 개별 워드넷들에서의 구조적 속성들에 의해서, 즉 위계구조상의 위치, 정의나 주석에서 등장하는 빈도수, 형태론적 복잡성 등에 의해서, 그리고 개별 워드넷들간 등가관계 대응을 통해서 선정된다.[9]

그리고 기초개념들을 파악하고 이에 대한 해석에 일관성을 유지하기 위해, ILI의 기초개념들을 "상위 온톨로지(Top Ontology)"에 연결시킨다. 상위 온톨로지는 Lyons (1977)에서 제시된 다음과 같은 개체 분류에 따라 총 63개의 개념들로 구성된다.

- 1차원 개체: 감각에 의해 인지가능하고 시공간에 위치하는 구체명사들
- 2차원 개체: 독립적인 물리적 존재로 파악될수 없고, 지각될 수 없는 속성, 관계, 상황들
- 3차원 개체: 시공간과는 독립적으로 존재하는 관찰불가능한 명제.

---

9) 기초개념은 다음과 같이 세 유형으로 세분화되고, 이들 중 본문에서의 기초개념은 Common Base Concept에 해당한다.
· Common Base Concept (CBC): 최소 두 개의 워드넷에서 기초개념으로 설정된 개념들
· Local Base Concept (LBC): 단 하나의 워드넷에서 기초개념으로 설정된 개념들
· Global Base Concept (GBC): 모든 워드넷에서 개초개념으로 설정된 개념들

<그림 11>은 이러한 상위 온톨로지에 ILI의 기초개념들이 연결된 모습을 보여준다.

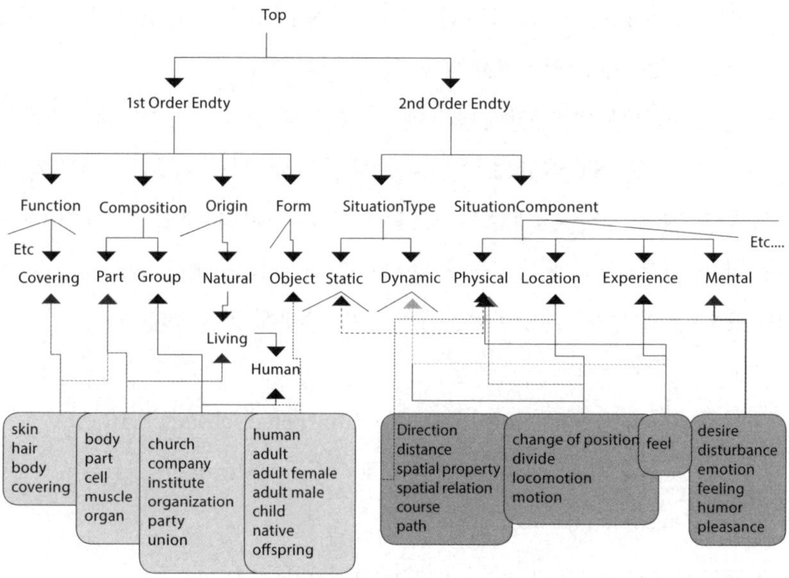

<그림 11> 유로워드넷의 상위 온톨로지

위 <그림 11>에서 보면 기초개념들은 상위 온톨로지에 다차원적으로 연결된다. 이는 기초개념들의 정확한 의미는 의미복합체인 특질구조에 의해서 파악된다는 생성어휘부 이론 (Pustejovsky 1995)에 따른 것이다. 예를 들어, 기초개념 fruit는 그 특질구조를 반영하여 다음에서 보는 바와 같이 상위 온톨로지의 네 개 개념들에 연결된다.

(7) fruit: Comestible (기능)

Object (형태)

Part (구성)

Plant (기원)

한편, <그림 10>에서 개별 언어의 워드넷은 등가관계를 통해 ILI에 연결된다고 보았다. 그러나 직접적인 등가관계가 아니라 다양한 종류의 간접적 등가관계를 통해 연결된다. 자주 사용되는 등가관계들로는 EQ_SYNONYM, EQ_NEAR_SYNONYM, HAS_EQ_HYPERONYM, HAS_EQ_HYPONYM 등이 있다.[10]

EQ_SYNONYM은 신셋들간에 일대일 대응이 이루어지는 경우이다. EQ_NEAR_SYNONYM은 워드넷들간의 신셋 세분화 정도가 달라서 나타나는 대응관계로서 하나의 신셋이 여러 개의 ILI 레코드에 대응되는 경우이다. 예를 들어, 네덜란드어 schoonmaken ('clear')은 적어도 다음의 영어 워드넷 clean의 4 개 신셋에 동시 대응된다.

- {make clean by removing dirt, filth, or unwanted substances from}
- {remove unwanted substances from, such as feathers or pits, as of chickens or fruit}
- {remove in making clean; "Clean the spots off the rug"}
- {remove unwanted substances from - (as in chemistry)}

이 경우 네덜란드어 schoonmaken은 위 clean의 네 개 신셋에 EQ_NEAER_SYNONYM 관계로 연결된다. EQ_HAS_HYPERONYM이나 EQ_HAS_HYPONYM은 문화적 차이 내지 화용론적 차이로 인해 워드넷에서의 공백이 존재하기 때문에 사용되는 등가관계이다. EQ_HAS_HYPERONYM은 유럽 언어들에는 존재하지만 영어 워드넷 또는 ILI에는 이에 직접 대응되는 레코드가 없는 경우이다. 예를 들

10) 이외에도 EQ_HAS_MERONYM, EQ_INVOLVED, EQ_ROLE, EQ_CAUSES, EQ_HAS_SUBEVENT, EQ_BE_IN_STATE, EQ_GENERALIZATION 등이 있다.

어, 네덜란드어 hoofd는 사람의 머리만을, 그리고 kop은 동물의 머리만을 가리킨다. 그러나 영어의 head는 사람, 동물 둘 다에 적용된다. EQ_HAS_HYPONYM은 영어 워드넷이 좀더 세분화된 신셋들을 제공하는 경우이다. 예를 들어, 스페인어 dedo는 영어의 finger와 toe 양자를 가리킨다. <그림 12>는 이러한 다양한 등가관계들을 통해 개별 언어의 워드넷들이 ILI에 연결되는 예를 보여준다.

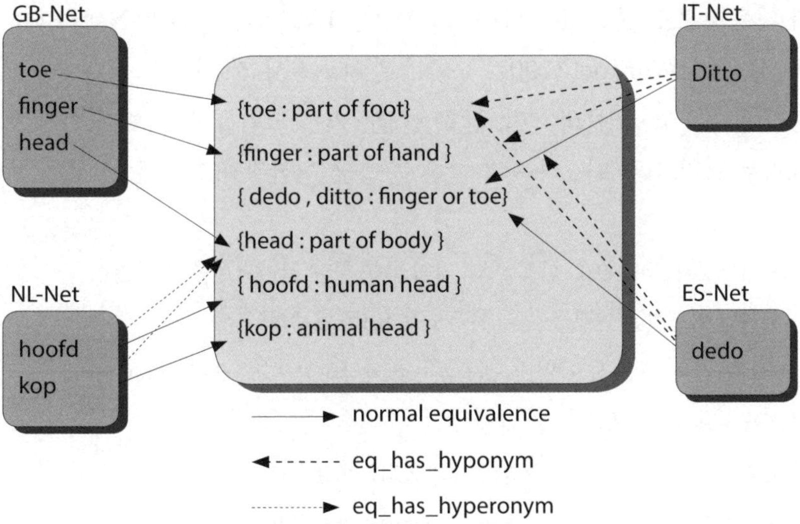

<그림 12> 유로워드넷의 등가관계

정리하면, 이러한 모듈 방식의 다국어 데이터베이스 EWN은 다음과 같은 잇점들을 갖는다.

- 한 언어의 어휘들을 ILI 대응을 통해 다른 언어들의 어휘로 대응되기 때문에 다국어 정보검색용 데이터베이스로 활용될 수 있다.
- 개별 워드넷들이 상호 비교가능하고 범언어적으로 점검됨으로써 보다 완

벽한 체계를 갖게 된다.

- 모듈방식으로 구축되기 때문에 개별 언어적 속성들은 각각의 워드넷에서 유지된다.
- 주석, 도메인 정보 등의 언어 공통적인 정보들은 단 한번 주어지면 ILI를 통해서 다른 워드넷들에서 공유될 수 있다.

한편 다국어 워드넷은 GWA(Global WordNet Association)에 의해 지속적으로 관리되어 왔다.[11] GWA는 EWN 이후 BalkaNet (2001-2004), IndoWordnet (2002-) 등에 관여하면서 전 세계의 워드넷들을 관리/유지하고, 표준화하며, 상호 연결시키는 노력을 하고 있다.[12] 구체적으로 보면, GWA는 다음과 같은 작업들을 진행하고 있다.

- 워드넷의 의미 관계, 신셋 개념, 의미 구분 등에 있어서 표준화 작업
- 개별 워드넷을 연결하는 데 사용되는 ILI를 표준화
- 기존의 네 개 품사 이외에 모든 품사로 확장하고, 다어 표현들(multiword expression)도 포함
- 워드넷 데이터 표현을 위한 공통의 XML 개발
- 의미주석 코퍼스(sense-tagged corpora)의 개발 준비
- 새로운 언어들의 워드넷 구축을 위한 가이드라인과 방법론 개발

11) http://globalwordnet.org/
12) BalkaNet은 그리스어, 루마니아어, 세르비아어, 터키어, 불가리아어, 체코어 등으로 EWN을 확장시킨 프로젝트이다. 그리고 IndoWordnet은 인도 지역의 18 개 언어들을 대상으로 한 프로젝트이다.

6.2.2. CoreNet

KAIST에서 개발한 코어넷(CoreNet)은 한-중-일 언어에 대한 다국어 어휘의미망으로서 2005년에 공개되었다.[13] 코어넷은 자연언어처리에서 발생하는 의미 중의성 해소를 목표로 의미적 정보를 체계적이고 종합적으로 제공하고자 한다. 코어넷의 특징을 들면 다음과 같다.

코어넷은 언어 공통의 개념체계가 존재한다는 전제 하에 같은 한자문화권에 있는 한국어, 중국어, 일본어에 대해 동일한 개념체계를 설정하여 구축한 다국어 어휘의미망에 해당한다. 국제 교류가 활발한 현대사회에서 언어들간에 공유되는 개념체계의 존재에 대한 필요성은 더욱 커지고 있으며, 자연언어처리 면에서도 이러한 공통의 개념체계를 필요로 한다.

또한 코어넷은 상이한 품사에 대해서도 동일한 개념체계를 적용한다. 일반적으로 어휘의미망은 명사를 중심으로 구축되며, 술어의 경우 명사와는 독립적인 체계가 설정된다. 그러나 코어넷은 하나의 개념체계를 바탕으로 명사, 동사, 형용사를 연결한다. 그 결과 인위적인 품사 구별에 상관없이 어휘들의 개념에 대해 동일한 방식으로 이야기할 수 있게 된다. 즉 이러한 체계는 여러 가지 장점들을 가진다. 첫째, 하나의 언어를 구성하는 명사, 동사, 형용사가 하나의 개념체계 내에 분포함으로써 품사들간 비교 관찰이 가능해진다. 둘째, 한자에서 파생된 단어는 명사와 술어 간의 패턴 유사성을 보인다. 이러한 패턴 유사성은 동일한 개념체계를 사용함으로써 파악될 수 있다. 셋째, 품사에 상관없이 좀더 자유로운 문장 패턴을 취할 수 있기 때문에 개념 기반 언어 생성에 있어서 유리하다고 볼 수 있다.

---

13) 본절의 내용은 최기선 외 (2005)에 기초한다.

다음으로 코어넷의 구축 과정을 살펴보자. 코어넷은 이미 구축되어 있는 일본어 어휘의미망을 기반으로 하여 한국어 기계 가독 사전을 이용하여 반자동으로 구축되었다. 중국어의 경우, 앞서 구축된 한국어 어휘의미망을 기반으로 하여 중국어 기계 가독 사전을 이용하여 동일한 방식으로 구축되었다.

구체적으로 보면, 우선 일본 NTT 어휘대계의 『어휘 의미 속성 체계』를 기반으로 어휘의미망의 뼈대가 되는 개념체계를 마련하고, 어휘의미망을 구성할 어휘 항목을 선정한다. 즉, 대용량 코퍼스를 기반으로 하여 한국어의 기본어휘를 선정하고, 각 어휘항목에 개념체계 번호를 부여한다. 이때 일본어 어휘목록과 비교하거나 기계 가독 사전인 『우리말큰사전』의 정의문 등을 이용하여 자동으로 번호를 부여하고, 기타의 경우 사전의 다양한 정보를 활용하여 수작업을 통해 번호를 부여한다.

중국어 어휘의미망의 경우 한국어 어휘의미망을 모델로 삼고, 중국어 단일어 사전 『현대 한어 어법정보 사전』을 이용하여 구축되었다. 중국어의 한국어 대역어는『우리말큰사전』의 의미구분에 따라 중국어와 연결하면서 자연스럽게 한국어 어휘의미망의 개념번호와 연결된다. 중국어와 한국어의 의미가 일치되지 않는 경우 전문가에 의해 수작업으로 정확한 의미를 연결시킨다. 이렇게 구축된 한국어와 중국어 어휘의미망의 규모는 다음 <표 4>와 같다.

<표 4 > 코어넷의 규모

	명사	동사	형용사
한국어 어휘의미망	23,823 어휘 (56,523 의미)	1,757 어휘 (4,717 의미)	804 어휘 (1,392 의미)
중국어 어휘의미망	20,647 어휘 (28,932 의미)	288 어휘 (765 의미)	80 어휘 (119 의미)

코어넷의 개념체계는 영어-일본어간 기계번역을 위하여 일본의 전신 주식회사(NTT)에서 구축한 일본어 어휘대계의 『어휘의미속성체계』를 기반으로 하여 227개 노드를 추가한 총 2937 개의 개념들로 구성된다. 개념체계에서 보면 한국어와 일본어는 공통점이 많지만 또한 각 언어에 고유한 속성들이 존재하므로 다음과 같은 경우들을 고려하여 일본어 개념체계를 수정 보완한 개념체계가 완성되었다.

- 일본어에는 없는 개념이 한국어에는 있는 경우
- 유사한 단어이지만 일본어 개념과 한국어 개념이 다른 분류체계에 속하는 경우
- 분류의 분화 깊이가 개념 노드에 따라 다른 경우
- 개념이 지나치게 포괄적인 경우

그 결과 개념체계는 <그림 13>과 같이 구성된다.

개념체계는 '인간', '동물', '식물', '도구' 등과 같은 구체적 개념과 정신활동, 행위 등과 같은 추상적 개념으로 나뉜다. 명사의 경우 어휘 의미들이 개념체계에 비교적 골고루 분포되어 있다. 하지만 동사와 형용사의 경우 개념체계의 일부에 집중되어 있다. 서술성 명사 외의 동사들은 개념 '인간활동'이나 사물의 '움직임'에, 그리고 형용사는 '상태'나 '느낌'에 집중되어 나타난다.

다음은 품사별로 코어넷의 구체적인 모습을 살펴보자. <그림 14>는 명사 [학교]에 대한 단어 검색의 결과를 보여준다. 검색은 단어, 개념번호, 개념명으로 가능하다. 단어로 검색할 경우, 우측 창에 의미별로 해당하는 개념번호/개념명을 보여준다. 그리고 좌측 상단에는 개념체계에서 해당 개념이 차지하는 위치를 보여주며, 좌측 하단에는 이에 대한 그래프 형태이다. 그래프에서 해당 개념은 가운데에, 부모 개념은 윗쪽

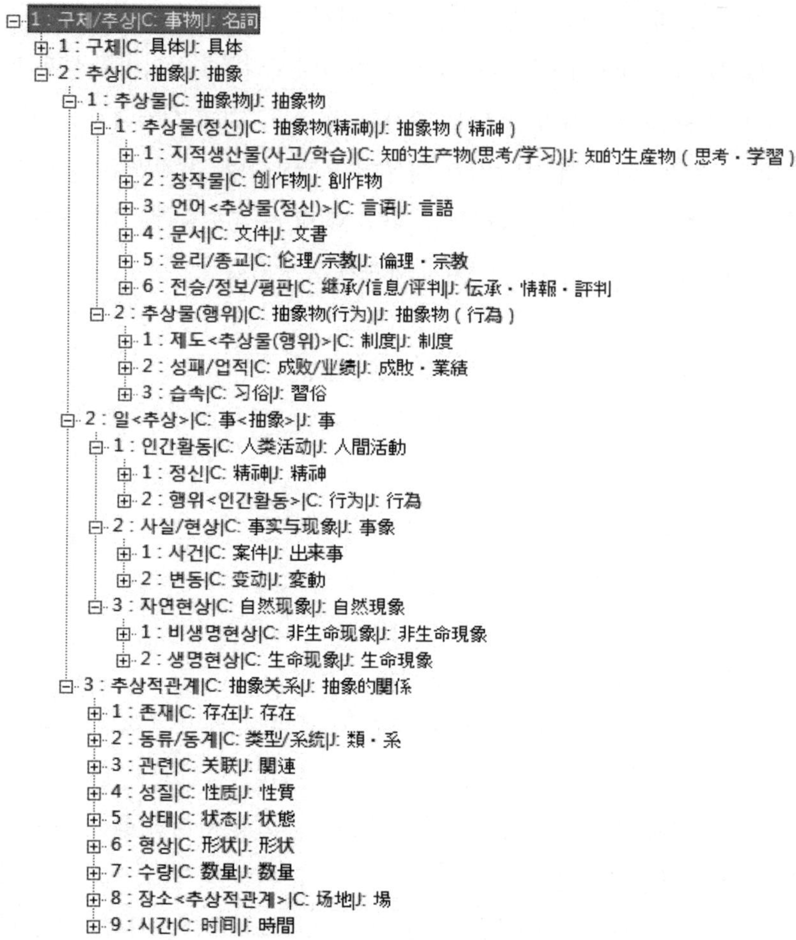

<그림 13> 코어넷의 개념체계

에, 형제 개념은 좌측에, 그리고 하위 개념들은 아래쪽에 표시된다. 또한 관련 어휘들중 한국어와 중국어는 따로 묶어서 표시된다.

개념명으로 검색할 경우, <그림 15>에서 보는 바와 같이 우측 창에 입력된 개념명에 대한 개념번호, 그 개념에 해당하는 중국어 목록과 일본어 목록을 보여준다. 그리고 그 개념에 포괄되는 한국어 단어의미들

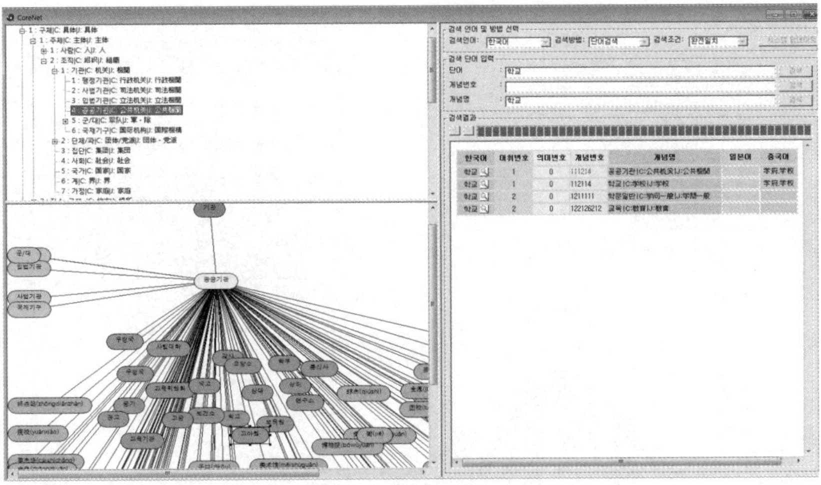

<그림 14> 코어넷: 단어 [학교]

이 제시된다. 이에 대한 개념체계에서의 위치 및 그래프 표현은 <그림 14>와 동일하게 좌측 창에 표시된다.

동사와 형용사 어휘의미망은 명사와 마찬가지로 각 어휘의 의미를 개념체계에 연결시킨다. 그리고 이외에도 격틀 중심의 문장구조를 포함한다. 격틀이 갖는 다양한 언어정보들은 동사의 의미를 세분화시켜 주는데 관여한다. 즉 논항들의 갯수와 격정보 등의 차이는 의미구분으로 이어진다. 예를 들어, 다음에서 보는 바와 같이 동사 [치다]는 격틀에 따라 각기 다른 의미를 갖는다고 볼 수 있다.

(8) 가. N1-이 치다 : 비바람이 치다
나. N1-이 N2-을 치다 : 트럭이 사람을 치다
다. N1-이 N2-을 N3-로 치다 : 철수가 가슴을 손으로 치다

또한 동일한 논항 갯수와 격을 가진다 할지라도 논항의 명사 정보에

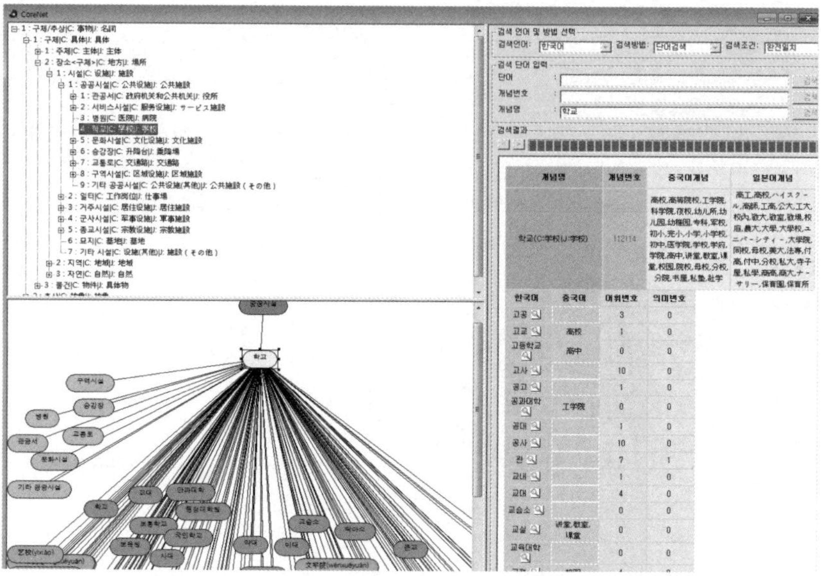

<그림 15> 코어넷: 개념 [학교]

따라 의미가 달라질 수 있다. 다음 예를 보자.

(9) 가. 철수가 종을 친다

나. 백제가 오랑캐를 친다

다. 경제가 뒷걸음질을 친다

위 예들은 "N1-이 N2-을 치다"의 격틀을 가지지만, N1과 N2에 나타나는 논항의 속성에 따라 의미를 구분할 수 있다. 코어넷의 동사/형용사 의미망은 이를 반영하여 격틀정보에 다양한 언어적 정보들을 제시함으로써 세부적인 의미구분을 행하고 있다. 특히 격틀구조에서는 명사들이 구체적인 논항 목록으로 나타남으로써 명사-동사/형용사가 연결되는 모습을 갖는다. 이를 통해 동사/형용사 부분은 술어 자체의 의미나 공기하는 논항의 목록을 모두 하나의 개념체계에 연결시킴으로써 술어의 의미정보, 개념정보, 격정보, 통사정보, 논항정보, 논항의 명사에 대한 정보까지 제공하는 종합적인 체계를 보인다. <그림 16>은 동사 [먹다]에 대한 검색 결과를 보여준다 (개념체계 및 그래프는 제외한다).

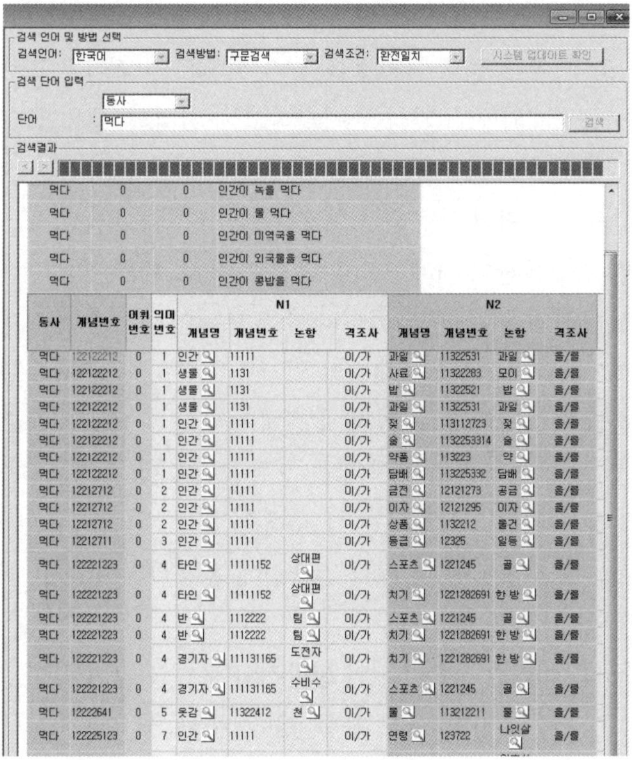

동사	개념번호	어휘번호	의미번호	N1				N2			
				개념명	개념번호	논항	격조사	개념명	개념번호	논항	격조사
먹다	122122212	0	1	인간	11111		이/가	과일	11322531	과일	을/를
먹다	122122212	0	1	생물	1131		이/가	사료	11322283	모이	을/를
먹다	122122212	0	1	생물	1131		이/가	밥	11322521	밥	을/를
먹다	122122212	0	1	생물	1131		이/가	과일	11322531	과일	을/를
먹다	122122212	0	1	인간	11111		이/가	젖	113112723	젖	을/를
먹다	122122212	0	1	인간	11111		이/가	술	1132253314	술	을/를
먹다	122122212	0	1	인간	11111		이/가	약품	113223	약	을/를
먹다	122122212	0	1	인간	11111		이/가	담배	113225332	담배	을/를
먹다	12212712	0	2	인간	11111		이/가	금전	12121273	공금	을/를
먹다	12212712	0	2	인간	11111		이/가	이자	12121295	이자	을/를
먹다	12212712	0	2	인간	11111		이/가	상품	1132212	물건	을/를
먹다	12212711	0	3	인간	11111		이/가	등급	12325	일등	을/를
먹다	122221223	0	4	타인	11111152	상대편	이/가	스포츠	1221245	골	을/를
먹다	122221223	0	4	타인	11111152	상대편	이/가	치기	1221282691	한 방	을/를
먹다	122221223	0	4	반	1112222	팀	이/가	스포츠	1221245	골	을/를
먹다	122221223	0	4	반	1112222	팀	이/가	치기	1221282691	한 방	을/를
먹다	122221223	0	4	경기자	111131165	도전자	이/가	치기	1221282691	한 방	을/를
먹다	122221223	0	4	경기자	111131165	수비수	이/가	스포츠	1221245	골	을/를
먹다	12222641	0	5	옷감	11322412	천	이/가	물	113212211	물	을/를
먹다	122225123	0	7	인간	11111		이/가	연령	123722	나잇살	을/를

<그림 16> 코어넷: [먹다]

<그림 16>에서 보는 바와 같이 동사의 경우, 각 논항으로 나오는 명사들과 그 명사들이 속하는 개념명이 제시된다. 이로써 술어의 의미에 있어서 공기하는 논항들이 중요한 역할을 한다는 점을 반영하고 있다.

7.1. 기초

질적으로 향상된 정보 서비스를 하기 위해서는 축적된 정보를 단순히 공유하는 것 외에도 지식을 기술하고 표현하며 공유할 수 있도록 하는 체계적이며 통제된 메카니즘이 필요하다. 온톨로지는 지식을 표현하고 활용하기 위해 사용되는 핵심 기술이다. 즉 온톨로지는 특정 영역의 개념과 그들간의 관계를 정의하는 명세로 이해된다. 따라서 온톨로지를 사용하면 인간 뿐만 아니라 소프트웨어 에이전트 간의 소통시에 특정한 어휘가 나타내는 개념의 의미를 이해하게 된다. 또한 온톨로지는 추론규칙을 포함할 수 있기 때문에 새로운 사실을 자동으로 추출할 수도 있고, 제약조건에 맞지 않는 오류를 찾아낼 수 있다. 즉 온톨로지는 지식을 수집하고 표현하는 데 사용될 뿐만 아니라 추론기능을 지원함으로써 지식 모델링 및 지식 검색시에 유용한 수단으로 이용될 수 있다 (노상규·박진수 2007).

아래에서는 이러한 온톨로지의 전반적인 모습을 살펴보기로 한다. 구체적으로는 온톨로지의 정의, 분류, 응용 분야, 구축 방법, 구축 도구 등을 중심으로 살펴본다.

7.1.1. 정의

일반적으로 온톨로지는 개념들의 체계라고 할 수 있다. 개념(concept)은 의사소통에서 필요한 두 요소, 즉 기호(sign)와 개체(object)를 연결시켜주는 매개체로 간주된다. 이러한 관계는 기호학 내에서 <그림

1>의 의미 삼각형으로 제시되어 왔다 (Ogden & Richard 1923).

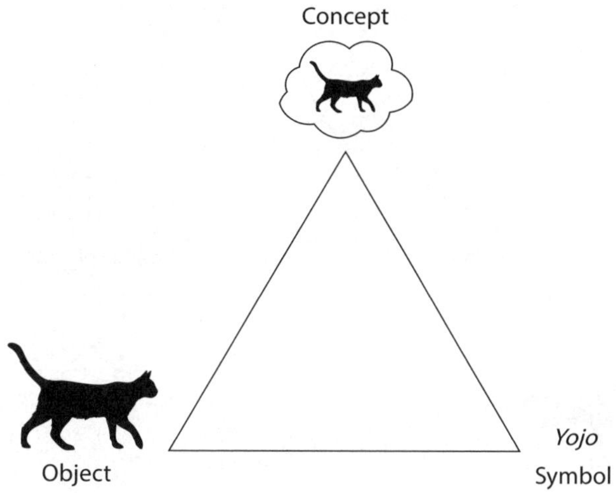

<그림 1> 의미 삼각형

이러한 개념의 정의에 대해서는 언어학 내에서도 의견이 분분하다. 예를 들면, 진리조건적 의미론에서는 필요충분 조건들로 제시하고, 인지 의미론에서는 일종의 원형(prototype)으로 제시하기도 한다. 한편 인공지능 분야에서는 개념을 중심으로 하여 관련 요소들을 설정하여 <그림 2>와 같은 도형으로 제시하기도 한다 (Sowa 2000). <그림 2>는 의미 삼각형 위에 개념 삼각형이 올려진 형태이다. 개념 삼각형은 기호와 개체의 매개체인 개념과, 이 개념에 대한 기호, 그리고 이 양자간의 표현 등의 세 요소들로 구성된다고 본다.

온톨로지는 원래 철학에서 사용된 용어로서 현실에 존재하는 것들에 대한 속성과 조직을 다루는 분야로서 존재론으로 알려져 왔다. 다음의 정의는 이를 잘 표현하고 있다.

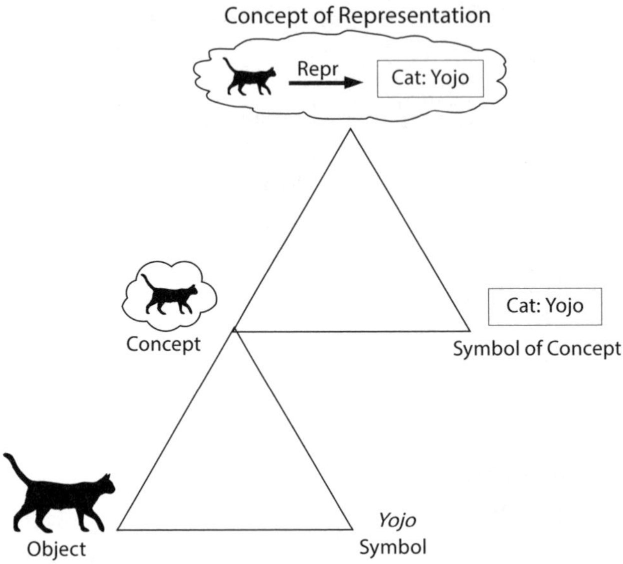

<그림 2> 개념 삼각형

> "the science of what is, of the kinds and structures of objects, properties, events, processes and relations in every area of reality" (Smith 2003)

우리는 앞서 다룬 분류학(4장)에서 아리스토텔레스, 칸트, 소와 등의 철학자들이 제시한 존재에 대한 분류들을 살펴보았다. 이러한 분류 자체를 철학에서는 온톨로지 또는 존재론으로 파악하여 왔다.

철학에서의 온톨로지가 모든 실재의 본질을 다루는 반면에, 전산학 내지는 인공지능 분야에서의 온톨로지는 특정 영역의 실재를 다루기 때문에 보다 좁은 의미의 온톨로지를 말한다. 즉 우리가 세계를 인식하여 그 모델을 컴퓨터 내에 구축할 경우에는 반드시 세계를 개념화해야 한다. 예를 들어, 비지니스 프로세스의 모델을 구출할 때, 비지니스 자체를 구성하는 개념들을 정제하여 그들 간의 관계를 정리하고, 그 개념의 속성들을 명확히 하고, 그 개념들을 기술해야 한다. 그리고 각 개념에 속하는 객체들과 객체들에 대한 제약도 필요하다. 이 모든 과정과 관계를 체계화한 것이 온톨로지이다. 다음의 정의는 이를 잘 요약해주고 있다 (최기선·황도삼 역 2009).

> "인간이 대상 세계를 어떻게 보고 있는가라는 근원적인 문제 의식을 가지고 사물을 그 성립에서부터 풀어내어 컴퓨터와 인간이 이해를 공유할 수 있도록 적어놓은 것"

그러나 컴퓨터공학에서 온톨로지를 연구하고 구축하는 목적은 특정 영역과 관련된 개념들과 이들간의 관계 뿐만 아니라 이들간의 제약조건 및 공리들을 컴퓨터가 이해하고 처리할 수 있는 형태로 체계화하고 부호화함으로써 컴퓨터에 의해 조작되고 사용될 수 있게 하는 데 있다. 이러한 목적에 부합하는 정의를 우리는 다음에서 찾아볼 수 있다.

> "공유하는 개념화의 형식적이고 명확한 명세
> An ontology is a formal, explicit specification of a shared conceptualisation" (Gruber 1993)

위 정의를 풀어보면 다음과 같다. '개념화'란 특정 주제 영역에 한정하여 그 세계에 존재하는 개체들에 대해 사람들이 생각하는 바에 대한 추상적 모델화를 가리킨다. '명확한 명세'란 특정 영역을 모델링할 때 사용하는 개념들과 이러한 개념들을 사용할 때 적용되는 제약조건들을 명시적으로 정의해야 한다는 것이다. 그리고 '형식적'이란 온톨로지의 내용을 컴퓨터가 읽을 수 있고 처리가능한 형태로 표현해야 한다는 뜻이다. '공유'란 온톨로지가 합의된 지식을 표현해야 한다는 것이다. 즉 몇몇 개인이 임의로 정한 것이 아니라 관련된 그룹에 의해서 수용되는 지식이어야 한다.

온톨로지는 앞서 살펴본 분류체계나 시소러스 그리고 워드넷과 차이가 난다. <그림 3>은 온톨로지를 구성하는 요소들을 케이크 형태로 제시된 것이다 (Buitelaar et al. 2005)

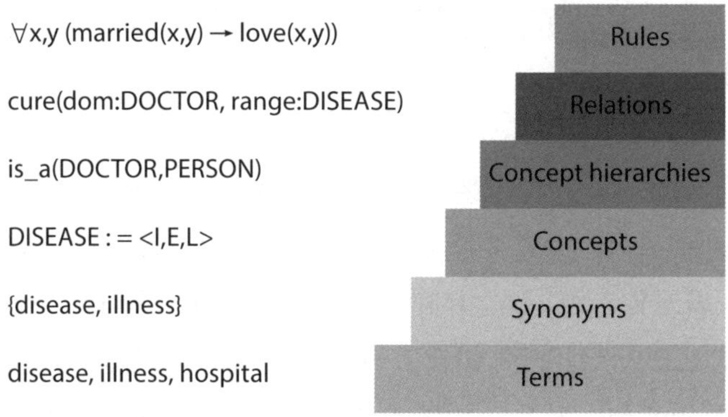

<그림 3> 온톨로지 케익

<그림 3>에서 보면, 온톨로지는 다양한 요소들로 구성된다. 어휘들에 해당하는 용어들, 용어들간 동의관계, 이를 토대로 한 개념, 개념들간 위계구조, 개념들간 다양한 관계들, 그리고 규칙들 등으로 이루어진다. 이들을 온톨로지의 용어로 정리하면 다음과 같다 (노상규·박수진 2007).

- 개념(concept): 개체들의 그룹으로서 '노트북', '데스크탑' 등이 해당한다.
- 속성(property): 속성은 개념에 근본적으로 속해 있는 성질을 말한다. 예를 들어, '노트북'이라는 개념은 '가격', '무게', '제조회사' 등과 같은 속성을 지닌다.
- 관계(relationship): 관계란 개념들 사이에 맺고 있는 상관관계를 말한다. 온

톨로지에서 가장 기본적인 관계는 상하위관계나 부분전체관계로서 이를 통해 위계구조가 형성된다. 예를 들어, 'CPU', '메모리', '액정' 등은 '노트북'과 부분전체관계를 갖는다.

- 제약조건(constraint): 제약조건이란 개념들 간의 관계나 속성의 값에 대한 제한 규정을 말한다. 예를 들어, 노트북과 CPU의 관계를 정의할 때 노트북은 반드시 1 개 이상의 CPU를 가지고 있어야 한다는 제약조건을 둘 수 있다. 이러한 제약조건은 지식을 표현하거나 추론을 할 때 유용하게 사용된다.
- 공리(axiom): 추론의 기본이 되는 명제로서 증명을 할 수 없거나 증명을 필요로 하지 않는 참인 문장을 말한다. 예를 들어, "노트북은 컴퓨터의 일종이다.", "노트북은 데스크탑보다 가볍다" 등의 문장은 참인 문장들로서 공리에 해당한다. 공리는 논리적 정확성을 검증하거나 새로운 사실을 추론할 때 유용하게 사용되며, 보통 술어논리 형태로 표현된다.
- 인스턴스(instance): 인스턴스는 개체라고도 하며, 각 개념의 실례를 말한다. 예를 들어, "맥북", "센스Q" 등은 노트북이란 개념의 인스턴스이다. 인스턴스는 온톨로지 설계자에 대한 다시 개념이 될 수도 있다. 예를 들어, "맥북"은 개념으로서 다시 "맥북 PRO", "맥북 AIR" 등을 인스턴스로 가질 수 있다.

온톨로지가 위에서 언급한 여섯 가지 구성요소들을 모두 갖추어야만 하는 것은 아니다. 어떤 온톨로지는 최소한의 형식적 구조를 가지고서 개념과 그 개념에 대한 정의만으로도 구성될 수 있다. 그러나 온톨로지가 추론 능력을 포함한 다양한 기능을 제공하기 위해서는 위에서 언급한 요소들을 포함하는 것이 바람직하다.

7.1.2. 분류

온톨로지는 사용 목적과 범위가 다양해서 그 분류 방식 또한 여러 가지가 있다. 온톨로지는 크게 형식성(formality)과 적용범위에 따라 분류될 수 있다. 형식성의 경우, 온톨로지는 그 정도에 따라 단순한 용어사전에서부터 복잡한 논리언어 기반의 온톨로지까지 그 범위와 종류가 다양하다. 추론 매카니즘의 유무 또한 형식성의 정도에 영향을 받아서, 형식성의 정도가 약한 온톨로지일수록 추론능력이 떨어진다. 일반적으로 온톨로지는 그 적용범위에 따라 분류된다. <그림 4>는 Guarino (1998)에서 제시된 분류이다.

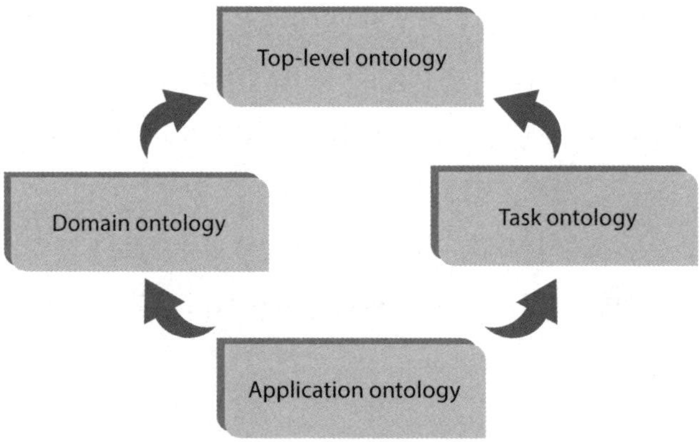

<그림 4> 온톨로지 분류

상위(top-level) 온톨로지란 다양한 영역에 적용될 수 있는 기본적이고 보편적인 개념을 대상으로 하기 때문에 특정 영역에 종속되지 않는 온톨로지이다. 즉 상위 온톨로지는 주로 상식적인 개념들을 모델링함으로써 우리가 일반적으로 이해하고 있는 현실 세계를 표현하고자 한다.

대표적인 상위 온톨로지로는 Cyc, SUMO, Mikrokosmos, DOLCE, GUM 등을 들 수 있다. 이들 중 현재 가장 많이 활용되고 있는 SUMO에 대해서는 7.2.1 절에서 자세히 소개하기로 하고, 아래에서는 그 외의 온톨로지들에 대해 간단히 설명하기로 한다.

Cyc 온톨로지는 일반상식을 담고 있는 지식베이스를 만들기 위해서 1980년대에 만들어진 온톨로지이다.[1] 이 온톨로지는 상위 온톨로지와 여러 가지 영역 온톨로지들로 구성되어 있으며, 상위 온톨로지 부분이 인간의 지식 중에 가장 기본적인 개념과 그들간 관계를 담고 있다. 이 상위 온톨로지는 2001년에 공개되어 OpenCyc으로 불리며 무료로 이용가능하다. 이는 <그림 5>에서 보는 바와 같이 최상위 개념 Thing 아래에 25,571 개의 개념들, 수백만의 공리들 등으로 구성된 가장 규모가

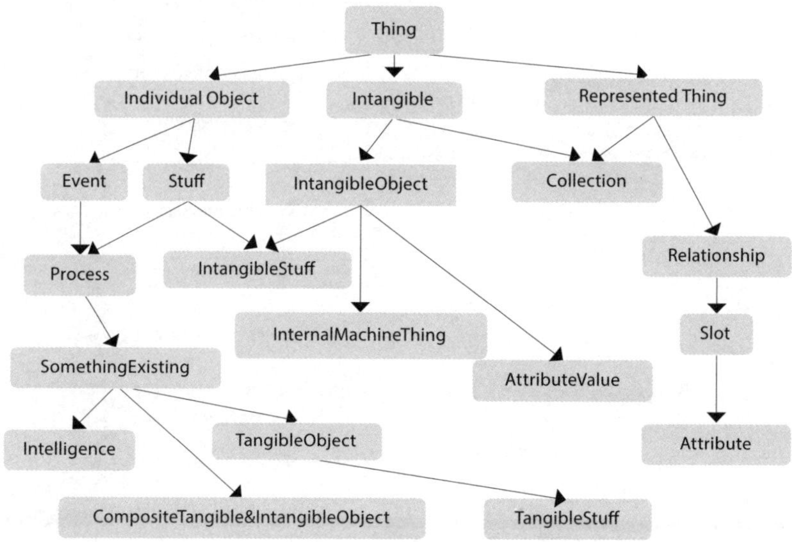

<그림 5> OpenCyc

1) http://www.opencyc.org/

큰 온톨로지에 해당한다.

Mikrokosmos 온톨로지는 New Mexico State University를 중심으로 구축되었으며, 현재 6,000 개의 개념과 250 여개의 관계들로 구성되어 있다 (Mahesh 1996). 개념들은 가장 상위의 개념 ALL에서부터 세상의 지식을 대상(object), 사건(event), 그리고 이 두 개념들이 지니고 있는 속성(property)으로 구분하여 계층화한다.[2] <그림 6>은 Mikrokosmos에서 설정하고 있는 상위 개념들을 보여준다.

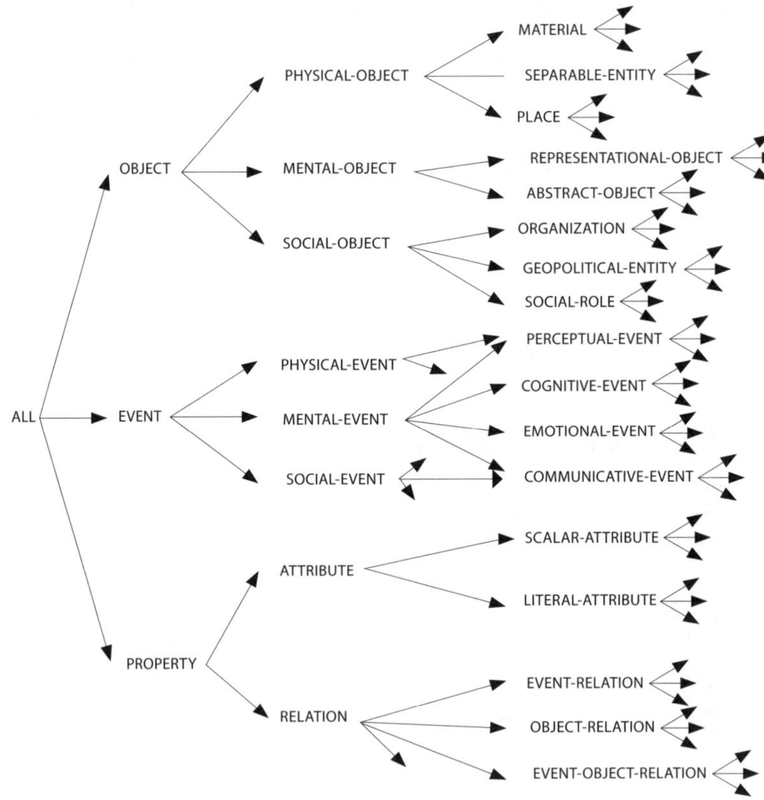

<그림 6> Mikrokosmos

2) 온톨로지상의 개념은 프레임의 형태로 표현된다. 여기서 프레임은 대상의 속성인 슬롯(slot)과, 이 슬롯이 어떤 종류의 값으로 되어 있는지를 명시하는 양태(facet), 그리고 실제로 채워지는 값(filler)로 구성되어 있다 (신효필 2004).

GUM(Generalized Upper Model)은 Bateman 중심으로 1994년에 제안된 온톨로지로서,[3)] 특정 도메인에 속하지 않는 일반적인 업무와 주요 언어 개념, 그리고 그 개념들이 언어로 어떻게 구성되었는지에 대한 정보를 담고 있다 (Bateman et al. 1995). GUM은 <그림 7>과 같이 Thing을 최상위 개념으로 하여, 그 아래 configuration, element, sequence 로 나누어진다.

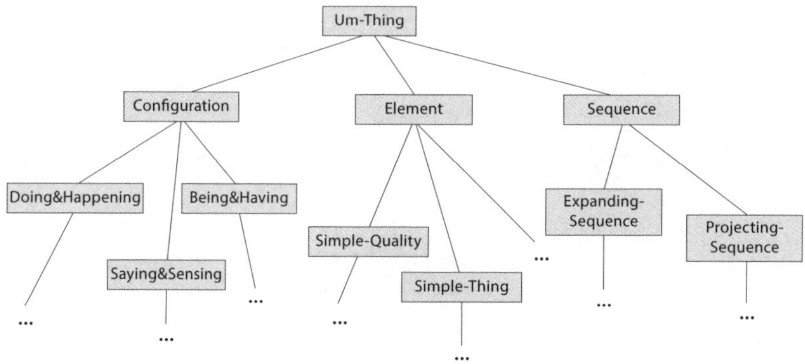

<그림 7> GUM

DOLCE (a Descriptive Ontology for Linguistic and Cognitive Engineering)는 명칭에서 보는 바와 같이 자연언어와 상식에 기초가 되는 범주들을 파악하려는 목적으로 구축된 인지적 관점의 온톨로지이다 (Masolo et al. 2002). DOLCE는 개체(endurants)와 사건(perdurants)을 구별한다. endurants는 perdurants에 참여함으써 시간상으로 의존하며 살아간다. 그리고 형태, 색깔, 크기, 소리, 냄새 등 우리가 감지하거나 측정할 수 있는 것으로서의 qualities 범주를 설정한다. 끝으로 abstracts 범주는 시공간적 속성을 지니지만 그 자체가 속성은 아니다.

3) http://www.fb10.uni-bremen.de/anglistik/langpro/webspace/jb/gum/index.htm

예를 들어 이 범주에 속하는 regions은 속성을 측정하기 위해 사용된다. <그림 8>은 DOLCE 온톨로지의 전반적인 구조를 보여준다.

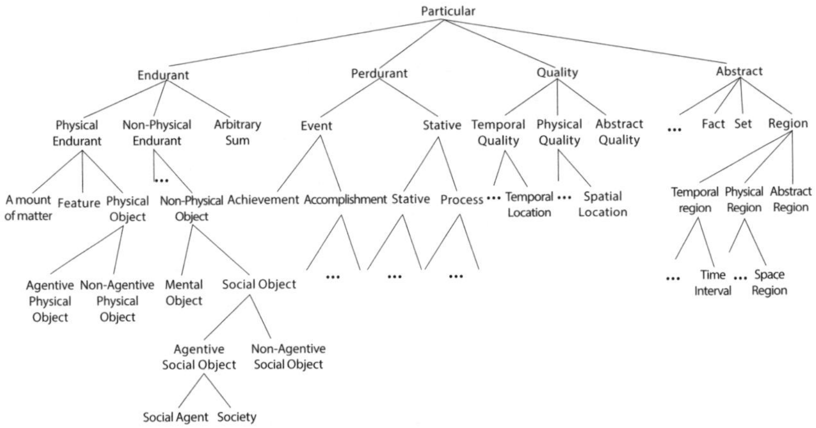

<그림 8> DOLCE

지금까지 우리는 상위 온톨로지를 살펴보았다. 다음은 <그림 4>에서 제시된 다른 온톨로지들을 간단히 설명하기로 한다. 먼저 영역(domain) 온톨로지는 비지니스 분야의 온톨로지, 의학분야의 온톨로지 등과 같이 특정한 도메인에서 사용하는 지식을 개념화한 온톨로지이며, 그 해당 도메인에서만 재사용이 가능하다는 특징을 갖는다. 이에 대한 예로서 다음 절 (7.2.2)에서는 의학 분야에서의 온톨로지 UMLS를 살펴보기로 한다.

과제(task) 온톨로지는 일반적인 문제 또는 특정 도메인에서 발생하는 문제를 해결하는 데 사용되는 온톨로지이다. 즉 이 온톨로지는 특정 업무나 과업과 관련된 개념 및 그 개념들간의 관계들을 제공하여 해당 업무를 성공적으로 마무리할 수 있도록 돕는 데 사용된다. 이에 대한 예로서 다음 절 (7.2.3)에서는 온톨로지 OMNIBUS를 살펴보기로 한다.

끝으로 응용(application) 온톨로지는 영역 온톨로지와 과제 온톨로지에 종속된다. 응용 온톨로지는 해당 애플리케이션에서 다루는 지식을 모델링하는 데 필요한 개념들을 모두 포함하기 때문에 애플리케이션에서의 활용도가 높다.

7.1.3. 응용

온톨로지는 특정 영역의 지식을 모델링하여 구성원 간 지식공유 및 재사용을 가능하게 해준다. 이는 온톨로지가 갖는 다음의 몇 가지 속성들로 인한 것이다.[4)]

첫째, 시맨틱 상호 운용성(semantic interoperability)을 들 수 있다. 기업이 관리하고 있는 대부분의 정보는 서로 호환되지 않는 다양한 형태로 시스템에 저장되어 있다. 이 경우 각 시스템이 저장하고 있는 정보의 형식이나 포맷, 내용의 이질성으로 인해 상호간 정보의 공유 및 교환에서 많은 문제들을 야기할 수 있다. 특히 많은 기업들이 온라인 시장으로 진출하고, 합병이나 협력업체들간 공급망관리 구축시에 이종 시스템 간의 통합이나 상호 운용성 문제에 부딪히게 된다. 여기서 상호 운용성이란 상이한 시스템들이 각각의 고유한 자율성과 다양성을 유지하면서도 마치 하나의 시스템처럼 운용되는 것을 말한다. 특히 시맨틱 상호 운용성이란 정보 자체에 구체적으로 나타나 있지 않는 암시적 의미나 내재하는 규칙까지도 상호 이해하여 이종 시스템 간에 정보의 의미까지도 공유할 수 있는 능력을 말한다. 따라서 이러한 속성을 갖는 온톨로지를 사용한다면 시스템 간의 시맨틱 이질성을 해결해준다. <그

---

4) 본절의 내용은 노상규·박진수 (2007)에 의존한다.

<그림 9> 시스템간 상호 운용성

림 9>는 이를 보여준다.

둘째, 온톨로지는 구성원들 간에 지식의 공유를 가능하게 해준다. 이는 온톨로지가 특정 영역의 개념체계를 합의된 지식으로 표현한 것이기 때문이다. 즉 온톨로지는 특정 영역에 사용되는 개념을 표현하는 단어들과 그들간의 관계를 계층적 구조로 나타내고 있는데, 이는 구성원 모두가 사회적 합의하에 사용할 수 있는 일종의 표준명세에 해당한다. 온톨로지가 표준명세로서의 역할을 수행하기 때문에 응용 프로그램 사이의 정보 및 지식의 공유를 수월하게 해준다. 또한 표준화된 온톨로지는 특정 영역의 지식을 문서화하고 재사용할 수 있는 기능을 제공해준다.

셋째, 온톨로지는 광대한 정보 공간 속에서 우리의 지식관리 및 검색능력을 향상시켜 줄 수 있다. 오늘날 여러 주체들이 생산해내는 정보는 양적인 측면에서 방대하며 그 내용과 형식 면에서도 매우 다양하다. 이러한 정보들을 체계적으로 저장하고 관리하며, 필요한 지식을 추출해 내는 것은 어려운 과제이다. 특히 짧은 시간 내에 자신이 필요로 하는 지식을 찾는 것이 매우 중요한 문제로 대두되었다. 온톨로지를 이용하여 지식을 검색할 경우 특정 용어와 관련된 다른 지식까지의 검색도 가능하게 해준다. 또한 각 개인이 사용하는 용어의 차이에 관계없이 정확히 필요한 정보만을 검색하는 것이 가능하고, 관련이 없는 정보를 검색하는 경우들을 피할 수가 있다.

이러한 속성들을 갖는 온톨로지는 현재 다양한 분야에서 이용되고 있다. 현재 온톨로지를 활발히 활용하고 있는 전자상거래 분야, 의료 분야, 검색엔진 분야 등이 있으며, 이외에도 법률 분야, 문화콘텐츠 분야 등에서도 활용 가능성이 논의되고 있다.

■ 전자상거래

기존의 전자상거래를 보면, 상품 정보, 서비스 표현정보 등은 통일된 기준이 없어 업종이나 기관의 특성에 따라 개별적으로 운영되어 왔다. 이러한 상황은 공공과 민간, 그리고 민간 업종 간에 정보연계를 어렵게 하여 전자 상거래 발전의 걸림돌이 되어 왔다. 따라서 다양한 상품 및 서비스 표현정보, 거래 표현정보 및 기술 표현정보 등의 통합에 대한 필요성이 제기되었으며, 온톨로지가 그 해결책으로 제시되고 있다.

온톨로지가 도입되면, 예를 들어 찾고자 하는 상품명을 정확히 모르더라도 사용 용도, 다른 이름, 제조회사 등의 일부 정보만을 입력해도 컴퓨터가 입력된 단어의 의미 뿐만 아니라 상품의 연관 관계를 파악하여 원하는 정보를 빠르고 정확하게 제공할 수 있게 된다.

■ 의료 분야

의료 분야는 많은 의학지식이 새롭게 만들어지고 있으며 또한 많은 양의 의무기록들이 병원에서 생성되고 있다. 그리고 다른 분야에 비해 의료분야는 용어와 코드 체계가 복잡하다. 따라서 이 분야에서는 표준화된 용어 시스템을 통해서 병원의 의료정보 및 문헌정보의 공유, 정리, 조직화를 효율적으로 처리하고자 하였다. 그리고 더 나아가 의료 온톨로지 시스템이 구축되면, 여러 의료기관에서 사용되는 다양한 시스템들의 용어체계가 호환되어 의료정보의 효율적 관리가 가능해지게 된다.

■ 검색시스템

현대의 정보사회에서 적절한 정보를 찾아 지식으로 활용하는 것은 쉬운 문제가 아니다. 그러나 온톨로지를 이용하면 정보자체를 시스템이 이해할 수 있어서 시스템이 스스로 알아서 사용자가 필요한 정보만을 찾아내고 이를 분석하여 사용자의 사용 의도에 맞는 정보를 제공할 수 있다. 이는 현재 시맨틱웹으로 구현되고 있다.

구체적으로 보면, 문서의 내용 자체에 의미있는 태그를 붙이고, 각 태그가 의미하는 개념들을 온톨로지로 구축해 놓으면, 시스템은 각 문서의 내용을 정확히 파악하고 추론할 수 있다. 이를 토대로 하면, 단순히 키워드 매칭을 통해 검색하는 경우 사용자가 입력한 키워드를 온톨로지 기반으로 확장하여 앞서 언급한 문서들에 적용하면 문서 자체가 가지고 있는 의미를 통해 보다 효과적인 검색결과를 제시할 수 있다. 또한 검색엔진이 온톨로지에 정의된 개념과 규칙을 활용하여 추론을 수행하므로 질의 자체의 의미를 분석하여 관련 문서도 보여줄 수 있다.

7.1.4. 구축

온톨로지를 개발하는 것은 쉬운 일이 아니다. 온톨로지 모델링도 풍부한 경험과 폭넓은 지식을 요구한다. 온톨로지의 일반적인 구축과정은 다음과 같다 (최호섭 2006).

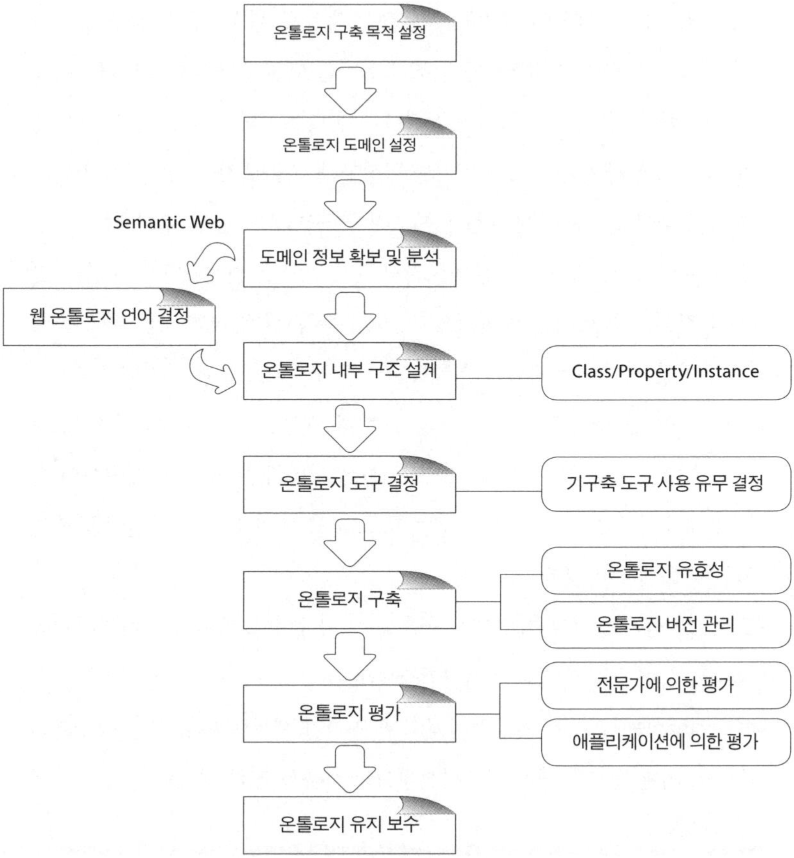

<그림 10> 온톨로지 구축 과정

아래에서는 <그림 10>에서 제시된 구축과정을 단계별로 살펴보기로 한다.

- 1 단계에서는 온톨로지의 구축 목적을 설정해야 한다. 온톨로지를 어떻게 이용할 것이며, 최종적인 목적이 무엇인지를 고려해야만 온톨로지 구축의 전체적인 흐름을 기획할 수 있다.
- 2 단계에서는 도메인을 설정해야 한다. 특히 도메인의 특성과 구축 목적에 따라 온톨로지의 전반적 구조가 달라질 수 있기 때문이다.
- 3 단계에서는 도메인의 정보를 분석해야 한다. 즉 도메인의 전체적인 흐름을 파악하고, 도메인이 가지는 공통적인 특성과 개별적인 특성을 분석한다. 이는 온톨로지의 전체적인 구조를 설계할 때 중요한 사항들이다.
- 4 단계에서는 온톨로지 언어를 결정한다. 온톨로지의 구축 목적, 도메인 정보 등을 고려하여 온톨로지 언어를 결정한다. 온톨로지는 시맨틱웹 기술의 핵심 요소이므로 최근에는 웹 온톨로지 언어인 OWL을 많이 이용한다.
- 5 단계에서는 구체적으로 온톨로지의 내부 구조를 설계한다. 앞서 살펴본 바와 같이 온톨로지는 일반적으로 개념, 속성, 관계, 제약, 인스턴스 등으로 구성된다. 이 단계에서는 온톨로지의 각 구성요소들을 확정해 간다.
- 6 단계에서는 구축 도구를 결정한다. 현재 편집 도구로 공개되어 있는 도구들중에서 구축 목적에 적합한 도구를 선정한다. 이때 앞 단계에서의 온톨로지 내부구조를 표현할 수 있는지, 그리고 특정 온톨로지 언어를 지원하는지 등이 고려된다.
- 7 단계에서는 실제 온톨로지를 구축하는 단계이다. 구축의 가이드라인을 작성하고, 온톨로지 유효성 검사를 진행한다.
- 8 단계에서는 구축된 온톨로지에 대한 평가가 이루어진다. 일반적으로 전문가에 의한 평가와, 애플리케이션에서의 적용을 통한 평가로 평가가 수행될 수 있다.
- 마지막 단계에서는 유지 및 보수 단계이다. 기 구축된 온톨로지는 평가에 의한 합의로 유지와 보수가 가능해야 한다. 이는 온톨로지 버전의 관리와도 관련된다.

위의 전반적인 구축 과정에서 실질적인 작업은 5 단계의 온톨로지 내부구조 설계에서 이루어진다. 이 단계의 작업내용을 자세히 알아보자. Noy & McGuinness (2001), Hovy (2005) 등에 의하면, 이 단계에서는 다음과 같은 세부 작업들이 행해진다.

• 1 단계: 중요한 용어들 수집

도메인에 관련된 자료들로부터 용어들을 수집한다. 개념들의 중복이나 그들간 관계, 속성 등을 고려하지 않고서 가능한한 많은 용어들을 수집한다.

• 2 단계: 개념 정의 및 위계구조 설정

앞 단계에서 수집된 용어들을 토대로 하여 해당 개념들을 생성하고, 이들간의 위계구조를 설정한다. 이러한 작업은 <그림 11>과 같이 세 가지 방법들이 있다 (Uschold & Gruninger 1996).

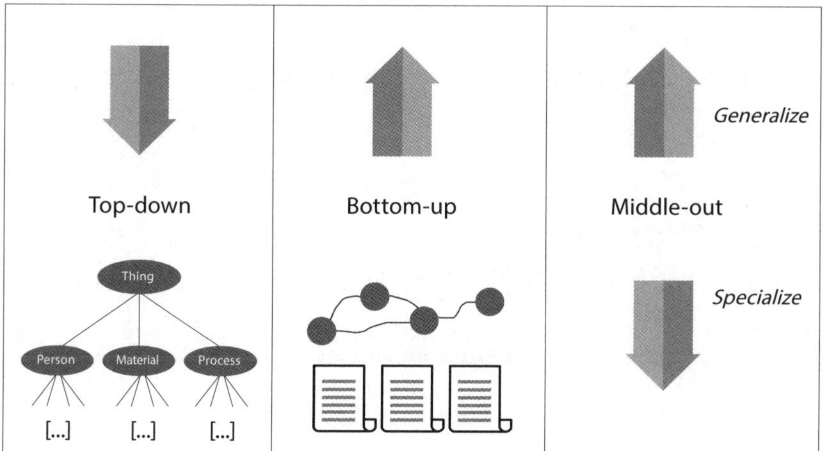

<그림 11> 개념간 위계구조 설정 방식

상향식(top-down) 방법에서는 가장 일반적인 개념에서 출발하여 보다 구체적인 개념들을 생성해 나간다. 반면에 하향식(bottom-up) 방법에서는 상세한 개념들로부터 출발하여 이들을 상위개념으로 그룹핑하여 최종적으로는 가장 일반적인 개념을 생성해낸다. 이들 양자의 방식을 결합한 혼합형(middle-out) 방법에서는 가장 현저한 개념들에서 출발하여 상위개념으로 일반화나가면서 다른 한편으로는 보다 상세한 개념들로 세분화해 나간다.

• 3 단계: 개념의 속성 정의

생성된 개념들은 나름의 속성들을 지니고 있고, 이들을 기술해주어야 한다. 각 속성은 그 개념의 내재적 속성이거나 외재적 속성일 수 있다. 또한 다른 개념들과 맺고 있는 다양한 관계들일 수도 있다.

그리고 개념들의 속성은 위계구조에 의존하여 상속된다. 즉 상위개념들이 가지고 있는 속성들은 그 하위개념들로 상속된다. 따라서 속성은 가장 적합한 개념에게 부여되어야 한다.

• 4 단계: 공리 정의

각 개념에 관련된 공리를 생성해낸다. 이러한 공리는 추론이나 논리적 표현에서 사용된다.

• 5 단계: 인스턴스 생성

마지막 단계에서는 위계구조의 각 개념들에 속하는 구체적인 인스턴스들을 생성해 낸다. 그리고 필요하면 각 인스턴스들의 속성들을 규정할 수도 있다.

7.1.5. 저작 도구

온톨로지를 쉽게 구축할 수 있도록 도와주는 많은 저작 툴들이 공개되어 있다. 이러한 툴들은 일반적인 편집 및 브라우징 기능 외에 온톨로지 문서화, 다른 형식이나 언어로 가져오기 또는 내보내기, 온톨로지 그래픽 편집, 온톨로지 라이브러리 관리 등을 지원한다. 몇 가지 저작 툴들을 제시하면 다음과 같다.[5]

- Protégé: 아래 참조.
- OntoStudio: 다양한 온톨로지 언어를 지원, 시각화 지원
- TopBrain Composer: 다목적의 시맨틱웹 편집기
- NeOn Toolkit: 중량급 온톨로지 작성에 적합. 다양한 플러그인 제공
- KAON: 확장가능한 오픈소스 툴로서 온톨로지 생성, 매핑 등을 제공

Protégé는 스탠포드 대학교에서 1987년에 처음 개발되어, 현재 다양한 도메인 온톨로지 구축을 위해 전세계적으로 수많은 사용자들에 의해 이용되고 있는 강력한 저작 도구이다.[6] Protégé가 제공하는 기능을 살펴보도록 한다. <그림 12>는 인터페이스(GUI) 모습이다.

먼저 Class 탭의 윈도우에서는 개념(class)과 그 개념의 하위 개념들을 생성하여 위계구조를 설계할 수 있다. <그림 12>에서 보면, 피자의 경우 pizza, pizza base, pizza topping 등의 하위 개념들이 있고, 각 하위 개념들은 또한 나름의 하위 개념들을 갖는다. 그리고 각 개념이 갖는 정보가 우측 윈도우에 제시된다. 예를 들어 Asserted Conditions

---

5) 더 많은 도구들의 정보는 아래의 사이트를 참조하시오.
https://en.wikipedia.org/wiki/Ontology_(information_science)#Editor
https://www.w3.org/wiki/Ontology_editors

6) http://protege.stanford.edu/

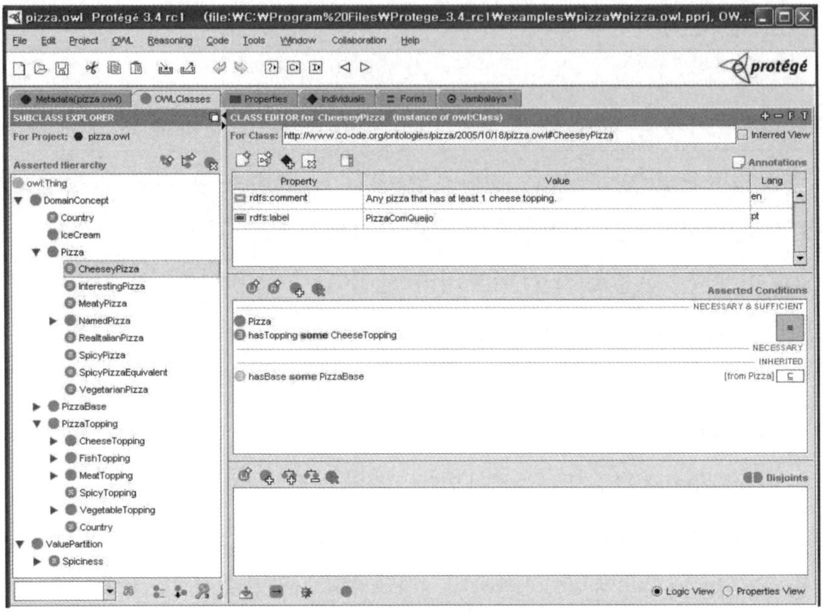

<그림 12> Protégé: pizza 1

창에 제시된 정보는 CheeseyPizza 개념이 갖는 제약들을 표현하고 있다. 즉 상위 개념이 Pizza이고, CheeseTopping을 가져야 함을 말한다.

한편, Protégé 에서는 개념들이 갖는 속성들을 표현할 수 있다. <그림 13>은 Properties 탭의 윈도우를 보여준다. 속성도 개념과 마찬가지로 하위 속성들을 가질 수 있다. <그림 13>에서 보면, 속성 hasIngredient 하에 하위 속성들로 hasBase와 hasTopping이 설정되어 있다. 그리고 우측 창에는 해당 속성에 대한 정보들이 제시된다. 속성은 일종의 관계로서 정의되기 때문에 관련되는 정의역과 치역이 제시된다.

그외에도 Individuals 탭의 윈도우에서는 각 개념의 인스턴스들과 관련 정보들을 제시할 수 있다. 또한 추론기(Reasoner)로서 Pellet을 탑재하고 있어서, 작성된 개념들의 위계구조를 자동으로 분류할 수 있고, 작성된 온톨로지 내의 논리적 일관성을 체크해 볼 수도 있다. 그리고 Protégé

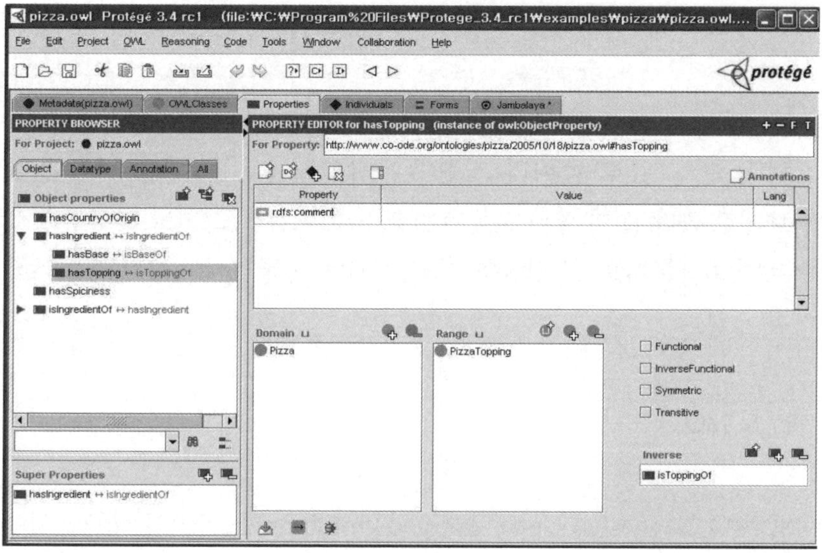

<그림 13> Protégé: pizza 2

는 여러가지 플러그인 모듈을 추가하여 기능을 확장할 수 있는 유연한 플랫폼이다. 예를 들어 시각화 관련 플러그인으로서 Jambalaya를 사용하면 작성된 온톨로지를 <그림 14>와 같이 시각적으로 보여준다.

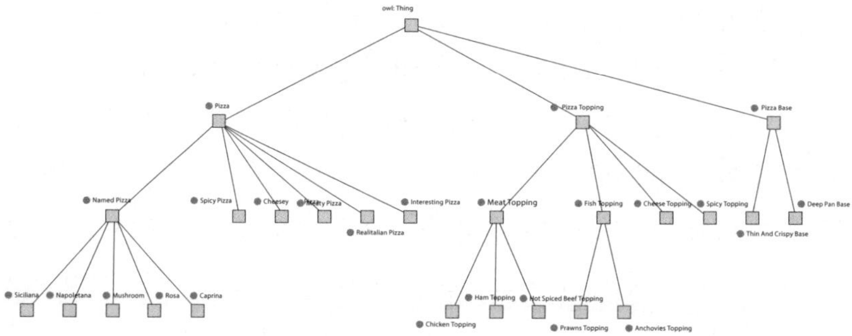

<그림 14> Protégé: pizza 3

7.2. 예들

본 소절에서는 실제 활용되고 있는 온톨로지들을 살펴본다. 앞서 제시된 분류 <그림 4>에 따라 그 분류에 대표적인 온톨로지를 하나씩 살펴보기로 한다. 먼저 상위 온톨로지로는 SUMO를, 그리고 영역 온톨로지로는 의학분야의 UMLS를, 그리고 과제 온톨로지는 OMNIBUS를 다루어 본다.

7.2.1. SUMO

SUMO (Suggested Upper Merged Ontology)는 일종의 일차술어논리로 기술된 형식적 온톨로지에 해당한다 (Niles & Pease 2001). 이 온톨로지는 모든 일반적 개념들을 아우르는 대규모의 온톨로지를 구축하려는 목표 하에 기존에 구축된 다양한 온톨로지들을 병합하여 만들어졌다. 현재 SUMO는 1000 여개의 개념들, 4000 여개의 공리들, 그리고 750 여개의 규칙들로 구성된다.

SUMO의 상위 부분은 <그림 15>와 같은 모습을 갖는다. 즉 개체는 시공간을 차지하는 physical과 그렇지 못하는 abstract로 구분된다. 전자는 다시 object와 process로 구분된다. 삼차원의 개체인 object는 부분들이 서로 연결되어 있는 self-connected-object와, 부분들이 서로 분리되어 있는 collection 등으로 구분된다. process의 경우 대부분 동사들의 의미에 해당하며, 네 개의 주요 하위 개념들로 구분된다. 두 개체들간에 이루어지는 dual-object-process, 사람들이 의도를 가지고 행하는 행위들과 관련된 intentional-process 개념, 의도적 행위자로서 사람이 관련되지 않는 motion, 관련 개체들의 움직임이 없는 internal-change 등이 있다.

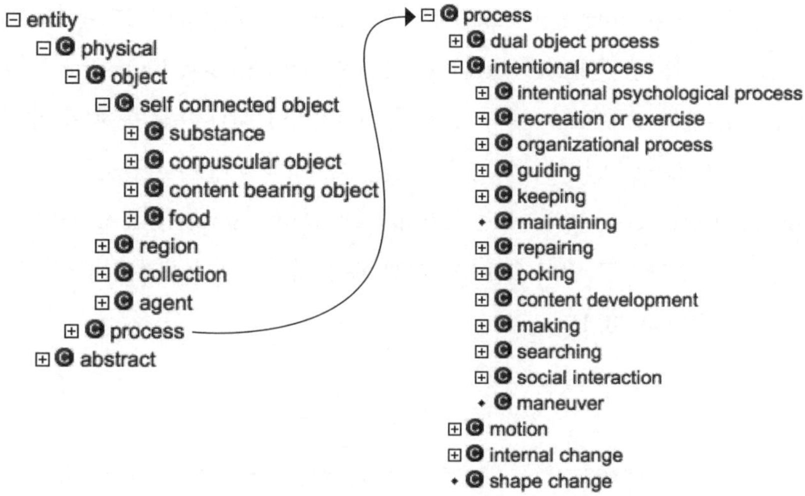

<그림 15> SUMO

이러한 SUMO는 하위 수준의 온톨로지들과 연결되어 있다. MILO (Mid-Level Ontology)라는 중간 수준의 온톨로지와 다양한 영역 온톨로지들로 연결된 SUMO의 전체적인 구성은 <그림 16>과 같다.

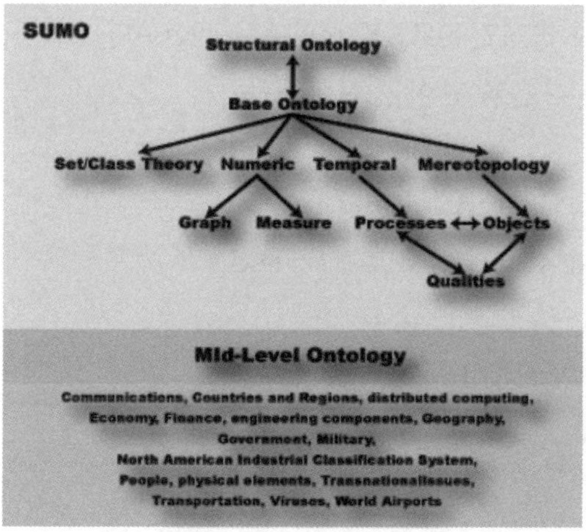

<그림 16> SUMO의 전체 구성

즉 앞서 살펴본 개념체계 <그림 15>를 모듈로 재구성하면 <그림 16>에서 보는 바와 같이 Base Ontology, Set/Class Theory, Numeric 등과 같은 11 개의 모듈로 이루어지고, 중간 단계의 MILO를 통해서 개별 영역 온톨로지로 연결되는 구조를 갖는다. 영역 온톨로지들로는 communications, countries and regions, economy, government 등의 도메인들을 포함하고 있다. 이러한 전체 체계 하의 SUMO 규모는 <표 1>과 같다 (Pease 2011).

<표 1 > SUMO의 전체 규모

	SUMO	MILO	Domain ontologies	Total
개념	1120	2167	18171	21458
공리	4522	4394	64069	72985
규칙	794	528	1679	3001

한편, SUMO 브라우저를 통한 개념 검색을 보면 <그림 17>과 같은 모습을 보여준다.[7] 즉 해당 개념의 상하위 개념들, 정의, 관련 공리 등이 일종의 술어논리인 SUO-KIF 형태로 표현된다. <그림 17>에 제시된 논리표현들은 다음과 같이 풀이된다.

(1) 가. (subclass Pancake BreadOrBiscuit)

= Pancake is a subclass of bread or biscuit

나. (=>

(instance ?P Pancake)

(exists (?F)

7) http://www.adampease.org/OP/ 에서 브라우저를 제공하고 있다.

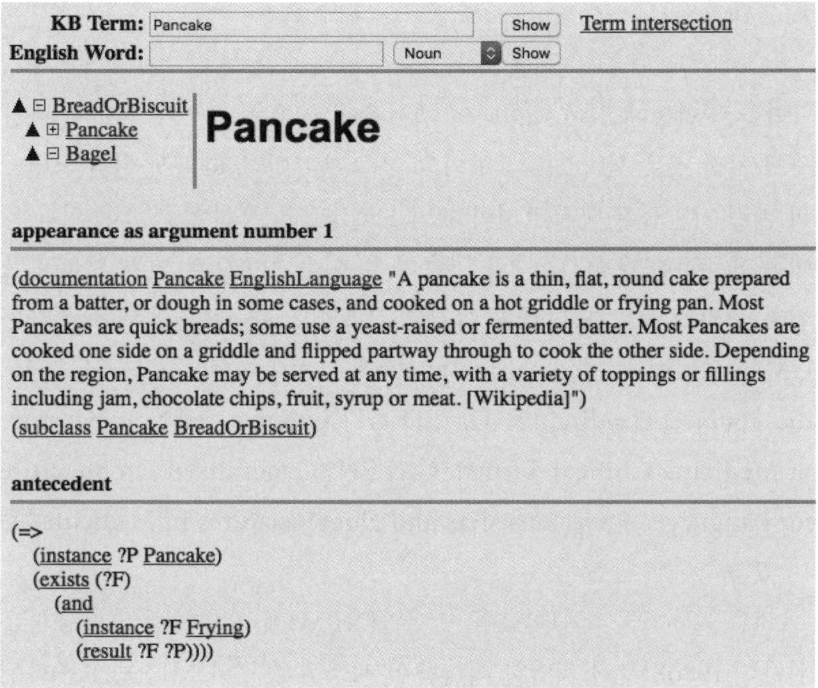

<그림 17> SUMO: [pancake]

(and

(instance ?F Frying)

(result ?F ?P))))

= If an entity is an instance of Pancake, then there exists a process such that the process is an instance of Frying and the entity is a result of the process

한편 SUMO의 개념들은 WordNet (3.0)에 연결되어 있다 (Niles & Pease 2003). 그 결과 자연언어처리 관련 분야에서 SUMO 온톨로지를 직접 활용하고 있다.

7.2.2. UMLS

의학은 임상에 있어 데이터의 재사용과 공유의 요구가 많으며, 다양하게 지적 정보 서비스가 요구되고 있는 분야이다. 따라서 현재 국내외의 관련 기관들은 온톨로지의 개념 모델링을 이용하여 복잡한 의학 용어를 표준화한 용어시스템을 구축하여, 이를 기반으로 의학 지식의 표현과 처리를 시도하고 있다. 이러한 시스템으로는 본절에서 소개하는 UMLS (Unified Medical Language System) 이외에도 MeSH (Medical Subject Heading), SNOMED-CT (Systematized Nomenclature of Medicine Clinical Terms), GALEN (Generalized Architecture for Languages Encyclopaedias and Nomenclatures in Medicine) 등이 있다.

UMLS은 미국 국립의료원 도서관(NLM)에서 의학용어의 통합을 위하여 1986년부터 개발한 의학용어 시스템이다.[8] UMLS는 표준화된 용어체계를 바탕으로 각기 다른 시스템과 데이터베이스 간에 호환성을 보장함으로써 전자의료기록 시스템이 널리 사용될 수 있는 기반을 마련해주었다. UMLS의 목적은 컴퓨터 스스로 의학용어를 이해함으로써 사용자가 의료 진료기록에 보다 쉽게 접근하게 하려는 것이다. 즉 여러 사람들에 의해서 여러 가지 방법으로 표현되는 같은 개념, 그리고 다양한 시스템과 데이터베이스에 분포되어 있는 유용한 정보를 공유하기 위해서 사용된다.

이 시스템은 메타시소러스(metathesaurus), 의미망(semantic network), 전문가 사전(specialist lexicon)으로 구성된다. 이러한 요소들은 의학 용어와 약물 및 생의학 관련의 다양한 어휘들로 구성된 분산

---

8) https://www.nlm.nih.gov/research/umls/

된 자료들을 통합하여 연결하고, 용어들을 통일된 개념으로 적용하여 사용하기 위해 만들어지 대규모의 데이터베이스에 해당된다 (김혜선 2001, 이현실 2004). 아래에서는 이 요소들을 하나씩 살펴보기로 한다.

먼저 메타시소러스는 생의학 개념, 개념에 해당하는 다양한 명칭, 개념간의 관계에 대한 의미적 정보를 담고 있다. 그 규모는 생의학 개념 1,000,000 여 개와 각종 의학 데이터베이스와 전문가 시스템에 사용되고 있는 2,800,000 여 개의 개념에 달한다. 개념은 나름의 개념 식별자(CUI)를 가진다. 개념식별자는 동일한 개념이지만 용어가 달리 표현되는 용어 식별자(LUI)를 동일한 개념으로 연결한 것이다. 그리고 용어 식별자는 동일한 용어이지만 용어가 변형되어 나타나는 문자열 식별자(SUI)를 연결한 것이다. <표 2>는 문자열과 용어가 개념으로 연결되는 과정을 보여준다.

<표 2> UMLS: 메타시소러스 구조

<table>
<tr><th>Concept(CUI)</th><th>Terms(LUIs)</th><th>Strings(SUIs)</th></tr>
<tr><td rowspan="4">C0004238
Atrial
Fibrillation(preferred)
Atrial Fibrillations
Auricular Fibrillation
Auricular Fibrillations</td><td rowspan="2">L0004238
Atrial Fibrillation
(preferred)
Atrial Fibrillations</td><td>S0016668
Atrial Fibrillation
(preferred)</td></tr>
<tr><td>S0016669
(plural variant)
Atrial Fibrillations</td></tr>
<tr><td rowspan="2">L0004327
(synonym)
Auricular Fibrillation
Auricular Fibrillations</td><td>S0016899
Auricular Fibrillation
(preferred)</td></tr>
<tr><td>S0016900
(plural variant)
Auricular Fibrillations</td></tr>
</table>

즉 메타시소러스를 통해 동의어나 유사어 또는 변이형 등을 그룹화시켜서 동일한 개념으로 조직화시켜 준다. 이러한 구조를 바탕으로 메타

시소러스는 다양한 코딩 시스템에서 단어 간의 관계를 이해시키고, 다양한 시스템과 데이터베이스 간에 정보의 공유를 가능하게 한다.

다음으로 의미망은 의미유형(semantic type)과 의미관계(semantic relation)로 이루어지는데, 모든 개념들은 최소 하나 이상의 의미유형 범주에 할당되고, 의미유형 사이에는 의미관계가 부여된다. 의미유형은 크게 개체와 사건으로 분류되고, 각 유형들은 나름의 하위유형들을 갖는 계층구조를 형성한다. 의미유형을 연결하는 의미관계는 상하위관계가 주를 이룬다. 이외에도 물리적 관계, 공간적 관계, 시간적 관계, 기능적 관계, 개념적 관계 등의 다섯 가지 관계들을 갖는다. <그림 18>은 개체 유형에 속하는 Organism에 관계되는 의미유형과 의미관계를 도식화한 것이다.

<그림 18>에서 상위의 의미유형 Organism과 Organism Attribute는 개념적 관계의 일종인 property of 관계를 맺고 있으며, Organism과 Biologic Function은 기능적 관계의 일종인 process of 관계를 갖는다. 또한 Biological Function은 다시 Organism Attribute와 관계를 맺는다. 이처럼 의미망에서는 메타시소러스의 개념들이 하나 이상의 의미유형으로 범주화되어 다른 개념들과 여러 관계들에 의해 서로 연결되어 있다.

끝으로, 전문가 사전은 자연언어 처리 시스템에 필요한 어휘 정보를 제공하기 위하여 개발된 것으로, 생물의학 용어 20,000 여 단어 뿐만 아니라 12,000 여 개의 일반 어휘들에 관한 정보, 그리고 구문정보를 포함한다. 즉 어휘의 기본 유형, 철자 변이형, 품사, 변이형 정보 등의 종합적인 정보를 포함한다. 이를 통해 같은 단어이지만 경우에 따라 사용되는 형태가 달라지는 경우 이들을 모두 같은 단어를 지칭한다는 점을 파악할 수 있다.

이상에서 살펴본 UMLS는 1990년 초판이 발행된 이후 이용자의 피

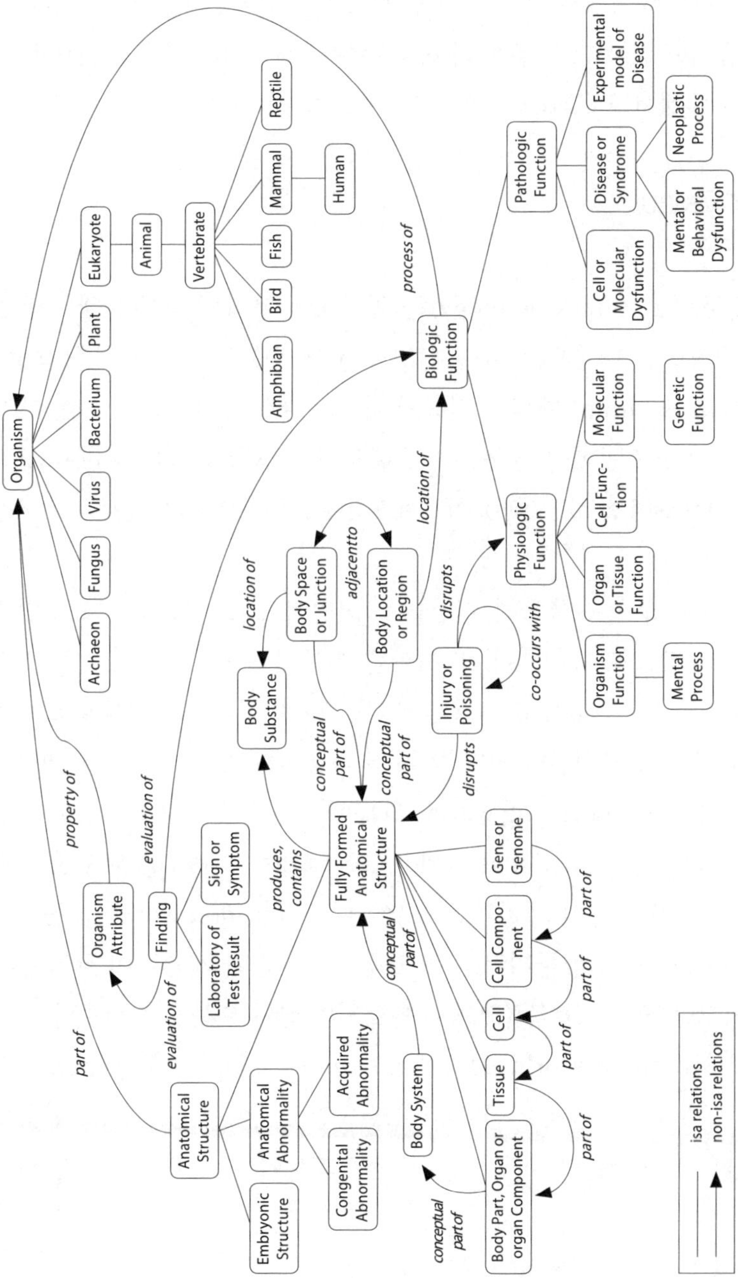

<그림 18> UMLS: 의미망

드백을 반영하여 오늘날까지 지속적으로 갱신되어 다양한 시스템들에서 활용되고 있으며, 향후에 더욱 고도화된 시스템에 적용될 것으로 보인다. 국내에서도 UMLS를 표준으로 도입하려 하고 있다.

7.2.3. OMNIBUS

과제 온톨로지(task ontology)는 일반적인 과제 수행이나 행위와 관련된 개념들을 대상으로 한다. OMNIBUS 온톨로지는 교수-학습(instruction-learning) 행위를 일종의 과제수행으로 간주하여 이를 대상으로 하여 구축된 과제 온톨로지에 해당한다 (Mizoguchi & Bordeaux 2000, Hayashi et al. 2009). 아래에서는 이 온톨로지의 전반적인 구성을 살펴보기로 한다.[9]

여기서는 교수 이론들의 개념들을 선언적으로 기술하고, 교수방법들을 절차적으로 기술하여, 교수/학습 이론의 온톨로지를 구현하고 있다. 현재 구축된 OMNIBUS 온톨로지는 1200 여개의 개념들과 250 여개의 관계들로 구성되어 있다.[10] 이 온톨로지는 여러 그룹의 개념들로 구분된다. 그중 'Learning world' 그룹에서는 학습과정에 관련된 개념들을, 그리고 'Instructional world' 그룹에서는 교수과정, 교수관련 속성들, 교수 목표 등의 개념들을 포괄한다. 'Common world' 그룹에서는 일반적인 인지적/물리적 과정 또는 대상 관련 개념들이 규정된다. 다음 <그림 19>는 OMNIBUS 온톨로지의 상위 부분을 보여준다.

특히 'Common World' 그룹에서의 entity 개념의 하위 개념으로 설정되는 I_L event 개념은 OMNIBUS 온톨로지에서 교수/학습 활동의 기본단위에 해당한다. 이 기본단위를 살펴보면, 교수활동은 학습활동

9) 본절의 내용은 이해윤 (2015)에 기반한다.
10) http://edont.qee.jp/omnibus/

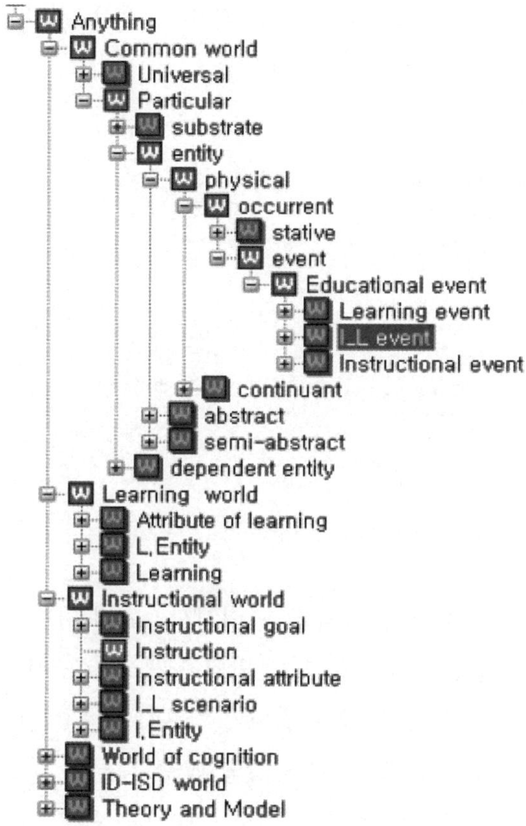

<그림 19> OMNIBUS

에 영향을 주고 학습활동은 학습자의 상태를 변화시킨다는 가정 하에, 교수활동 및 학습활동 그리고 학습자의 상태변화를 그 내용으로 갖는다. 즉, I_L event 단위는 교수활동의 교수사건(instructional event)과, 학습활동과 학습자의 상태변화로 구성되는 학습사건(learning event)으로 구성된다. I_L event 개념은 이론에 따라 다양하게 결합하여 상이한 위계구조를 보인다. 위계구조의 기본적인 포맷은 상위의 사건이 여러 하위 사건들로 구성되는 구조이다. 즉 상위 사건은 달성 방식에 따라

또는 세분화 방식에 따라 하위 사건들로 나뉠 수 있다. 이를 WAY라는 관계로 일컫는다. <그림 20>은 이에 대한 한 예이다

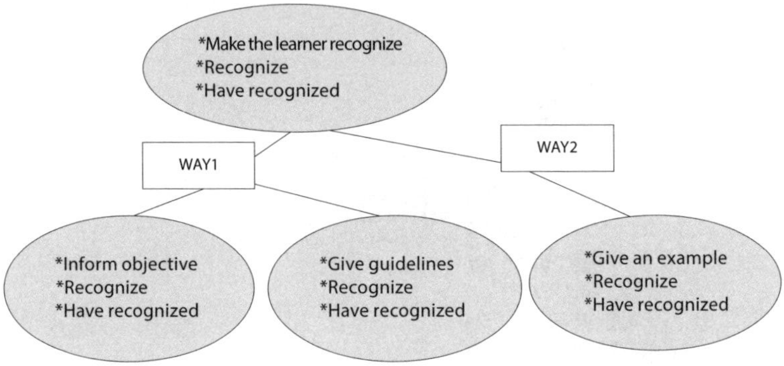

<그림 20> I_L event 위계구조

<그림 20>은 교수자가 학습자에게 어떤 내용을 인식시키고자 하는 것을 상위 사건으로 하고, 이를 달성하는 두 개의 방법이 제시된다. 첫 번째 방법 WAY1은 두 개의 하위 사건, 즉 학습자가 학습대상과 지침을 인지하는 사건들로 구성된다. 그리고 두 번째 방법 WAY2는 학습자가 예제를 이해하는 단일사건으로 구성된다. 여기서 교수자는 목표 달성을 위해 WAY1 또는 WAY2를 선택하게 된다.

교수/학습 활동에 OMNIBUS 온톨로지를 이용하는 작업은 SMARTIES 소프트웨어에서 이루어진다. SMARTIES는 OMNIBUS 온톨로지에 구축된 개념과 이론들을 이해하고 사용할 수 있는 저작 시스템이다. 즉 설계자로 하여금 기구축된 개념들을 사용하여 교수/학습 모형을 작성할 수 있도록 도와주는 시스템이다. 이 소프트웨어는 그래픽 인터페이스의 모형화 환경을 제공하여, 학습/교수의 목표설정이라는 추상적 수준에서부터 수업에 사용되는 학습 객체 Learning Objects에 이르기까지 구체적 수준을 포함한 수업설계를 도와준다. 즉 작

성자는 OMNIBUS에 구현된 다양한 교수학습 지식들을 이용하여 구체적인 교수/학습 행위들을 설계한다. 이때 작성자는 OMNIBUS에 구축된 교수학습이론의 지식들을 이용하여 설계 가이드라인을 제공받을 수 있고, 또는 OMNIBUS에 구축된 사건, 행위, 상태 등의 개념들을 이용하여 자신만의 교수/학습 활동을 작성해나갈 수 있다. <그림 21>은 과제중심학습(task-based learning) 모형에 의한 수업설계의 모습을 보여준다 (이해윤 2013).

<그림 21>에서 최상위 노드는 그 교수/학습 활동의 목표를 표현하고, 그 이하의 상층부는 이에 대한 설계 원리들이 제시된다. 그리고 그 원리들을 구체적으로 실현해주는 실제 교수/학습 활동들은 종단 노드에 나타난다. 종단노드들을 따라 좌에서 우 방향으로 진행되는 교수/학습 활동을 시나리오 scenario라 하고, 이러한 I_L events 위계구조 전체를 시나리오 모형 scenario model이라 한다. 따라서 시나리오 모형은 작성자의 교수/학습 활동에 대한 생각을 반영할 수 있고, 또한 작성자에 따라 다른 모습을 갖게 된다. 이렇게 작성된 시나리오 모형을 보면, 단계별 교수/학습 활동들을 파악하게 되고, 각 교수/학습 활동들의 근거가 되는 설계 원리를 이해할 수 있게 된다.

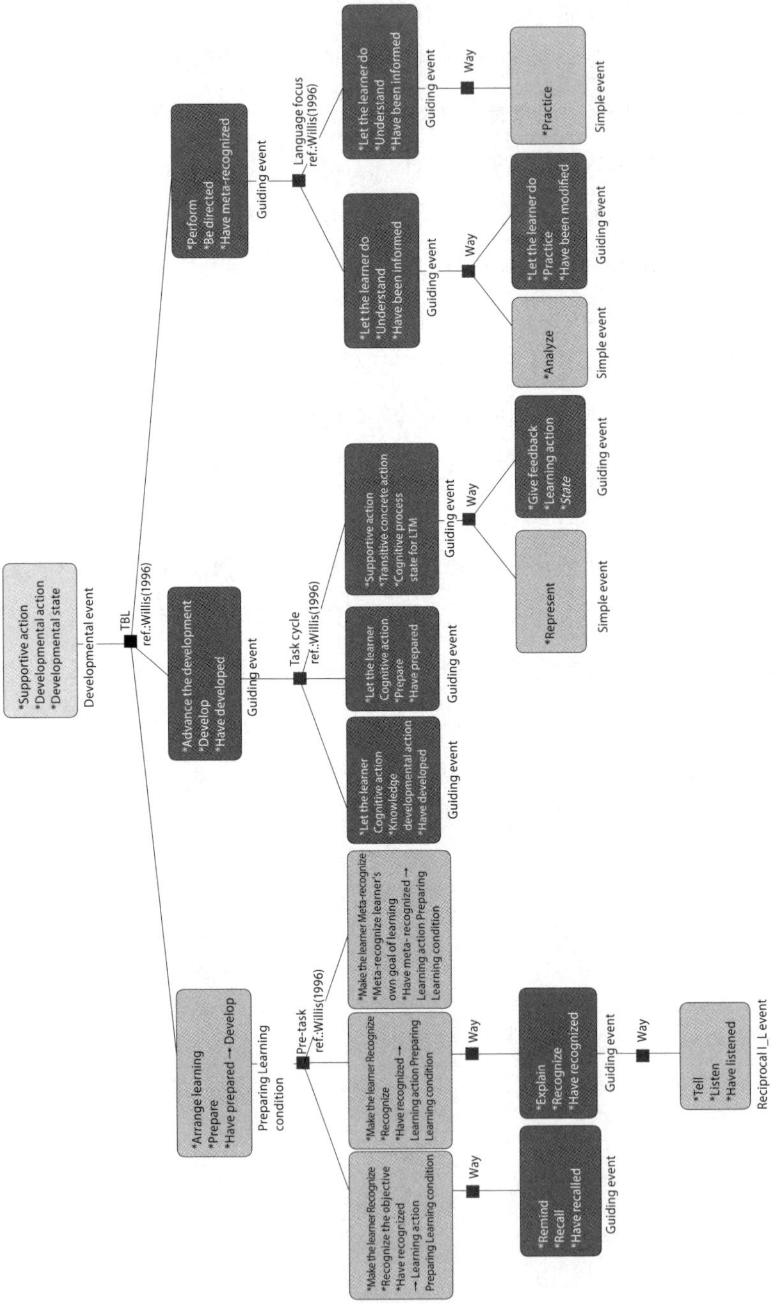

<그림 21> 과제중심학습 모형

7.3. 온톨로지 언어

지식은 정보를 보다 쉽게 이해하고 응용할 수 있도록 체계화하고 구조화한 것이며, 지식 표현은 이러한 지식을 사람과 컴퓨터가 함께 이해할 수 있는 형태로 나타낸 것이라고 할 수 있다. 지식 표현의 방식은 의미망(semantic network), 프레임(frame), 규칙(rule), 술어논리(predicate logic) 등이 있다.

한편 지식 체계의 일종인 온톨로지는 일반적으로 인간이 인지하고 있는 개념구조를 인간 뿐만 아니라 컴퓨터가 이해할 수 있는 형태로 제공되기 때문에 사람과 컴퓨터 또는 컴퓨터와 컴퓨터 간의 의사소통을 보다 정확하고 효율적으로 지원할 수 있다. 이를 위해 사용되는 온톨로지 언어는 온톨로지를 표현하는 데 사용되는 기본 어휘와 추론 매카니즘을 제공한다 (노상규·박진수 2007).

온톨로지 언어는 기본적으로 지식 표현의 방식을 따르지만, 구분해 본다면 1990년대 전반에 개발되어 많이 사용된 논리 기반의 언어와, 1990년대 후반에 웹의 성장으로 탄생한 마크업(markup) 언어로 나뉜다 (Gomez-Perez et al. 2003). 전자는 지식 공학에서의 지식 표현에 기반을 하고, 후자는 소프트웨어 공학에서의 지식 표현에 기반을 두고 있다 (최석두·한상길 역. 2008). 다음은 두 유형의 언어를 차례로 살펴보기로 한다.

7.3.1. 논리 기반 언어

논리 기반의 온톨로지 언어들은 기본적으로 술어논리와 관계한다. 그러나 술어논리는 계산속도가 느리고 결과를 예상할 수 없는 경우들이 발생한다는 문제점이 있어서, 술어논리의 부분집합에 해당하는 기술논리(description logic)가 이용된다. 기술논리는 술어논리에 비해 표현력은 떨어지지만 결정가능성이 뛰어나서 온톨로지 표현 언어로 적합하다고 본다. 구체적인 언어들을 보면, 다양한 정보시스템들 간의 지식 교환을 위한 KIF(Knowledge Interchange Format)가 1992년에 개발되었다. 그러나 KIF로는 온톨로지를 직접 구축하는 것이 쉽지 않기 때문에 프레임 온톨로지를 추가한 Ontolingua가 발표되어 사실상 표준으로 간주되어 왔다. 그리고 1995년에 프레임과 술어논리를 결합하는 F-Logic(Frame Logic)이 개발되었다. 아래에서는 이들 온톨로지 언어의 기반이 되고 있는 기술논리를 살펴보기로 한다.

■ 기술논리

기술논리는 술어논리의 부분집합으로서 온톨로지 구축에 적합한 언어이다. 즉 개념을 표현하기에 적합하고, 추론 기능을 갖고 있다. 기술논리 (통사부) 체계를 보자. 먼저 사용되는 기본 요소들은 다음과 같다.[11]

Concepts:
- $\top$, $\bot$
- *Human, MaleHuman, FemaleHuman, Car, Engine,* …

Roles:
- *hasFriend, hasPart, hasDriver, ...*

Constructors:
- negation: $\neg$ C
- intersection: C $\cap$ D
- value restriction: $\forall$R.C
- limited existential quantification: $\exists$R.T

11) 구성소에서 C, D, T 는 개념을, 그리고 R은 역할을 나타낸다.

즉, 개념(concept), 개념들간의 역할(role), 구성자(constructor)로 이루어진다. 이러한 기본요소들의 결합으로 인스턴스, 속성, 공리 등을 표현할 수 있다. 다음 예들을 보자

(2) 가. MaleHuman(John)

FemaleHuman(Sarah)

나. hasFriend(John, Sarah)

다. $\text{Human} \sqsupseteq \text{MaleHuman}$

$\text{Human} \sqsupseteq \text{FemaleHuman}$

$\text{Car} \sqsubseteq \exists\, \text{hasPart.Engine} \sqcap \forall\, \text{hasDriver.Human}$

(2가)의 경우 John이 개념 MaleHuman의 인스턴스임을, 그리고 Sarah가 개념 FemaleHuman의 인스턴스임을 표현한다. (2나)의 경우 개념 John과 Sarah가 hasFriend 역할로 연결되어 있는 속성을 표현한다. (2다)에서는 개념 MaleHuman이 개념 Human의 하위 개념임을 표현한다. 그리고 개념 Car는 역할 hasPart에 개념 Engine을 가지고, 역할 hasDriver에 개념 Human을 가지고 있음을 표현한다.

이러한 통사부를 갖는 기술논리는 <그림 22>에서 보는 바와 같이 두 종류의 지식베이스를 가진다.

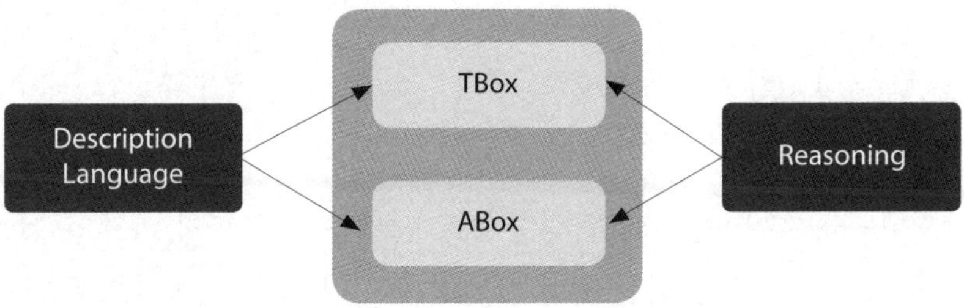

<그림 22> 기술논리의 지식베이스

기본 개념들을 이용하여 보다 복잡한 개념을 만들고 이것에 새로운 이름을 부여하는 용어 지식베이스(TBox: terminological box)와, 특정 개념에 속하는 인스턴스들에 대한 속성을 설명하는 선언적 지식베이스(ABox: assertional box)로 구분된다. 다음은 TBox와 ABox에 해당하는 예들을 보여준다.

(3) Mother $\equiv$ Woman $\sqcap$ $\exists$hasChild.Person

Parent $\equiv$ Mother $\sqcup$ Father

(4) Father(Peter)

hasChild(Mary, Peter)

hasChild(Mary, Paul)

HasChild(Peter, Harry)

TBox의 예 (3)에서 보면, 개념들을 구성자로 연결하여 새로운 개념들을 만들어낸다. Mother 개념과 Father 개념의 합 구성자를 이용해 Parent 개념을 생성해낸다. 그리고 ABox의 예 (4)에서 보면, 인스턴스들에 대한 정보들을 선언해준다. 이러한 기술논리가 지원하는 추론기능을 보면, TBox의 경우 개념들의 분류 및 개념들간의 계층구조를 체크해준다. ABox의 경우 선언된 지식들간에 모순이 있는지를 체크해준다.

7.3.2. 마크업 언어

1990년대 후반 인터넷의 성장으로 탄생한 온톨로지 마크업 언어는 온톨로지 구축을 위한 것이 아니라 데이터 표현을 목적으로 하는 HTML이나 데이터 교환을 목적으로 하는 XML과 같은 기존 마크업 언어를 기반으로 한다. <그림 23>은 마크업 언어들의 관계 및 발전 과정을 보여준다.

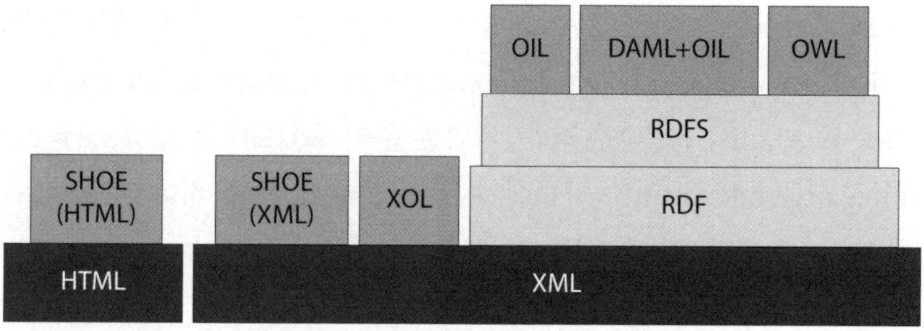

<그림 23> 마크업 언어들의 발전 단계

1996년에 발표된 최초의 온톨로지 마크업 언어인 SHOE(Simple HTML Ontology Extension)는 프레임과 규칙을 결합한 언어이며, 컴퓨터가 이해할 수 있는 의미정보를 웹 문서에 기록할 목적으로 HTML을 확장하여 만든 것이다. 그리고 XOL, XTM 등은 XML을 기반으로 확장된 것이다. 한편 RDF (Resource Description Framework)는 시맨틱웹 기반 언어로서 1999년에 W3C 권고안이 되었다. RDF Schema는 RDF를 프레임 기반 어휘들로 확장한 것이며, RDF와 RDF Schema를 합쳐서 RDF(S)라고 한다. 이후 RDF(S)의 확장으로 OIL(Ontology Inference Layer), DAML(DARPA Agent Markup Language)+OIL, OWL(Web Ontology Language) 등이 발표되었다. 이들 중에서 OWL은 표현력이 가장 뛰어난 언어로서 2004년에 W3C 권고안이 되었다. 아래에서는 OWL과 그 토대가 되는 RDF(S)를 살펴보기로 한다.

■ RDF(S)

RDF는 W3C의 가장 기본적인 시맨틱웹 언어로서 웹에 있는 자원에 관한 메타데이터들을 컴퓨터가 이해할 수 있는 정보로 표현함으로써 메타데이터의 상호운용을 가능하게 하고자 한다. 의미망을 기본으로 하는 RDF 데이터 모델은 "주어(자원)-서술어(속성)-목정어(값)" 형태의 트리플을 기본 단위로 하여 웹자원들을 표현한다. 예를 들어, "http://www.example.org/index.html has a creation-date whose value is August16.1999" 라는 지식은 주어가 URL "http://www.example.org/index.html", 서술어가 "creation-date", 목적어가 "August 16, 1999"에 해당하는 트리플로 분석되며, 다음 <그림 24>와 같은 트리플 그래프로 표현할 수 있다.[12)]

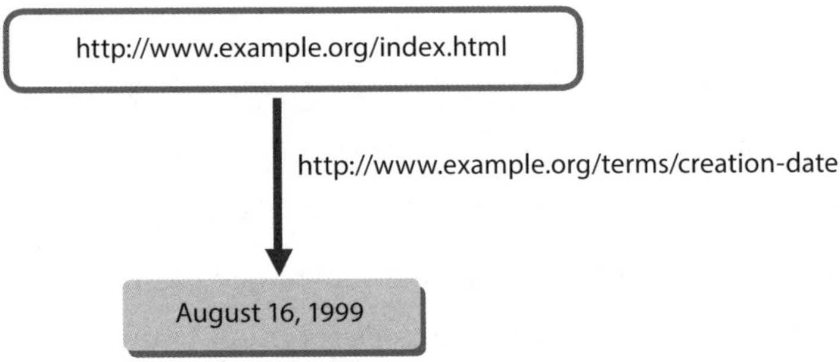

<그림 24> RDF: 트리플 그래프

위와 같은 RDF 데이터 모델을 컴퓨터가 처리할 수 있는 형태로 표현하기 위해서는 구체적인 통사부가 필요하다. 일반적으로 RDF 데이터 모델은 XML 통사부를 사용하여 표현하게 되며, 이때 사용되는 통사부를 RDF/XML이라고 한다. 위 트리플 그래프를 RDF로 표현하면 다음과 같다.

12) 아래 RDF(S) 관련 예들은 RDF Primer (https://www.w3.org/TR/2004/REC-rdf-primer-20040210/)에서 가져왔다.

```
1. <?xml version=“1.0”?>
2. <rdf:RDF xmlns:rdf=“http://www.w3.org/1999/02/22=rdf=syntax=ns#”
3.              xmlns:exterms=“http://www.example/org.terms/”>

4.    <rdf:Description rdf:about=“http://www.example.org/index.html”>
5.        <exterms:creatio-date>August 16, 1999</exterms:creation-date>
6.    </rdf:Description>

7. </rdf:RDF>
```

위 표현에서 1 라인은 XML 선언부에 해당하고, 2-3 라인은 namespace가 선언된다. 그리고 4-6 라인에서 트리플의 내용이 표현된다. 라인 4의 rdf:about 는 트리플 구조에서 주어를 표현하고, 라인 5는 그 속성을 표현하는데 서술어는 태그 extremes:creation-date로 목적어는 문자열 August 16, 1999로 표현된다.

RDF에는 속성의 도메인을 제한하거나 비슷한 자원을 묶어서 클래스로 표현하거나 클래스의 상하위 개념을 나타내는 기능이 없다. 따라서 자원들이 트리플 구조로 연결되어 있어도 그것이 실제 어떤 의미를 지니는 지 컴퓨터가 정확히 이해할 수 없다. 이러한 문제를 해결하기 위해서 W3C 권고안으로 발표된 RDF Schema를 이용하면 도메인에 필요한 어휘와 기본 가정들을 정의할 수 있다.

RDF Schema에는 클래스라는 개념이 존재한다. 클래스는 동일한 속성을 지니고 있어서 하나의 그룹으로 묶을 수 있는 개체들의 그룹에 해당한다. 또한 클래스는 계층을 형성한다. 하위 클래스는 rdfs: subClassOf 라는 어휘를 통해 상위 클래스와 연결된다. 하위 클래스에 속한 인스턴스는 자동으로 상위 클래스에도 속하게 된다. 그리고 하나의 하위 클래스는 다수의 상위 클래스를 가질 수 있다. 다음은 이에 대한 예이다.

```
<rdf:Description rdf:ID="MotorVehicle">
   <rdf:type rdf:resource="http://www.w3.org/2000/01/rdf=schema#Class"/?
</rdf:Description>

<rdf:Description rdf:ID="PassengerVehicle">
   <rdf:type rdf:resource="http://www.w3.org/2000/01/rdf=schema#Class"/>
   <rdfs:subClaseOf rdf:resource="#MotorVehicle"/>
</rdf:DEscription>

<rdf:Description rdf:ID="Truck">
     <rdf:type rdf:resource="http://www.w3.org/2000/01/rdf=schema#Class"/>
   <rdfs:subClassOf rdf:resource="#MotorVehicle"/>
</rdf:Description>
```

위에서 Motorvehicle, PassengerVehicle, Truck이 클래스로 선언되었으며, PassengerVehicle과 Truck이 Motovehicle의 하위 클래스로 표현되어 있다.

chema에서 속성과 관련하여 정의역(domain)과 치역(range)이라는 개념이 도입된다. 이 개념들은 속성의 주어와 목적어에 올 수 있는 클래스의 범위를 지정하는 것이다. 즉 RDF Schema에서는 어떤 속성을 취할 수 있는 클래스의 범위와, 그 속성이 값을 취할 수 있는 범위를 각각 제한할 수 있는 것이다. 이는 rdfs: domain과 rdfs: range라는 어휘를

```
<rdf:Property rdf:ID="registeredTo">
  <rdfs:domain rdf:resource="#MotorVehicle"/>
  <rdfs:range rdf:resource="#Person:/>
</rdf:Property>
<rdf:Property rdf:ID="rearSeatLegRoom">
  <rdfs:domain rdf:resource="#PassengerVehicle"/>
  <rdfs"range rdf:resource="&xsd;integer"/>
</rdf:Property>
```

통해 표현된다. 다음은 이에 대한 예이다.

위에서 차량에 관한 정보가 두 개의 속성 registeredTo, rearSeat-LegRoom으로 설명된다. 즉 속성 registeredTo의 정의역은 MotorVehicle 클래스의 개체에 그리고 치역은 Person 클래스의 개체에 한정된다. 그리고

속성 rearSeatLegRoom의 정의역은 PassengerVehicle 클래스의 개체에 그리고 치역은 integer 클래스의 개체로 한정된다.

종합하면, RDF 데이터 모델은 트리플 구조로 무한한 지식을 표현할 수 있다. 그러나 이러한 RDF 데이터모델은 자원과 자원을 특정한 형태로 연결시켜 놓은 것에 불과해서 자원 간의 관계를 정확히 나타낼 수는 없다. 이러한 RDF의 한계를 극복하기 위해서 클래스와 속성을 기술할 수 있는 RDF Schema 언어가 등장한다. 하지만 RDF Schema는 클래스 간의 계층구조를 나타내고 각 속성의 정의역과 치역을 표현하는 수준에 그쳐 정보의 의미를 표현하는 데 부족하다고 볼 수 있다. 이러한 표현상의 한계로 인해 모델링 요소들을 확장하고 언어의 표현력을 강화한 OWL이 등장하게 된다.

■ OWL

RDF(S)를 기반으로 생겨난 OWL은 클래스와 하위 클래스, 속성과 하위 속성, 속성 제한, 개체 등의 개념을 포함한다.[13] 이들을 하나씩 살펴보기로 한다.

먼저 OWL은 RDF(S)와 마찬가지로 클래스와 속성을 통해 의미를 표현한다. 클래스는 owl: Class로 표현된다. 클래스는 그 의미에 따라 상하위 관계의 계층구조를 갖는다. 이는 RDF(S)에서의 표현방식을 그대로 사용한다. 아래는 이에 대한 예이다.

---

13) 아래의 OWL 관련 예들은 OWL Web Ontology Language Guide (https://www.w3.org/TR/owl-guide/)에서 가져왔다.

```
<owl:Class rdf:ID="PotableLiquid">
  <rdfs:subClassOf rdf:resource="#ConsumableThing" />
  ...
</owl:Class>
```

클래스 PortableLiquid가 클래스 ConsumableThing의 하위 클래스에 해당함을 나타낸다.

그리고 OWL은 RDF Schema와 마찬가지로 속성을 나타내는 어휘를 제공한다. OWL의 속성은 두 가지로 나뉘는 데, ObjectProperty는 클래스의 인스턴스를 다른 클래스의 인스턴스에 연결하는 속성이고, DatatypeProperty는 클래스의 인스턴스를 특정한 데이터타입에 연결하는 속성이다. 아래는 전자의 예를 제시한 것이다.

```
<owl:ObjectProperty rdf:ID="madeFromGrape">
  <rdfs:domain rdf:resource="#Wine"/>
  <rdfs:range rdf:resource="#WineGrape"/>
</owl:ObjectProperty>
```

위 표현에서 속성 madeFromGrape는 Wine 클래스를 정의역으로, WineGrape 클래스를 치역으로 갖고 있음을 나타낸다. 이로써 Wine 클래스의 인스턴스를 WineGrape 클래스의 인스턴스와 연결시킨다. 표현방식은 RDF(S)에서와 동일한 방법을 사용한다. 이러한 속성은 클래스와 마찬가지로 rdfs: subPropertyOf라는 어휘를 사용하여 계층을 형성할 수 있다.

또한 OWL은 어휘들을 추가적으로 도입함으로써 RDF(S)의 표현력을 확장시켜 준다. 첫째로 클래스와 속성을 표현하는 어휘들이 추가적으로 도입된다. 불 연산자(Boolean operators)를 통해 복잡한 클래스를 표현한다. 즉 클래스 간의 교집합, 합집합, 여집합으로 새로운 클래스를 정의할 수 있다. 이외에도 특정 클래스에 속한 인스턴스를 일일이

```
<owl:Class rdf:ID="Fruit">
  <owl:unionOf rdf:parseType="Collection">
    <owl:Class rdf:about="#SweetFruit" />
    <owl:Class rdf:about="#NonSweetFruit" />
  </owl:unionOf>
</owl:Class>
```

나열하는 열거형 클래스를 표현하는 어휘, 두 개의 클래스가 서로 공통의 인스턴스를 갖지 않는다는 경우를 표현하는 어휘 등을 도입한다. 그리고 속성의 값을 다양한 방식으로 제약할 수 있다. 다음은 이러한 제약에 대한 예를 보여준다.

위 예는 합집합 어휘 unionOf의 예를 보여준다. 즉 클래스 Fruit는 클래스 SweetFruit와 클래스 NonSweetFruit 간의 합집합에 해당한다는 점을 표현하고 있다.

둘째, OWL에서는 컴퓨터가 이해할 수 있도록 특별한 의미를 지닌 속성을 나타내는 어휘들이 있다. 어떤 속성이 이러한 속성 타입에 해당할 경우, 컴퓨터는 각각의 의미에 따라 직접 명시되지 않은 내용까지 추론할 수 있게 된다. 이러한 어휘들로는 transitive property, symmetric property, functional property, inverse functional property 등이 있다. 예를 들어, 속성 P가 이행적이고(transitive) 개체 A, B, C가 존재할때, P(A, B), P(B, C)가 성립하면 P(A, C)가 성립한다는 것을 추론할 수 있다. 다음은 이행 속성(transitive property)의 예를 보여준다.

```
<owl:ObjectProperty rdf:ID="locatedIn">
  <rdf:type rdf:resource="&owl;TransitiveProperty" />
  <rdfs:domain rdf:resource="&owl;Thing" />
  <rdfs:range rdf:resource="#Region" />
</owl:ObjectProperty>

<Region rdf:ID="SantaCruzMountainsRegion">
  <locatedIn rdf:resource="#CaliforniaRegion" />
</Region>

<Region rdf:ID="CaliforniaRegion">
  <locatedIn rdf:resource="#USRegion" />
</Region>
```

위 예에서 속성 locatedIn이 이행적 속성이라는 점이 첫 단락에서 선언되고, 그 다음에 SantaCruzMountainsRegion과 CaliforniaRegion 간에 속성 locatedIn이 적용되고, CaliforniaRegion과 USRegion 간에 속성 locatedIn이 적용된다는 점이 표현되어 있다. 그 결과 우리는 SantaCruzMountainsRegion과 USRegion 간에도 속성 locatedIn이 적용된다는 점을 추론할 수 있다.

셋째, 온톨로지를 구축할 때 기존의 온톨로지를 병합하거나 재사용할 필요가 있다. 예를 들어 여러 개의 온톨로지들이 하나의 더 큰 온톨로지를 구성하기도 하는데, 이 경우 각각 온톨로지에서 사용하는 클래스나 속성, 인스턴스가 서로 같거나 다르다는 것을 나타낼 필요가 있다. 이러한 온톨로지들 간의 클래스, 속성들에 대한 동일성 여부를 표현하는 어휘들로서는 equivalentClass, equivalentProperty, sameAs, differentFrom, Alldifferent 등이 있다. 아래는 이에 대한 예이다.

```
<owl:Class rdf:ID="Wine">
  <owl:equivalentClass rdf:resource="&vin;Wine"/>
</owl:Class>
```

위 예에서는 음식 온톨로지(&vin;Wine)의 와인이 와인 온톨로지의 와인과 동일한 인스턴스를 가진다는 점을 표현하고 있다.

제3부 지식 구조와 지식맵

제8장 지식의 구조

제9장 지식과 맵

제10장 지식맵 설계 방안

제3부 지식 구조와 지식맵

김동훈

디지털 기술이 미디어와 결합하면서 등장한 뉴미디어는 콘텐츠의 생산과 유통과정에 많은 변화를 가져왔다. 콘텐츠의 생산과 유통 비용이 감소되고, 손쉬운 유통이 가능해지면서 콘텐츠의 양은 기하급수적으로 증가하고 있다. 이른바 "빅데이터(bigdata)" 시대가 도래한 것이다. 정보자체가 희소가치를 지녔던 과거와 달리, 이제는 정보가 너무 많아서 문제가 되는 시대가 된지 오래이다.

디지털환경에서 생성되는 데이터의 규모는 방대하고, 생성주기가 짧으며, 데이터의 형태는 수치뿐만 아니라 문자와 영상을 포함하고 있다. 이렇듯 데이터가 폭발적으로 증가하면서 사용자가 원하는 정보를 찾는 과정이 더욱 어려워졌다. 따라서 쟁점은 정보를 찾는 방법에 집중되고 있다. 종래의 데이터와 정보 과잉에서 비롯된 문제는 정보 찾기의 차원이 생산자가 아닌 사용자 중심으로 변화해야 할 필요성을 말하고 있다. 바로 "지식"을 활용한 정보 찾기의 방법인 것이다. 이를 설계하기 위해서는 지식의 계층적 구조를 이해하고 시각화하는 과정이 필요하다.

정보 디자이너인 쉐드로프는 지식의 계층적 구조를 데이터-정보-지식의 단계로 구분하였다 (이병주 2004).

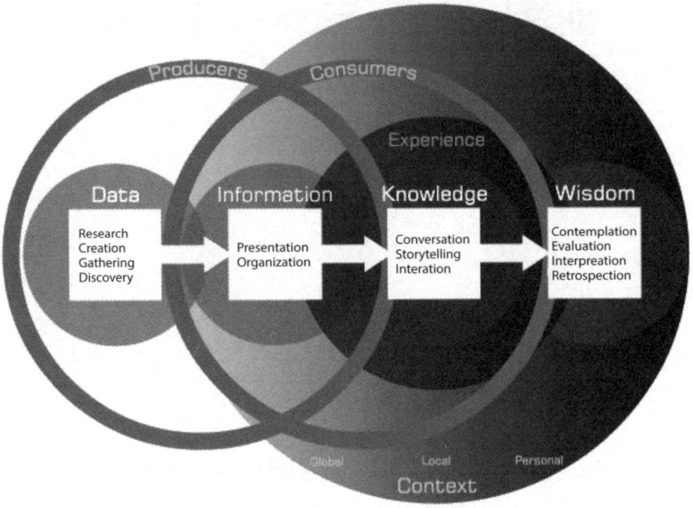

<그림 1> 쉐드로프(Shedroff)의 데이터-정보-지식-지혜의 이해

Polanyi (1966)는 지식을 명시적 지식(explicit knowledge)과 암묵적 지식(tacit knowledge)으로 구분한다. 명시적 지식은 가시화되고 매뉴얼화된 것이라면 암묵적 지식은 일상생활 속에서 이루지고 있는 전통, 가치관, 행동 등을 뜻하는 것으로 명시적 지식보다 포괄적이고 다양하다. 우리가 "문화"라고 말하는 대부분은 암묵적 지식과 밀접하게 관련되어 있다. 암묵적 형태의 지식을 시각화하고 구조화하는 방법은 다양한데, 그 중 하나로 지도(map)를 꼽을 수 있다.

인류는 지식을 구조화하는 여러 방법 중 가장 오래된 방법으로 지도를 활용하였다. 지도는 육안으로 파악할 수 없는 국가간 경계, 문화적 영역, 범주, 소유권부터 친족관계, 아이디어, 기업의 조직 등 공간적인 형식을 갖지 않는 관계도, 조직도, 의미까지 시각화하는 도구로 사용되었다. 지식맵(knowledge map)은 이러한 데이터-정보-지식을 서비스 가능한 형태로 조직화한 방법론이다. 지식맵은 다양한 노드(문화자원)

간의 링크를 구조화함으로써 개별 데이터 보다 고도화된 의미를 제고할 수 있으며 또한 다양한 의미와 해석을 제공할 수 있다.

지도를 구성하는 노드(node)와 링크(link)는 시간과 공간의 축으로, 지식의 기본적인 구조와 밀접하다. 지식은 다수의 정보를 하나의 주제(topic)로 조직화한 것으로, 하나의 주제를 나타내는 수많은 데이터와 정보가 유기적인 형태로 구성되고 의미적으로 연결되어 있다. 이렇듯 유기적이고 의미적으로 연결된 망(network)을 지식이라 할 수 있을 것이다.

지식을 구조화하는 것의 의미는 비구조적인 형태를 가진 문화자원을 단계별 절차를 거쳐 유기적이고 의미를 띄는 지식으로 구현하는 데 있다. 지식의 구조화 단계는 크게 전략 단계, 데이터 단계, 정보화 단계, 지식화 단계로 구분한다. 전략 단계는 문화자원의 사용자에게 제공될 지식맵의 목적을 설정하는 단계로 사용자의 요구사항과 제공할 문화자원에 대한 이해에서 출발한다. 데이터 단계는 문화자원의 XML 태깅을 통해 문화자원 간 의미 있는 연결점을 구축하는 것이다. 다음은 정보화 단계로 데이터의 의미 있는 태그 추출을 위해 자동화된 태깅 모델을 제시한다. 오토태깅이란 사용자가 직접 태그를 입력하지 않아도 문화자원의 내용을 분석해 자동으로 해당 문화자원에서 주요 키워드인 태그를 추출하는 기술이다. 인간이 처리하기에 문화자원의 수가 방대하기 때문에 이러한 기술을 사용하는 것이다. 지식화 단계는 추출된 주요 태그를 구조화된 묶음으로 구축하여 태그간의 의미적 연결성을 확대하고 태그를 포함한 문화자원을 구조화하는 작업이다. 이를 위해서는 구조적 형태의 용어집인 표준 사전이 필요하다. 표준 사전은 구조화 정도에 따라 일반 사전(dictionary)이나 용어사전(glossary)과 같이 단어들의 개념이 단순히 나열되어 있는 것에서 부터 시소러스(thesaurus), 온톨로지(ontology)까지 단어들의 유의어, 반의어, 상/하위어 등 의미

관계와 계층관계를 정의하는 형태까지 다양하다. 이러한 표준 사전은 추가적으로 의미를 확장하고 추론할 수 있는 규칙까지 포함시켜 웹 기반의 지식처리와 더불어 지식의 공유, 재사용이 가능하도록 한다. 이러한 지식맵 설계를 통해 단순한 문화자원에서 지식 기반의 문화콘텐츠, 문화산업의 영역 등에서 활용할 수 있을 것이다.

제8장 지식 구조

이번 장에서는 정보디자인의 관점에서 바라본 지식의 계층과 구조를 살펴보고자 한다 (김동훈 2013). 특히 지식의 계층은 데이터-정보-지식-지혜로 나눌 수 있는데, 먼저 지식의 계층을 살펴보기 위해 지식이 필요한 사회적 문화적 배경을 살펴보도록 하겠다.

8.1. 빅데이터와 지식

1965년 고든 무어 (Gordon Moore)는 직접회로의 1인치당 트랜지스터의 수가 매년 두 배로 증가 할 것이라는 예견을 하였고, 이는 현재 "무어의 법칙(Moore's Law)"으로 통용되고 있다.[1] 컴퓨터의 발달로 인터넷이라는 정보의 폭발이 일어났다. 정보의 홍수 속에서 정보의 양은 더 이상 지식으로 활용되기보다는 정보의 스팸(spam)으로 인식되어가고 있다. 정보의 기하급수적 증가는 정보 과잉으로 인한 관심 결핍의 문제를 야기한다. 따라서 다양한 정보를 생산만 하는 것보다 이러한 정보를 지식의 차원에서 활용할 수 있는 서비스가 더욱 중요해지고 있다. 이미 시작된 사물인터넷(IoT)의 시대에는 현실의 모든 대상이 정보화되고 상호 연동될 것이다.

1) 무어의 법칙 (Moore's law)은 반도체 집적회로의 성능이 24개월마다 2배로 증가한다는 법칙이다. 경험적인 관찰에 바탕을 두고 있다. 인텔의 공동 설립자인 고든 무어가 1965년에 내 놓은 것이다.

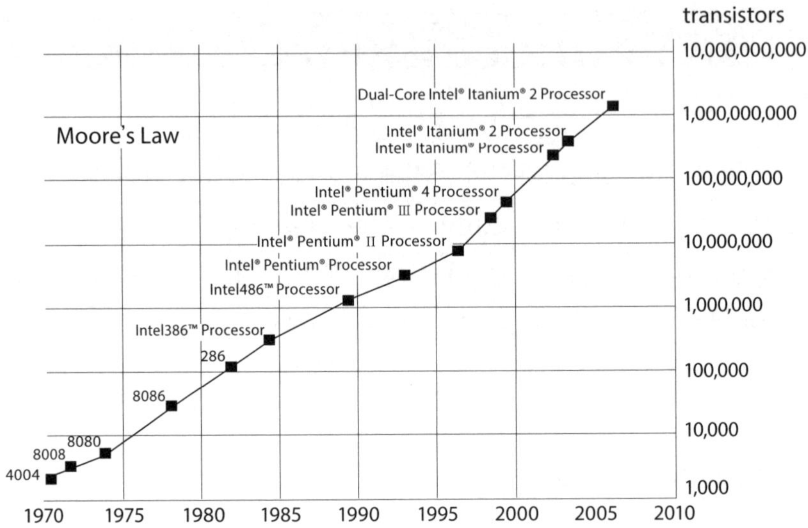

<그림 1> 무어의 법칙

데이터의 양이 폭발적으로 증가함에 따라 우리는 기존의 시스템으로 처리 불가능할 정도의 많은 데이터 처리를 위한 "빅데이터(Bigdata)" 개념을 도입하게 되었다. 과거에는 정보가 일부 계층에서 생산되고 유통되었다면, 현재는 대중에 의해 정보의 생산과 소비가 이루어지고 있기 때문이다. 콘텐츠의 생산과 유통 비용이 절감되고 손쉬운 유통이 가능한 정보통신 기술의 발달로 정보 범람의 시대가 도래하였다. 스마트 디바이스, SNS, 사물통신(M2M), 사물인터넷(IoT) 등의 확산으로 사용자가 생산하는 UCC(user created contents)의 수가 폭발적으로 증가하고 있는 것이다 (이유택 2013: 3). 정보 자체가 희소가치를 지녔던 과거와 달리, 이제는 정보가 너무 많아서 문제가 되는 시대가 되면서 많은 사회적 변화가 일어났다. 그 중 하나가 "정보 불안증(information anxiety)"이다. 시간은 없고 따라잡아야 할 정보의 양은 감당하지 못할 정도로 늘어나 초조함이 생기는 것이다. 다시 말해, 우리가 알고

있어야 한다고 생각하는 정보의 양보다 우리가 실제로 알고 있는 정보의 양이 적다고 생각하기 때문에 이와 같은 증후군이 생긴다.

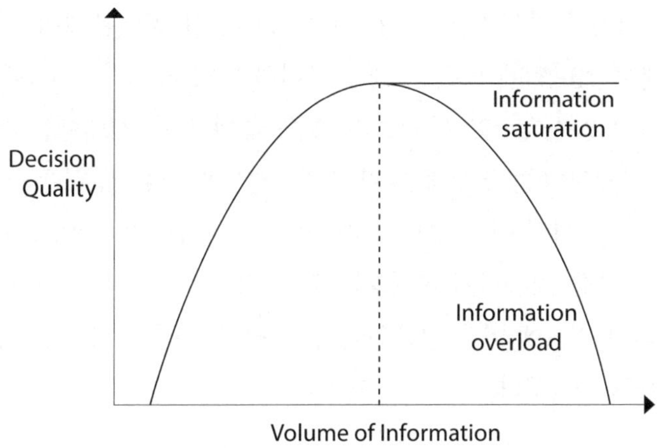

<그림 2> 무어즈의 법칙

<그림 2>의 "무어즈의 법칙(Mooer's Law)"은 고든 무어(Gordon Moore)보다 앞서 캘빈 무어즈(Calvin Mooers)가 1954년에 미국 문서화 협회의 연례회의 패널 토의 중 발언한 법칙이다.[2] 그는 이를 통해 사람들이 새로운 정보를 원하지 않는 경우도 있다고 주장하였다. 즉, 정보의 양이 너무 많으면 정보를 소유하지 않으려 한다는 것이다. 빅데이터(bigdata) 시대에 개인이 처리해야 하는 정보의 양은 한계를 넘어 선지 오래다. 무어즈의 법칙은 대량의 정보로 인해 정보에 대한 관심이 결핍되는 현상에 주의를 기울이고, 정보의 양보다는 질적인 차원에 더욱 초점을 두어야 함을 충고하고 있다.

2) 캘빈 무어즈 (Mooers, 1995)는 정보를 검색하고 소유하는 편이 차라리 정보가 없었을 때보다 더 고통스럽거나 귀찮다면 사람들은 그 정보 검색 시스템을 더 이상 쓰지 않게 될 것이다라고 1954년에 주장하였다.

그러나 정보에 대한 관심의 결핍 문제와 더불어 시급히 고민해야 할 문제는 정보의 양이 기하급수적으로 증가하면서 관심이 있는 정보를 찾기가 점점 더 어려워지고 있다는 지점에 있다. 인터넷 디렉토리 야후(yhaoo.com)를 만든 제리 양(Jerry Yang)은 한 인터뷰에서 "사람들이 인터넷에서 지나치게 많은 시간을 낭비하지 않도록 하기 위해" 야후를 만들었다고 말한 바 있다. 정보의 홍수 속에 사는 시대에는 사람들이 정보 그 자체보다는 정보를 찾기 위한 "정보에 대한 정보"를 더욱 필요로 한다. 바로 이런 점이 정보의 과잉에서 비롯된 정보 불안, 정보 회피 등 각종 문제를 해결하기 위해 지식화된 정보가 필요한 이유이다. 지식은 데이터와 정보에 비해 일반인이 알기 쉽도록 하고, 새로운 정보를 만들 수 있도록 해 준다.

8.2. 데이터-정보-지식

한국학중앙연구원, 국학진흥원, 콘텐츠진흥원 등 많은 중앙 및 지방 공공기관들이 문화자원에 대한 디지털화 및 데이터베이스화를 넘어 지식화하는 작업을 지속적으로 추진하고 있다. 이와 같은 작업을 통해 문화자원을 수집·보존하고 연구하여 다음 세대에게 물려주고, 새로운 전통과 가치를 창조하려는 것이다. 문화자원의 지식화 작업은 기존의 소수 연구자만이 사용할 수 있었던 데이터의 수준을 넘어, 일반 대중도 향유하고 경험 할 수 있도록 하는 것이다. 위 기관들의 작업은 단순히 디지털 기반의 문화콘텐츠 제작이라는 기술적 의미나 이를 통한 경제적 가치의 창출이라는 산업적 의미를 넘어서 전통문화 자원의 대중화와 현재화를 위한 시도에 더 가깝다.

지식화 과정에 대해 이야기하면서 명확한 매뉴얼을 제시하기는 사실상 어려운 부분이 있다. 따라서 아래에서는 다양한 분야에서 논의되었던 지식화의 개념을 살펴보면서 정보디자인적 관점에서 바라본 데이터-정보-지식의 단계별 계층에 대한 이해를 돕고자 한다 (김동훈 2013: 63-64).

8.2.1. 데이터

데이터(data)는 수집된 자원의 형태 자체를 말한다. 이는 자연 상태 그대로를 뜻하는 사실(fact)과 관련이 있다. 이는 인간의 가치와 판단이 들어가 있지 않은 상태를 이르는 것이다. 일반적으로 정보학에서 언급하는 데이터는 현실세계에서 발견, 조사, 수집, 창작을 통한 기초자료를 뜻한다. 이러한 자료를 디지털화하여 일정한 정리 형태를 갖춤으로써 의미를 추출할 수 있는 데이터가 만들어 진다. 즉 의미와 가치를 내포하고 있는 가공되지 않은 상태의 자원을 말하는 것이다. 이에 대한 학술적 논의는 다음과 같다. 이면희는 『지식의 재구성』에서 데이터는 가공되기 이전의 순수한 상태의 수치로서 아직 체계화되지 않고, 분석되지 않고, 일반화되지 않은 것들로 정의한다 (이면희 2008: 28). 오병근·강성중의 『정보디자인 교과서』에 따르면 데이터는 재료 또는 자료,

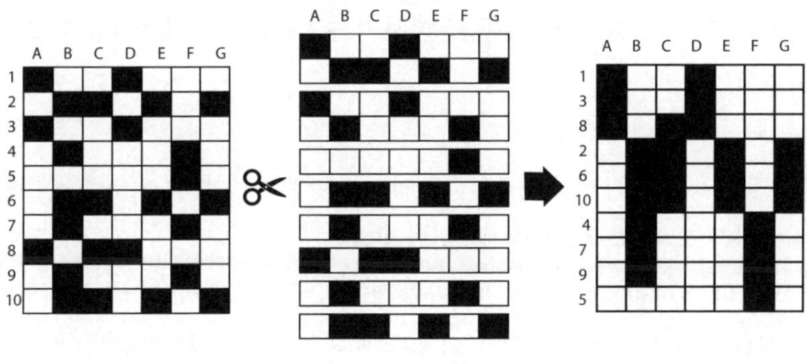

<그림 3> 데이터의 재배열을 통한 정보로서의 가치 생성 과정

논거를 뜻하는 데이텀(datum)의 복수형으로 일반적으로 결론을 내리는 데 근거가 되는 사실이나 참고자료를 의미한다. 데이터의 특징은 다음 세가지로 정리될 수 있다 (오병근·강성중 2008: 20-21). (1) 데이터를 생성한 사람만이 이해할 수 있도록 특정한 목적에 목적에 사용된다. (2) 연구나 조사, 발견, 수집의 결과인 일종의 기초자료로서 정보를 만들기 위한 원자재와 같다. (3) 우리 일상에서 접하는 것은 대부분 데이터이며 이를 정보와 구별하기가 매우 어렵다는 것으로 말하고 있다.

8.2.2. 정보

정보(information)는 데이터를 일정한 규칙에 따라 정리하고 분류하여 데이터베이스로 맵핑하는 과정을 거친 것이다. 서로 다른 형태의 데이터라도 연관성이 부여될 경우에 정보가 이루어질 수 있다. 정보화(informationization)의 과정은 정보와 구분되는데, 디지털화된 데이터에 대해서 의미를 부여하여 보관할 수 있는 전체 과정을 말한다. 따라서 정보화는 가치가 있다고 판단되는 유형의 데이터를 체계화 및 조직화하여 부가가치 창출의 목적으로 구현하는 프로세스와 방법론이다. 이러한 프로세스와 방법론은 일반적으로 기업의 관계형 데이터베이스를 통해 구현된다. 이를 정리하자면 다음과 같다 (김동훈 2013: 63~64).

- 정보(information) : 기업, 기관의 목적에 맞게 다양한 데이터를 일정한 규칙과 가치에 따라 정리하고 분류하여 체계화한 형태
- 정보화(informationization) : 체계화된 데이터, 즉 정보를 특정한 목적의 자원으로 보관, 관리, 활용하기 위해 데이터베이스화하는 전체 과정을 포함한 의미

정보는 확실히 정의할 수 없지만, 일반적으로 특정 대상의 목적에 맞게 정리된 사실이나 자료라고 말할 수 있을 것이다. 사전적인 의미는 자연적, 사회적 등의 여러 가지 사상(事象)에 대해서 인간 상호간 등에서 전달할 가치가 있는 것으로 해서 표현된 문자, 기호, 도형, 음성, 영상 등의 매체에 의해서 전달되는 것의 모두를 정보라고 한다 (최상복 2004). 구체적으로 살펴보면 정보란 (1) 어떤 형태로 다른 데 전달할 수 있는 형태로 되어있는 사상의 내용, (2) 인간과 인간 사이에서 전달되는 일체의 기호(記號) 계열, (3) 특정한 문제, 상황에 관해서 평가된 데이터, (4) 어떤 정리된 체계로서의 자극이며, 인간의 환경 적응 행동에 있어서 어떤 사상에 대해 판단을 내리기 위한 재료가 되는 자극으로서의 메시지로 정의될 수 있다. 이면희는 체계화, 분석, 일반화되지 않은 데이터가 어떤 목적이나 의미를 가지고 정리된 상태를 정보라고 정의하고 있다. 따라서 정보는 목적과 의미를 지닌 데이터를 의미한다 (이면희 2008: 28). 피터모빌 (Peter Morbille)은 정보가 무엇인가 하는 물음에 정확하게 대답할 수 없다는 점 자체가 벌써 많은 것을 말해준다고 한다 (유나 2006: 70). 오병근·강성중 (2008: 22)에 따르면, 정보가 데이터에 의미와 가치를 부여해 조직화하고 변화함으로써 형태와 형식을 지닌 것이며, 사용의 주체나 상황(context)에 따라 의미와 가치가 다르기 때문에 정보가 생산되고 사용되는 콘텍스트가 중요하다고 하였다. <그림 4>는 데이터와 정보의 차이점을 시각화한 것이다.

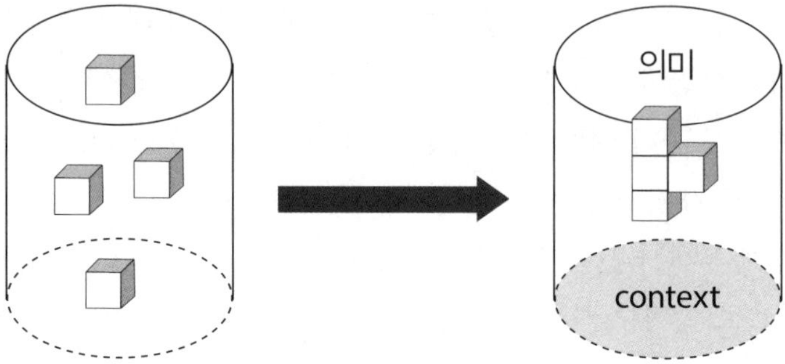

<그림 4> 데이터와 정보의 관계

8.2.3. 지식

지식(knowledge)은 정보화된 데이터의 의미와 관계를 해석하고 연구하는 과정에서 생성된다. 정보가 지식이 되기 위해서는 정보의 의미와 맥락이 제공되기 때문에 정보간의 연관성이 설정되어야 한다. 이때의 정보는 인간 정신의 해석에 의존하여 구현된 정보이다. 따라서 지식은 정보화된 데이터의 의미 부여와 관계의 해석, 즉 인간의 가치 판단에 따라 그 의미가 매우 다양할 수 있다 (김동훈 2013: 64). 지식의 사전적 의미는 (1) 어떤 대상에 대하여 배우거나 실천을 통하여 알게 된 명확한 인식이나 이해, (2) 알고 있는 내용이나 사물, (3) [벗]을 이르는 말, 즉 아는 사람이라는 뜻, (4) 생각하여 아는 작용, 또는 지혜와 견식으로 정의하고 있다. 영어의 사전적 의미는 '인간이 가진 주제에 대한 이해와 정보'를 지식으로 정의하고 있다.[3] 이면희는 지식의 유형을 사실적 지식(know-what), 이론적 지식(know-why), 방법적 지식(know-how),

---

3) Knowledge : Collins Cobuild Advanced Learner's English Dictionary: Knowledge is information and understanding about a subject which a person has, or which all people have.

인격적 지식(know-who) 총 4가지로 분류하고 있다 (이면희 2008: 28-36). 사실적 지식은 어떤 특정 사실(what)에 대해 아는 것을 의미한다. 이는 앞에서 정의한 정보의 의미와 같다. 이론적 지식은 이유나 원인을 이해한 상태를 말한다. 일반적으로 정보는 목적과 의미가 부여된 상태이고, 지식은 그러한 목적과 의미를 이해하는 단계를 나타낸다. 방법적 지식은 어떤 것을 할 수 있는 능력에 관한 것이다. 방법적 지식은 지혜와 가까운 개념으로 다양한 지식의 조합과 연결을 통해 새로운 파생지식을 생산하는 방법을 아는 것으로 정의하고 있다. 인격적 지식은 "누가 무엇을 알고 있으며, 무엇을 어떻게 하고 있는지"에 대한 정보를 의미한다.

본 장의 서두에서 언급하였던 암묵적 지식과 명시적 지식의 구분을 상기하자. 암묵적 지식은 내재적 지식으로 개인 및 조직의 행태에 대한 관찰 등 간접적인 방법을 통해 획득될 수 있는 지식의 형태를 말한다. 이는 학습과 체험을 통해 개인에게 습득되어 있지만 겉으로 드러나지 않는다. 오랜 기간을 걸쳐 그 사회적, 문화적 환경에서 만들어지고 사람과 사람에 의해 비공식적인 형태로 전달된 형태가 많기 때문에, 암묵적 지식에 대한 접근이 어려운 측면이 있다. 일상적인 삶이나 사회, 문화의 대부분이 이러한 암묵적 지식으로 인간에게 전달되고 있다. 이에 반해 명시적 지식은 정규 학교에서 배우는 일반적인 지식, 문서 등의 형태로 표시된 지식을 의미하며 암묵적 지식에 비해 접근이 쉽다 (이명규·장우권 2004: 326).

8.2.4. 데이터-정보-지식의 계층

앞서 데이터-정보-지식 각각의 정의를 다양한 문헌을 기반으로 살펴보았다. 데이터-정보-지식의 특징을 <표 1>로 나타내어 보면 다음과 같다.

<표 1> 데이터-정보-지식의 특징

구분	특징
데이터(data)	• 데이터 자체로서는 가치가 낮다 • 생산자 중심(불완전, 비연속적) • 가공되지 않고 의미가 낮은 상태의 개체 • 정보와 혼용되어 사용 • 특정 매체에 저장된 상태
정보(Information)	• 정보는 데이터에 가치를 부여한 상태 • 생산자와 사용자의 중간적 위치 • 형태와 형식이 존재 • 정보에서 컨텍스트(context)는 데이터와 구별되는 요소
지식(Knowledge)	• 사용자에게 풍부한 가치를 제공 • 사용자 경험의 산물(개인화 된 정보) • 사용자 중심의 정보 • 일반화된 정보 • 새로운 데이터와 정보를 생성할 수 있는 상태 • 암묵적 지식(비정형, 비구조적)을 담고 있는 상태

데이터-정보-지식 간의 계층화 구조를 파악하기 위해서는 서구의 "DIKW(Data, Information, Knowledge, Wisdom)" 또는 "지식 피라미드(knowledge pyramid)" 관점을 이해할 필요가 있다.[4] DIKW 구조를 살펴보면, 아래 <그림 5>에서 볼 수 있듯이, 크게 과거(past)와 미래 시점(future)으로 데이터-정보-지식 범주와 지혜의 범주로 나누고 있다. 과거 시점인 데이터-정보-지식은 사실적 지식(know-what), 이론적 지식(know-why), 방법적 지식(know-how) 즉 어떤 사실에 대한 이유나 원인을 이해한 상태를 의미한다. 그림에서 정보와 지식 사이에 t, e가 함께 존재하는데 [t]는 tacit knowledge(암묵적 지식)을, [e]는 explicit knowledge(명시적 지식)을 의미한다. 미래 시점인 지혜 단계는 데이

4) 해당 주소는 다음과 같다 : https://en.wikipedia.org/wiki/DIKW_pyramid

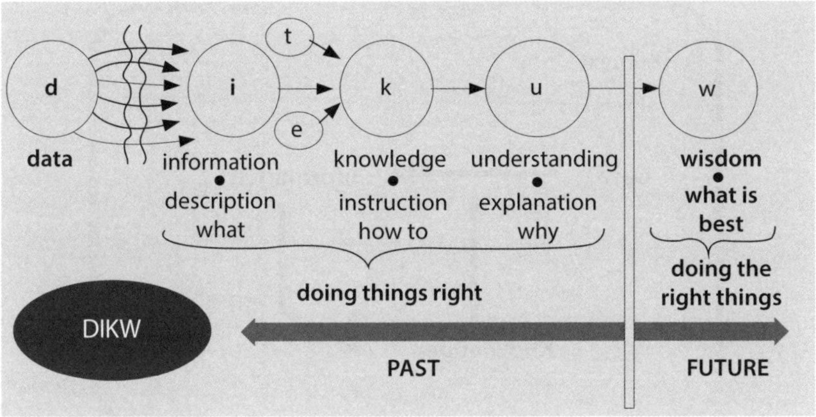

<그림 5> DIKW Hierarchy

터-정보-지식을 이해하는 단계를 거쳐 특정 사실에 대하여 추론, 유추할 수 있으며, 특정한 행위에 대한 가치판단을 할 수 있는 상태이다. DIKW 구조는 데이터-정보-지식-지혜가 계층적 구조를 가지고 있다고 볼 수 있다. 그러나 이 구조에서 주의해야 할 것은 따라오는 계층적 구조가 앞선 계층보다 보다 가치가 있으며, 그러므로 데이터가 가장 낮은 형태의 계층으로 인식하기에는 무리가 있다. 왜냐하면 <그림 6>의 경우는 데이터-정보-지식은 다시 데이터와 정보, 그리고 지식의 선순환 고리 형태로 이루어 지기 때문이다.

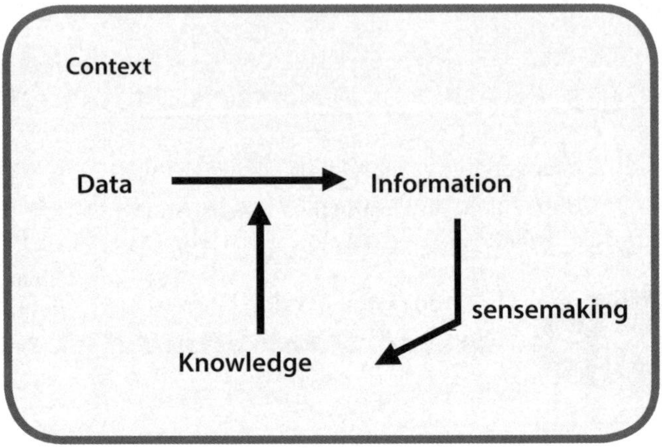

<그림 6> data, information, knowledge : a sensemaking perspective

본 절에서는 지식을 이해하기 위해 데이터와 정보의 지식화 과정과 다양한 문헌에서 논의된 지식화의 개념을 살펴보면서 정보 디자인적 관점에서 바라본 데이터-정보-지식의 단계별 계층에 대한 이해를 돕고자 하였다. 이는 이러한 과정을 통해 무형의 지식을 시각화하기 위한 방법을 배우고자 함이다. 다음으로 암묵적 형태의 지식과 명시적 형태의 지식을 살펴보도록 한다.

8.3. 암묵적 지식과 명시적 지식

Polanyi (1966)는 "대부분의 사람들은 말로 표현하는 것보다 더 많은 암묵적 지식을 보유하고 있다"고 말하며 암묵적 지식의 중요성을 강조하였다. 암묵적 지식은 경험을 통한 지식, 오랫동안 축적된 전통적 지식, 직관, 대인과의 관계에서 나오는 정서적 지식인 공감 등을 일컬으며, 이는 인간의 삶에 녹아 있다. 일상생활 속에서 사람들은 전통이나 가치관, 행동 등을 암묵적인 지식의 형태로 배우고 익히기 때문이다. 이러한 암묵적 지식을 명시화할 경우 지식관리를 통하여 부가가치를 창출할 수 있다. 불확실한 경영 환경에서 경쟁 우위를 확보하는 방법은 지식의 확보에 있다. 데이터와 정보가 기하급수적으로 증가함에 따라 정보의 소유가 아닌 정보의 활용, 즉 지식이 더욱 중요해지고 있기 때문이다. 이러한 지식을 확보하기 위하여 수많은 조직과 기업이 자신들이 보유한 정보를 지식으로 활용하고자 지식경영을 도입하고 있다. 대표적으로 두 가지 지식의 차원을 경영전략에 활용하여 경영기법으로 제시한 Nonaka & Takeuchi (1995)는 <그림 7>과 같이 지식창조의 패턴을 제안하고 있다.

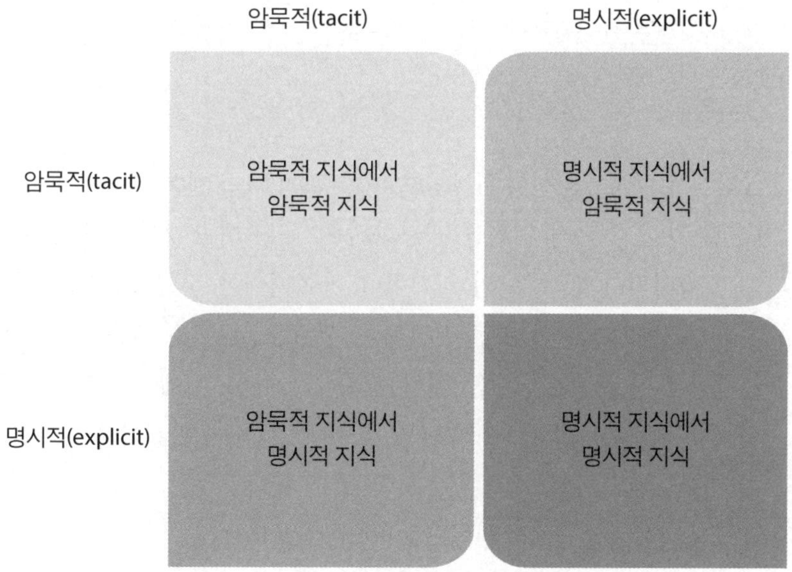

<그림 7> 지식 창조의 패턴

명시적 지식과 암묵적 지식은 지식의 전달 방향에 따라 위의 그림과 같이 4가지 지식창조의 패턴 방식을 형성한다 (김동훈 2013: 65-69).

• 명시적 지식에서 명시적 지식으로 (from explict to explict)

지식전달의 기본 형태이다. 정형화된 지식을 문헌이나 자료를 통하여 쉽게 습득할 수 있는 사례를 말한다. 기업이 여러 데이터를 활용하여 새로운 경영 보고서를 작성하는 예가 여기에 속한다. 이때는 해당 기업의 기존 지식을 다른 형태로 활용할 뿐, 지식 자체를 획기적으로 발전시킬 수는 없다.

• 명시적 지식에서 암묵적 지식으로 (from explict to tacit)

명시적 지식을 습득하여 새로운 암묵적 지식으로 발전시키는 방식이다. 다시 말해, 이는 보고서 등을 통하여 습득한 명시적 지식을, 기업의 기존 역량과 결합하여 더욱 새롭고 경쟁력 있는 지식으로 발전시키는 방식이다. 이는 습득한 명시적 지식을 활용하여 기존에 보유한 암묵적 지식을 더욱 확장시키는 사례이다.

• 암묵적 지식에서 명시적 지식으로 (from tacit to explict)

자신이 가진 주관적 지식을 객관화하여 다른 사람에게 쉽게 전달할 수 있는 형태이다. 한 사람의 지식이나 아이디어를 정형화하여 조직의 다른 구성원에게 효율적으로 전달하는 것으로, 새로운 제품을 개발하거나 경영 혁신을 이루어내는 예가 여기에 속한다. 이때 개인적이고 주관적인 지식을 조직의 명시적 지식으로 바꾸는 것이 관건이다.

• 암묵적 지식에서 명시적 지식으로 (from tacit to tacit)

"장인과 도제(master-apprentice)" 관계의 지식 전달 방법이다. 장인의 기술은 정형화되어 있지 않기에 이를 배우려면 도제가 오랫동안 장인과 함께 생활하면서 조금씩 배워나가야 한다. 가령 미술가의 그림 솜씨나 도자기 전문가의 도예 기술은 단편적으로 배울 수 없기 때문이다.

이처럼 지식은 데이터-정보와 달리 부가가치를 창출하는 중요한 자원으로 인식되고 있으며, 이러한 부가가치는 기업과 경영전략에서 지식관리의 형태로 발전하고 연구하고 있다. 지식은 정형화된 명시적 지식과 더불어 문화와 사회, 가치관을 담은 암묵적 지식을 내포하고 있으며, 암묵적 형태의 지식이 비교적 많은 부가가치를 창출하는 원동력으로 인식되고 있다. 그렇다면 어떻게 암묵적인 지식을 명시적 지식으로 바꾸는 것일까? Nonaka & Takeuchi (1995)는 다음과 같이 설명하고 있다.

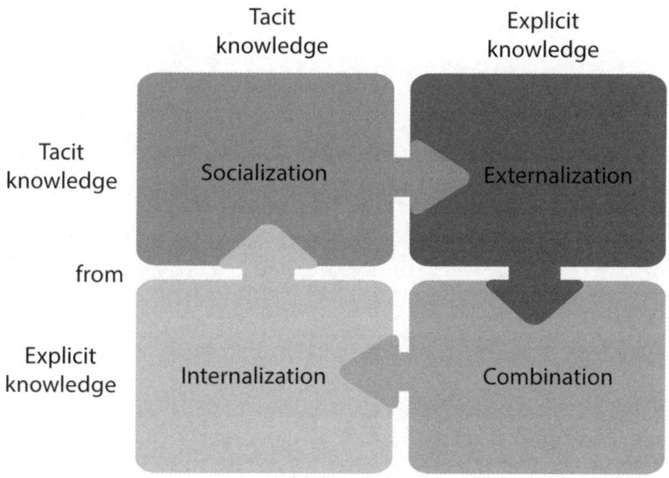

<그림 8> The knowledge conversion processes in a knowledge creating organization

위의 <그림 8>과 같이 암묵적 지식을 명시적 지식으로 변환하기 위해서는 지식의 표출화(externalization) 작업이 필요하다. 비정형적이고, 비구조적인 형태의 문화자원을 조직화, 가시화하여 표현(representation)하고 연결(combination)하여, 개인에게 내면화(internalization)하고 집단에게 공통화(socialization) 과정이 필요하다. 암묵적 형태로 존재하는 지식인 문화자원을 이와 같은 명시화, 가시적 상태로 만들어

내는 것이 문화가 가진 가치를 증대하는 차원에서 중요한 작업이 된다. 다음 장에서는 암묵적인 지식이 명시적 지식으로 변환하기 위하여 활용될 수 있는 지식의 표출화(externalization), 가시화(visualization)의 방법 중 하나인 맵(map)에 대하여 논의하고자 한다.

9.1. 암묵적 지식과 맵(map)

암묵적 지식을 명시적으로 표출하기 위해서는 다양한 방법을 통할 수 있다. 가장 대표적인 명시화의 방법은 여러 사람이 공유할 수 있도록 매뉴얼화된 문서로 만들어 외부로 표출하는 것이다. 본 절에서는 암묵적 지식의 표출 방법으로 맵(map)에 대해 이야기하고자 한다.

9.1.1. 지도와 문화지도

개인과 공동체가 가진 암묵적 지식을 표현하기 위하여 문자가 등장하기 이전의 인류는 지도를 그렸다. 대표적으로 기원전 1,500여년 전인 청동기 시대에 그렸던 암각지도를 통해 그 사실을 확인할 수 있다.[1] 수렵채집 사회에도 독자적인 형태의 지도가 보편적으로 존재했던 것으로 보아, 고대 문명 이전에 이미 인간은 지도를 산출하고 있었다고 추측할 수 있다. 지도는 인간 사회의 보편적인 행위였으며, 언어 이전에 타인과 소통하기 위한 커뮤니케이션 도구로 활용되어 왔던 것이다.

기존의 일반적인 지도는 실제 지표 세계를 평면 위에 재현 해 놓은 것이다. 그러나 오늘날의 지도는 일반적인 현실 세계의 재현뿐만 아니라 육안으로 볼 수 없는 지역 간의 경계나 영역, 범주, 인구밀도 등도 나타낼 수 있다. 즉 지도가 가시화하는 것은 지리적 공간만이 아니다. 이러한 지도는 친족관계나 기업 조직, 국가기구처럼 반드시 공간적인 형식을 갖

1) 해당 주소는 다음과 같다 : http://www.imaginarymuseum.org/MHV/PZImhv/HarleyCartographyV1.html

<그림 1> 청동기 시대의 암각화

지 않는 관계나 조직, 기구를 설명할 때에도 활용된다. 지도는 유형의 문화자원뿐만 아니라 무형의 문화자원도 표출하거나 가시화할 수 있다. 문화지도(cultural map)가 그 대표적인 형태이다. 지도는 일반적으로 지리와 지형을 파악하는 데 사용되었으며, 점차 지도에 문화적인 요소를 담아 세상과 사회를 해석하는 도구로 발전하였다. 문화지도는 일반적으로 문화라는 요소를 지도에 구현한 형태를 말한다 (김상철 외 2009: 154). 즉, 문화지도는 문화와 관련된 지식과 정보를 제공하는 지도이다. 유네스코(UNESCO)에서는 소수민족의 문화를 보존하고 활용하는 도구로 문화지도를 이용하고 있다.[2] 그들은 소수민족의 암묵적 형태의 지식인 사고, 전통, 의례 등 문화를 표현하는 도구로 마인드맵(mind map), 인지지도(cognitive map), 사회지도(social map) 등을 제시하고 있다.

2) "UNESCO Bangkok–Cultural Mapping", http://www.unescobkk.org/culture/diversity/culturalmapping/cultural-mapping-at-unesco-bangkok/cultural-mapping-workshop-lahore-pakistan/session-2-cultural-mapping-principles/

<표 1> 암묵적 지식을 표현하는 도구로서 지도의 종류

mind map	눈에 보이지 않는 복잡한 문제를 가시화·구체화하기 위한 것으로 이미지, 심벌, 형문자, 도형, 색, 핵심어 등을 사용하여 하나의 단어 또는 개념에서 연속적으로 확장해가며 생각을 표현하는 방식
cognitive map	공간 또는 환경에 대해 경험을 통해 인지하고 있는 개인의 생각과 기억을 표현하는 방식으로, 주로 직접 스케치하여 표현하는 방식
social map	지역 내의 사회적 커뮤니케이션을 표현하기 위한 지도로 지역의 일반적 사항, 생활양식, 방언, 건강상태, 사회적 문제 등에 관한 질의·답변을 직접 작성하여 표현하는 방식

9.1.2. 개념적 맵

지도는 실제 세상의 물리적 좌표를 재현하는 것뿐만 아니라 인간사회의 관계와 의식, 무형의 자원도 재현한다. 무형의 문화적 속성은 점-선-면으로 지도에 표현된다. 암묵적 지식 중 하나인 인간의 관념적인 생각이나 개념들을 기호화하여 나타내고 인간의 사고나 개념을 조직화하여 지도화한 것을 개념적 맵(conceptual map)이라고 한다. 정보나 지식을 형상화, 시각화한 개념적 맵에는 그 유형이 여러 가지가 있는데 대표적으로 마인드맵(mind map), 컨셉맵(concept map), 토픽맵(topic map), 시맨틱맵(semantic map), 지식맵(knowledge map) 등이 있다. 이러한 개념적 사고를 형상화한 개념적 맵은 노드(node)-링크(link)라는 구조를 통해 정보의 시각화 과정이 이루어진다.

지식맵 또한 개념적 맵과 동일하게 노드(node)와 링크(link) 구조로 표현한다. 노드를 나타내는 데이터는 일반적으로 이미지와 텍스트 등 다양한 멀티미디어 자료이며, 이러한 노드는 다른 노드와 연결 될 수 있다. 따라서 노드는 데이터의 일반화된 의미를 갖는 명사적 표현이며, 정보를 연결하는 링크는 쌍을 이루는 정보들 사이의 관계를 설명하는 동사적 역할을 한다. 노드 간의 관계를 설명하는 링크는 일종의 정보의 네트워크로 불린다.

9.1.3. 지식의 네트워크

네트워크는 수학의 일종인 그래프 이론(graph theory)에서 출발한다. 그래프 이론은 비교적 최근에 발달한 수학의 한 분야로 교통공학, 통신공학, 경영학 등 다양한 분야에서 활용된다. 특히 그래프 이론은 네트워크이론 분야를 파생시켰다. 월드와이드웹(WWW: World Wide Web)은 기술적으로 HTTP(HyperText Transfer Protocol)라는 프로토콜을 사용하는 네트워크의 일종이다. 월드와이드웹의 특징은 하이퍼텍스트 개념을 도입하여 원하는 정보와 관련된 정보를 쉽게 찾아볼 수 있다는 점이다. 마치 거미줄과 같이 통신망으로 세계 각지의 정보를 연결하는 서비스인 것이다. 네트워크로 구성된 지식과 웹은 구조적 형태에서는 차이점이 없다. 어떤 노드와 노드가 연결되었는지에 따라 이러한 요소들 사이의 관계는 다양한 의미를 만들어낼 수 있다. 네트워크는 링크에 의해 연결된 여러 개의 노드로 구성된다. 인터넷으로 연결된 컴퓨터에서부터, 인간 두뇌의 신경망, 관계로 연결된 사람 등 이 세상의 대부분은 네트워크로 이루어져 있다고 해도 과언이 아니다. 일반적인 네트워크 구조도는 다음과 같이 단순하다.

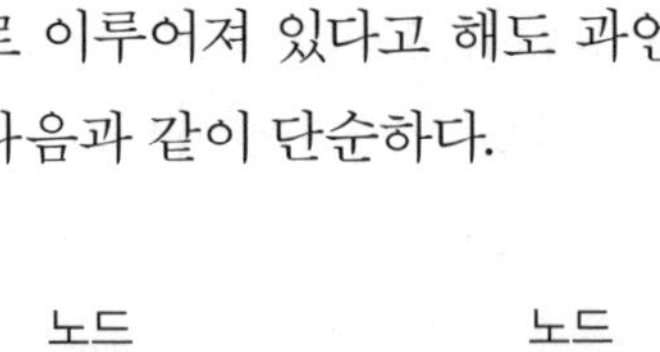

<그림 2> 단순한 네트워크 구조도

이러한 네트워크 구조는 추후 시맨틱웹, 온톨로지, 지식맵의 기초 자원을 서술하고 연결하는 기준점이 된다. 가장 두드러진 사례는 RDF(Resource Description Framework)로 네트워크로 이루어진 인터넷과 메타데이터를 지원하기 위한 기반 구조이며 W3C에 의해 개발된 국제 표준 규격이다.[3)]

RDF의 메타데이터로 작성된 모든 표현들은 주어(subject), 술어(predicate), 목적어(object)로 구성된 3중 구조를 가진다. 이 3중 구조는 사물이나 개념이 특정 값의 속성을 가진다는 것을 나타내기 위해 쓰이며, XML 태그를 통해 지정된다.

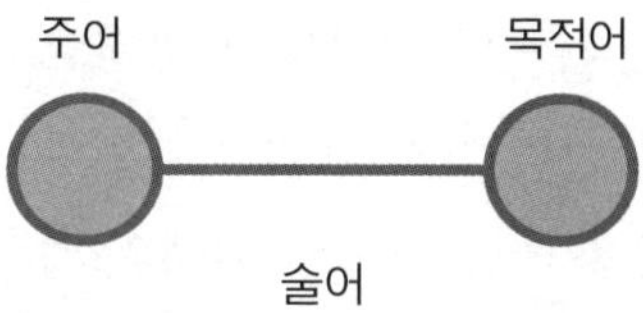

<그림 3> RDF의 트리플 데이터 모델

RDF 메타데이터는 통합자원식별자(URI)를 사용해 정의되고 각각의 정의는 유일무이하다. 이 트리플 저장구조는 특정한 존재를 정의하고 그 존재들 간의 관련성을 밝히는 강력하고도 유일한 방법이다 (유나 2006: 175-176). 노드와 링크로 구조화된 네트워크는 각각의 노드는 사물을 지칭하는 명사형이고, 링크는 관계를 설명하는 동사형이다. 이러한 노드와 링크를 통해 자원간의 관련성을 제시하기 위해서 데이터에 대한 데이터인 메타데이터가 필요하게되었다. 이에 디지털화된 정

3) W3C(World Wide Web Consortium) : 월드와이드웹 컨소시엄으로 1994년 10월 월드와이드웹(WWW)의 창시자인 팀 버너스 리(Sir Tim Berners-Lee)를 중심으로 창립되었음.

보자원을 기술하기 위하여 더블린코어(dublin core) 메타데이터 표준이 만들어졌다.[4] 이 표준은 네트워크화된 자원을 묘사하기 위한 요소의 집합을 정의하고 있다. 다음은 표준 메타데이터를 활용하여 데이터 간의 관련성을 노드와 링크로 구현한 예시이다.

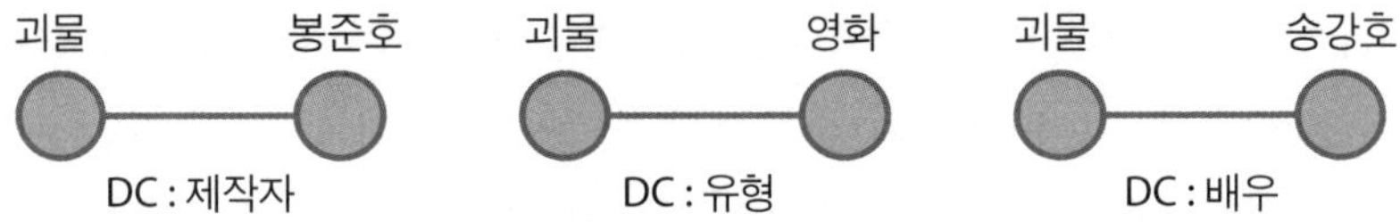

<그림 4> 더블린코어와 RDF 트리플 구조

RDF 트리플 구조는 기존의 텍사노미 형태의 폐쇄성과 경직성을 뛰어넘을 수 있어 정보자원의 상호 관계를 표현할 수 있다. 또한 XML로 코딩되고 URI로 식별이 가능하여 웹 검색의 정확성을 향상시킬 수 있다. 간단히 말하면 두 문화자원의 분류체계와 상관없이 노드-링크라는 단순한 관계망을 통하여 기존 분류체계의 도메인을 초월해 광범위하게 적용될 수 있으며, XML 기반 구조와 더블린코어의 표준 메타데이터를 통해 데이터가 구조화될 수 있는 강력한 방법 중의 하나이다 (유나 2006: 177). 기존 문화자원의 유통 매체인 월드와이드웹은 문화자원 간의 관계성을 표현하기 위해 HTML 태그로 사용되었다. 그러나 HTML의 데이터 구조는 head나 body가 있으며, body 안에는 table이 올 수 있고, table안에는 tr이, tr안에는 td가 올 수 있는 것처럼 데이터가 상위에서 하위로, 다시 말해 나무(tree) 형태의 구조로 자원을 연결하는데

4) 더블린코어 : Dublin Core Metadata Element Set의 약어로, 인터넷의 다양한 디지털 자원을 효율적으로 검색 및 관리하기 위한 메타데이터의 집합이다. 더블린코어는 메타데이터의 요소로서 제목, 작성자, 출판사, 데이터 포맷, 언어 등의 기본 요소가 설정되어 있다. 이는 비디오, 오디오, 이미지, 텍스트, 웹 페이지 등의 디지털 매체들을 기술하는 데 널리 사용되며, 보통 XML(eXtnesible Markup Language)과 RDF(Resource Description Framework)를 사용하여 구현된다.

도메인이라는 범주의 한계가 있다. 또한 HTML 태그는 널리 알려진 바와 같이 기계적 가독성을 중시하기보다는 노드 간의 관계성은 단순한 링크의 역할이 있을 뿐 노드를 정의하고 관계성을 파악하는 기능은 없다. 이러한 문제를 해결하기 위해 시맨틱웹, 온톨로지, 지식맵은 XML을 기반으로 한 RDF트리플 구조를 근간으로 데이터 간의 관계를 표현하고 구조화한다.

9.2. 지식맵의 정의

본 장에서는 문화자원의 지식 구조를 파악하고 이를 구현하는 방법으로 지식맵을 제시하였다. 여기서 지식맵은 크게 두 가지 방안을 제안하였다. 첫째, 문화자원의 지식화를 통해 데이터의 가치를 증가시키고, 이러한 지식화 과정에서 문화자원을 의미적으로 연결하고 체계화하기 위한 RDF와 XML, URI의 기능을 알아 보았다. 두 번째는 지식화 과정을 통해 정보를 상호 연관성에 따라 연결하고 조직하여 지식의 구조를 네트워크화된 맵(노드-링크) 형태로 표현하는 것이다. 즉 네트워크를 구성하는 노드와 링크, 그것을 설명하는 더블린코어 메타데이터의 트리플 구조를 제시하였다.

지식맵은 다양한 문화자원을 분류하고 구조화하여 의미론적인 연관관계를 설정함으로써, 비구조화되고 분산되어 있는 정보를 효율적으로 연계하고 상호참조 및 네비게이션하기 위한 방법론이다. <그림 5>는 지식맵 구현의 프로세스를 나타낸다.

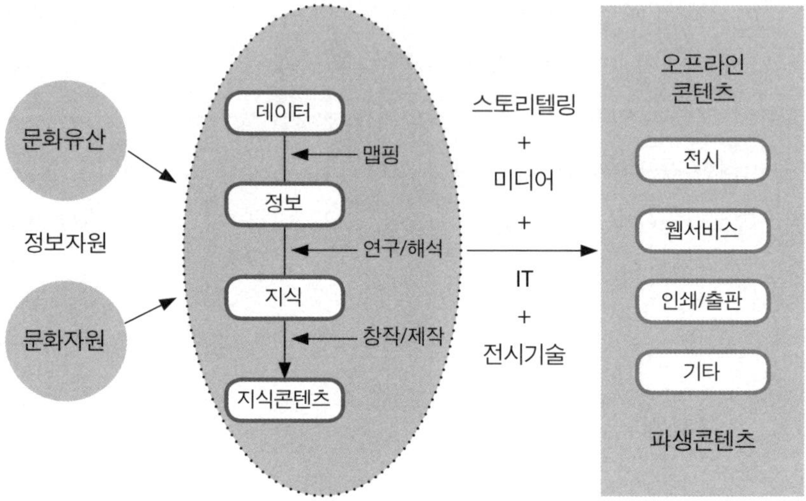

<그림 5> 지식맵 구현 프로세스

- 정보자원 : 디지털화된 문화자원의 총체
- 맵핑 : 디지털화된 문화자원이 구조화되어 DB화 된 상태
- 연구/해석 : 데이터를 일정한 규칙에 따라 정리하고 분류하여 데이터베이스로 맵핑하는 과정을 거쳐 정보를 구조와 계층화 시키고, 정보 간의 상호연관성을 조직화하여 의미망을 구성하는 단계
- 지식콘텐츠[5] : 정보자원의 양태와 속성을 표현하기 위하여 사용되는 데이터, 정보, 지식의 총체를 포함하는 형태
- 지식콘텐츠는 이러한 데이터, 정보, 지식을 서비스 가능한 형태로 묶어낸 산출물임
- 지식콘텐츠는 스토리텔링 및 미디어, 구현기술을 통해 새로운 파생 콘텐츠(산업화)를 생산할 수 있으며, 웹콘텐츠, 전시콘텐츠, 모바일콘텐츠, 출판콘텐츠 등으로 파생될 수 있고 미디어의 특성에 따라 온라인, 오프라인에서의 활용이 가능함
- 지식콘텐츠는 웹 상에서 백과사전이나 인명사전 등의 형태로 서비스 될 수도 있으

5) 지식맵은 지식의 구조화되고 가시화된 방법론적 개념이며, 지식콘텐츠는 데이터-정보-지식의 총체적 개념으로 산업화 및 상품화를 포함한 콘텐츠 개념임

나 모바일 콘텐츠, 출판콘텐츠의 형태로 재구성되어 제공될 수도 있음

지식맵의 역할은 정보간의 상호연관성을 조직화하여 의미망을 구축하는 것으로 요약할 수 있다. "지식화"라는 말의 의미는 정보화의 목적이 과거와 같은 "업무 프로세스의 효율화"가 아닌 "지식의 공유"에 있다고 하는 것이다. 지식을 공유한다는 것은 사회 각 분야에서 유용하게 활용될 수 있는 지식자원이 그 분야의 전문가가 아닌 사람들도 쉽게 접근할 수 있는 형태로 개방되어 다양하게 응용될 수 있도록 한다는 것이다. 이러한 지식화 과정은 시맨틱웹이 추구하는 방향과 같다. 시맨틱웹 기술이 점차 현실화되면서 토픽맵, 온톨로지 기술을 통해 지식 구현이 이루어지고 있으며, 지식맵 또한 문화자원의 지식 구현이 최종 목적이다. 다음에서는 지식 구현에 관련된 다양한 지식맵을 살펴보고자 한다.

9.3. 지식 맵의 주요 사례

이번 절에서는 지식맵의 다양한 유형을 국내외 사례를 통해 살펴보고자 한다. 지식이라는 범주에서 디지털 문화지도(electronic cultural atlas)는 기본적으로 문화와 관련된 지식과 정보를 제공하는 개념에서 출발한다. 또한 전자적인 속성을 활용한 정보제공의 정도, 정보의 시점, 정보의 활용 가능성, 사용자의 참여가능 여부 등이 포함된 전자적인 형태의 지도(electronic atlas)를 중심으로 대표적인 사례를 살펴본다. 이를 통해서 지식맵의 다양한 스펙트럼을 살펴봄과 동시에 비가시적 형태의 암묵적 지식을 표현할 수 있는 도구인 지도(map)도 함께 살펴보고자 한다.

9.3.1. 지식 그래프

구글(google.com)은 2013년 4월에 새로운 검색방식인 "지식 그래프(knowledge graph)"를 선보였다. 똑똑한 검색이 모토인 지식 그래프는 단순한 문자열이 아니라, 검색어를 둘러싼 다양한 속성에 맞춰 이용자가 원하는 최적의 결과를 보여준다 (김동훈 2013: 17-21).

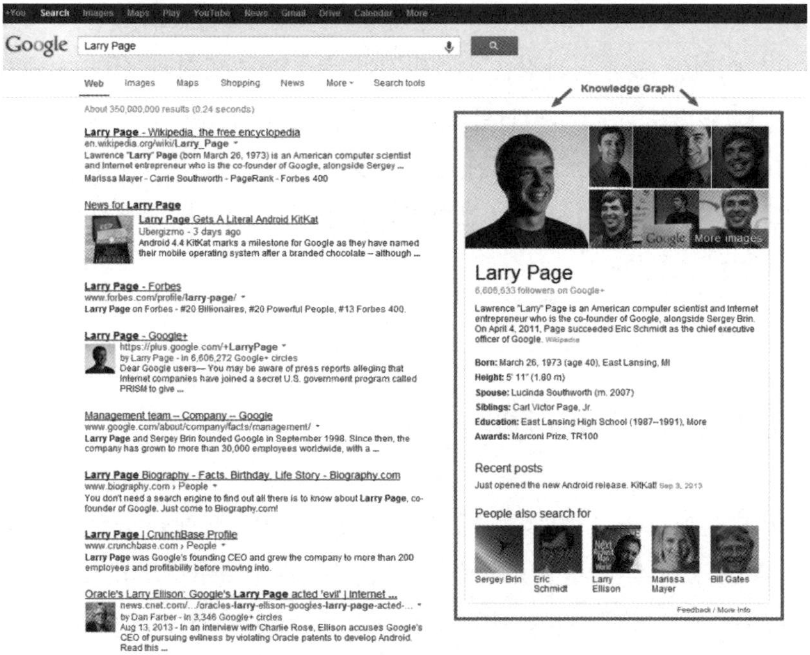

<그림 6> 구글의 지식 그래프 서비스

과거 구글은 기계적으로 수집한 모든 정보를 정렬해서 보여주는 방식을 제공하였으나, 이제는 시맨틱 기반으로 사용자가 가장 관심 있게 검색하는 10개의 카테고리를 우선으로 시작하여 점차 더 많은 카테고리와 검색어에 대응하는 지식 그래프의 양을 늘려갈 예정이다. 한국어

지식 그래프는 총 10개 카테고리에 해당하는 검색어의 일부에 대해서 한 검색어가 두 가지 이상의 뜻을 갖고 있을 경우 그 차이를 이해하여 정확한 내용을 찾아주고, 검색 결과의 오른쪽에 요약을 통하여 해당 주제에 대한 핵심 사실을 간추린 콘텐츠를 제시한다. 사용자는 지식 그래프를 통하여 새로운 사실과 연결고리를 쉽게 발견함으로써 더욱 다양한 지식을 습득할 수 있다. 현재 한국어 지식 그래프가 제공하는 10개 카테고리는 배우, 가수, 앨범, 영화, TV 프로그램, 게임, 요리법, IT 용어, 대학, 국가가 있다.

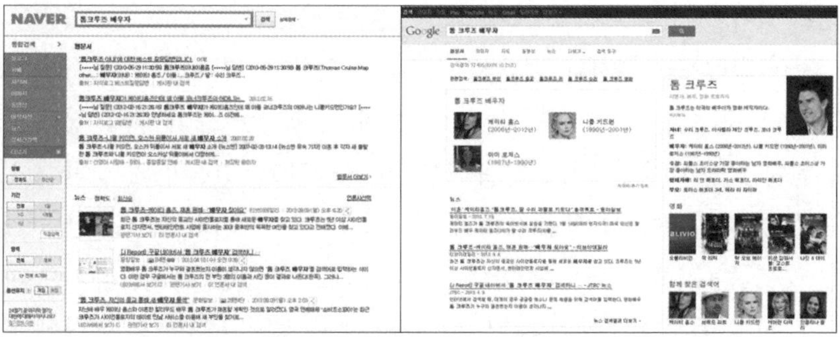

<그림 7> 구글의 지식 그래프와 네이버 검색 비교

종합하자면 과거 구글이 수집된 정보를 단순 나열식으로 보여주었다면, 이제는 정보간의 관련성을 추론하여 이를 검색의 결과에 반영, 지식 그래프로써 보여주고 있다. 이에 반해 한국의 대표 검색포털 사이트인 네이버(naver.com)의 경우 수집된 정보를 카테고리 별로 한 번 더 정리하여 사용자에게 서비스를 하였다. 그러나 이는 수집된 정보의 연관성이 아닌 정보의 유형별로 배치하는 형식이다. 톰크루즈 배우자를 검색하였을 경우 네이버는 카테고리 별 "톰 크루즈"와 "배우자"를 주요 키워드로 검색하여 보여준다면, 구글의 지식 그래프는 톰 크루즈의 배

우자에 대한 전체 정보와 함께 다른 사용자가 이와 관련된 검색어로 찾은 정보까지 정리하여 의미적 연관성을 높인 정보를 제공하고 있다.

현재 검색엔진은 웹 페이지를 수집하여 문자열을 분석하고 알고리즘적인 방법으로 해당 문자열의 의미를 부여하여 결과를 도출한다. 구글의 지식 그래프는 겉모양만으로 보면 국내 검색사이트와 유사하다. 그러나 하나의 정보에 대한 단순 나열식 정보와 달리 체계화된 검색결과를 보여준다. 이는 객관성, 중립성, 확장성의 지점에서 기존의 검색 결과와 차별화된 결과를 제공하고 있는 것이다. 이러한 취합된 결과와 분류가 사람이 아닌 프로그램을 통해 자동으로 이루어진다는 점에서 차별성이 있다.

지식 그래프는 차세대 검색을 구축하기 위한 첫 단계로 장소, 유명인, 도시, 스포츠팀, 빌딩, 지형물, 영화, 천체, 예술작품 등의 구글 정보 중 관련이 있는 내용을 바로 볼 수 있도록 제공하고 있다. 웹의 집단 지성적 특성을 활용하여 사용자들의 검색 결과가 보다 더 세상을 잘 이해할 수 있는 검색이 되도록 한다. 지식 그래프 패널은 크게 "라이브 패널", "이미지 패널", "지식 패널" 등 3가지로 구성된다. 검색의 대상에 따라 각 지식 그래프 패널은 관련된 정보를 보여주고 있다. 구글의 지식 그래프는 프리베이스(Freebase), 위키피디아, CIA 월드 팩트 북 같은 공공 정보뿐만 아니라 5억 개 이상의 인물, 지역, 사물 정보의 다양한 지식을 담고 있다. 이를 바탕으로 대상이나 대상 간 관련성에 대한 사실을 35억 개 이상으로 세분하고 있다. 구글의 지식 그래프는 인물, 장소, 사물 등 수천 개의 카테고리에 5억 7,000만 개의 단어(검색 대상)를 180억 개의 연결고리를 통해 찾아낼 수 있기 때문이다. 구글 공식 블로그에 구글 지식 그래프의 특징이 다음과 같이 요약되어 있다.[6]

---

6) "구글 공식 블로그", http://googleblog.blogspot.kr/2012/05/introducing-knowledge-graph-things-not.html.

• Find the right thing

(검색어의 의미를 이해하여 정확한 결과를 제공)

검색어에 대해 여러 가지 의미를 갖는 객체를 식별할 수 있는 정보를 제공한다. 예를 들어, Taj Mahal을 검색할 때, 인도의 Taj Mahal과 동시에 Taj Mahal the musician의 결과 값을 함께 보여주어 건물에 대한 것인지 음악가에 대한 것인지 구분하거나, 적어도 구분할 수 있는 기준을 제공한다.

• Get the best summary

(검색어와 관련된 주제 및 콘텐츠에 대한 요약 정보 제공)

위키피디아(Wikipedia)의 특정 주제에 대한 메타정보(infobox)를 보듯이, 특정 인물이나 장소에 대한 풍부한(enriched) 정보를 볼 수 있다. 예를 들어 "Marie Curie"을 통해 해당 인물에 대한 세부적인 정보인 태어난 곳, 출생연도, 과학적 업적 등 다양하고 의미 있는 정보를 볼 수 있도록 제공한다.

• Go deeper and broader

(검색을 통해 의도하지 않은 새로운 정보를 제공)

지식 그래프는 발견되지 않은 새로운 정보를 제공하여 사용자에게 새로운 의미와 가치를 제공하는 기회를 제공한다. 예를 들어 우리에게 알려진 TV 애니메이션 심슨(The Simsons)작가 "Matt Groening"을 검색하였을 경우, TV 애니메이션 심슨 가족의 이름이 작가의 가족 이름에서 유래했다는 것을 알 수 있게 해준다.

구글의 지식 그래프는 시맨틱웹이 지향하는 바와 동일하다. 웹에 존재하는 모든 것을 자원(resource)으로 표현하고, 이들 사이의 명시적 관계(explicit relationship)를 온톨로지로 만드는 것이다. 이렇게 만들어진 온톨로지는 웹 공간에서 자유롭게 연결되고 확장될 수 있다. 더불어 웹 페이지의 메타데이터를 구조적으로 표현하기 위한 어휘 및 구조를 정의하여 웹을 더 구조적으로 만들고, 이렇게 표현된 웹 페이지를 지식 그래프와 연결하여 의미적 연관성을 높이고 있다. 또한 현재 진행되고 있는 링크드 데이터, 공공정보를 통해 공유되는 거대한 데이터가 지식 그래프와 연결되어 더욱 고도화될 것이다. 이는 현재 정보자원의 인스턴스 수준을 넘어 스키마를 연계하는 작업으로 진행되고 있다.

구글의 지식 그래프는 검색의 새로운 방법은 아니다. 시맨틱웹과 더불어 일종의 지식을 표현하기 위한 형식으로 1970년대 만들어진 John F. Sowa의 개념 그래프(Sowa's conceptual graphs)에서 출발한다. 개념 그래프는 1984년 Sowa의 생각들이 책으로 발간되어 더욱 활발히 연구된 개념이다 (Sowa 1992). 시맨틱 기반과 개념 그래프로 구현된 사례로 "Seevl.fm 음악 검색사이트"[7]를 볼 수 있다. 이들은 가령 음악 아티스트인 'Blur'라는 엔티티(entities)에서 분산되어 있는 다양한 소스와 관련된 정보가 보다 의미 있는 지식의 형태로 구축되고 있다. 즉, 사용자의 사회적 활동의 일환으로 자신이 관심 있는 사실적인 데이터를 공유하는 활동에서 자연스럽게 지식 그래프는 확장되고 더욱 정교해지고 있다는 점이다. 데이터 기반의 지식 그래프와 사용자의 기호에 따른 사회적 그래프가 결합된 형태로, 사실에 기반한 정보와 사용자의 관심을 통해 다른 음악의 팬을 발견할 수 있는 기회를 제공하는 것이다.

7) 해당 주소는 다음과 같다 : http://seevl.fm (seevl.fm)

9.3.2. 유로피아나

유로피아나(europeana)는 2005년 유럽 6개국 정상회의에서 유럽의 가상도서관 개발을 제안하고, 유럽연합 집행위원회가 『i2010디지털도서관에서의 소통』을 발간하면서 그 개발과 지원 전략이 수립되었다. 이는 유럽 전역의 문화유산 관련 기관들이 협력하여 특화된 귀중한 소장품을 제공하고, 유럽의회가 적극 지원하면서 결실을 맺게 되었다. 유로피아나는 네덜란드 국립도서관이 프로토타입을 개발하였고, 유럽 디지털도서관 재단에서 감독한다. 유로피아나는 이용자가 모든 매체의 원천 자료를 하나의 웹에서 볼 수 있게 하기 위해 개발되었으며, 해당 웹에서 정보는 언어, 국가, 날짜, 제공자, 자료 유형 (이미지, 사운드, 텍스트, 비디오) 등으로 구분되어 유럽연합 회원국의 25개 언어로 제공된다.

유로피아나는 2008년 11월 20일에 "문화를 생각한다"라는 슬로건을 내걸고 출범하면서 암스테르담 국립미술관, 영국 국립도서관, 프랑스 국립도서관, 루브르 박물관 등 수많은 유럽의 도서관, 박물관, 기록관에서 제공한 200만 건의 문화유산을 일반인에게 무료로 공개하였다. 유로피아나에서 제공되는 세계적인 자료 중에는 단테의 신곡 등 고전 문학작품, 베르메르의 진주귀걸이 소년 등 회화작품, 영국 권리장전류의 역사 기록문헌, 베토벤, 모차르트, 쇼팽 등의 친필 악보, 각종 보도사진, 신문기사 등이 포함되어 있다. 유로피아나는 유럽에 산재한 문화유산을 디지털화하여 시·공간의 구애 없이 문화유산의 정보를 쉽고 정확하게 찾아볼 수 있게 하였다.

유로피아나에서는 EDM(Europeana Data Model)을 통하여 검색 항목 사이에 관계를 설정하고, 웹을 통하여 접속할 수 있는 디지털 콘텐츠 사이에 다중 링크를 허용해서 계층적 항목으로 표시한다.

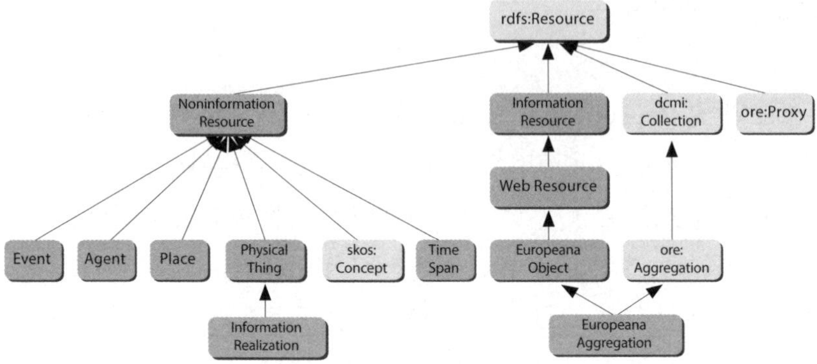

<그림 8> EDM 클래스 계층구조

디지털화된 유럽의 문화유산은 도서관, 박물관, 기록관 등에서 서비스되고 있고 서로 다른 메타데이터를 활용하고 있어 이를 연계시켜 줄 중간 매개체가 필요하다. 즉 데이터들은 상호간 연결을 필요로 하며, 이를 위해서 EDM은 정보 간 차이를 이어주는 역할을 한다. 또한 EDM으로 보다 풍부한 자원 검색 환경을 제공하고 복잡한 데이터를 활용하여 개선된 디스플레이 변환이 가능하도록 한다. 데이터 간 상호 연결을 위한 두 개의 코어 계층인 웹 상의 자원(web resource)과 현실 세계의 문화유산 자원 CHO(cultural heritage object)이 EDM을 통해 상호 연결된다. 또한 문화유산 자원은 지식어휘 체계를 표현하기 위한 SKOS(simple knowledge organization system)을 통해 해당 문화유산 자원이 관련된 다른 자원과의 구별 및 융합, 확장이 가능하다. 즉 지식어휘 체계를 통해 개별적 언어를 같은 개념으로 묶거나, 동음이의어의 경우 다른 개념으로 구별 가능하게 하여 다른 지식체계까지 활용 가능하게 한다. <그림 9>와 <그림 10>은 SKOS를 통해 문화유산 자원에 대한 개념인 "진화"가 불어와 영어로 같은 용어임이 증명되는 과정을 그리고 있다.

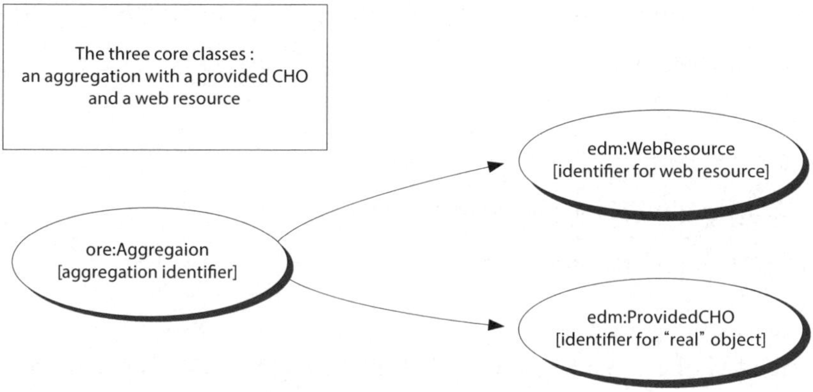

<그림 9> The Core Classes

※ Aggregation : The set of related resources in the Europeana system

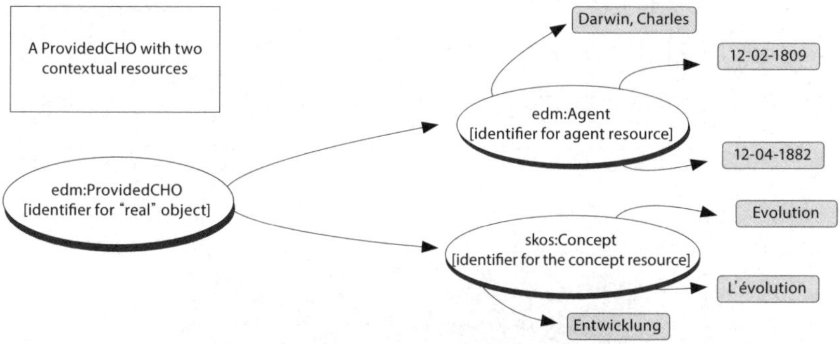

<그림 10> Two contextual classes

유로피아나 데이터 모델(EDM)은 유로피아나의 시맨틱 요소 ESE (Europeana Semantic Elements)를 대체하기 위해 설계되었다. 이는 유럽 각국이 보유하고 있는 분산된 문화유산 자원을 연결하기 위한 매개체로 점차 네트워크 데이터 환경에서 지속적으로 개선될 것이다. 특히 이는 ESE 보다 훨씬 더 유연하고 정확한 모델이며, 그것에 적용되는 특정 리소스에 관련된 모든 문서를 첨부할 수 있고, 해당 문화유산자원

에 대한 데이터의 출처를 반영할 수 있다. 다음은 EDM에서 요구되는 주요 사항이다.

- 제공된 항목(예: 그림, 책)과 디지털 항목의 구별
- 제공된 항목과 이에 대한 메타데이터 구분
- 동일한 항목에 대한 여러 레코드를 허용

따라서 유로피아나의 기본 구성은 다음과 같다. 첫째, 유로피아나 시맨틱 요소(ESE)는 현재 포털사이트의 프로토타입에 적용하고 있다. ESE는 유로피아나에 적합한 12개의 더블린코어 메타데이터 요소로 구성되어 있다. ESE는 사용자가 날짜, 유형, 출처, 국가 및 언어, 제목, 작성자, 주제 등 다양한 항목을 통해 검색할 수 있도록 프로토타입 포털사이트에 검색 기능을 제공하고 있다. 그러나 ESE는 시맨틱 검색 기능, 예를 들어 의미적으로 관련된 개념에 '관계'를 지원하지는 않는다. 따라서 이는 시맨틱을 제공하는 포괄적인 데이터 모델로 일반적인 메타

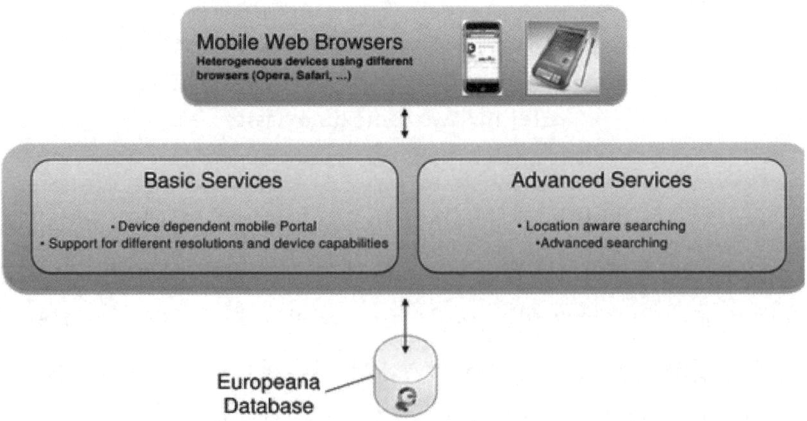

<그림 11> 유로피아나 모바일 접속 채널 시스템 구조도

데이터 스키마로서 이해되어야 한다. 둘째, SKOS와 통제어휘의 매핑은 기존 개체의 메타데이터를 풍부하게 만들 수 있는 상호 통제 어휘 층을 만들고 의미론적 데이터 계층을 구축하기 위해 지식어휘 체계인 SKOS를 적용한다.

유로피아나는 사용자에게 유용한 정보를 서비스하기 위해 홈페이지뿐만 아니라 스마트 디바이스를 활용한 서비스도 제공하고 있다. 더불어 자신의 주변에 있는 문화유산 보유기관을 검색할 수 있는 개인화된 서비스도 제공한다.

9.3.3. 노예제도 시각화 지도

노예해방 전쟁 시각화(visualizing emancipation) 지도는 리치몬드 대학교(University of Richmond)와 Azavea(GIS기업)이 노예해방 전쟁을 대상으로 GIS(지리정보시스템)을 바탕으로 시각화를 시도한 프로젝트이며, 미국의 남북전쟁 당시의 노예 제도의 폐지를 시각화하여 만든 것이다.[8]

노예제도 시각화 지도는 미합중국의 지도를 바탕으로 시간·공간·주제별로 전자적인 형태로 구현하고, 이를 사용자가 조합을 하여 자신이 원하는 형태의 데이터를 구성할 수 있도록 하였다. 또한 이 디지털 문화지도는 남부 노예제도가 붕괴되는 패턴을 발견할 수 있도록 하며, 미연방의 정책과 노예제도간의 상호 영향을 미치는 것을 매핑할 수 있도록 하고, 수많은 농장과 도시 블록에서 흑인 노예 행위들을 살펴볼 수 있도록 시각화한 것이다.

---

8) 해당 주소는 다음과 같다 : http://dsl.richmond.edu/emancipation/

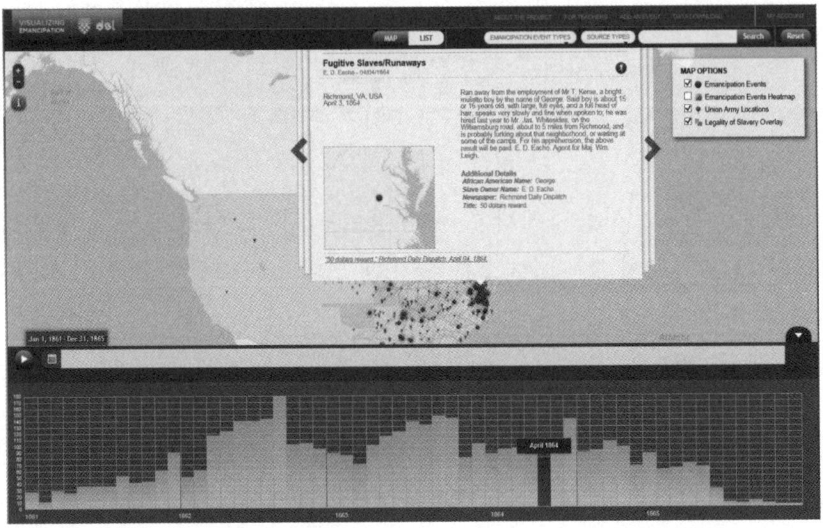

<그림 12> 미국 노예제도 시각화 지도(visualizing emancipation)

이 지도의 장점 중 하나는 노예해방 관련 연합군(union military), 노예 관련 사건(events), 미연방의 정책, 지역신문, 정부의 보고서 등 다양한 문화자원의 소스를 광범위하게 수집을 하였으며, 시간·공간·주제(사건)별로 잘 조직화하였다는 것이다. 특히 수많은 역사와 사건, 주제, 시간, 공간을 하나의 점에서 구현하기 위한 시각적 기술은 다음과 같다. 사용자가 특정 위치의 점 하나를 클릭하면 해당 지역(공간)에 층층이 쌓여있는 시간과 여러 사건을 연도를 통해 조직화하였고, 사건에 대한 다양한 시각을 얻기 위해 신문, 정부 보고서 등의 자료를 볼 수 있도록 하였다. 예를 들어, 미 중부지역의 공간에서 시간적 연표를 통해 특정 연도에서 발생한 사건들을 손쉽게 검색할 수 있으며, 그 중 하나의 이벤트(사건)을 클릭하였을 경우 해당 지역과 년도에 발생했던 "도망간 노예를 찾은" 리치몬드 1862년 신문기사[9]를 볼 수 있다. 또한 해당 신문

9) "The Daily Dispatch: July 11, 1862.", http://dlxs.richmond.edu/cgi/t/text/text-idx?c=ddr;cc=ddr;view=text;idno=ddr0524.0025.010;rgn=div3;node=dd

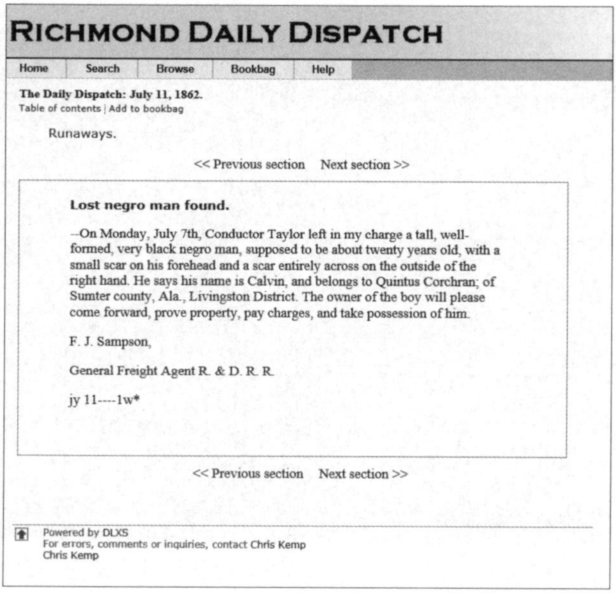

RICHMOND DAILY DISPATCH

Home | Search | Browse | Bookbag | Help

The Daily Dispatch: July 11, 1862.
Table of contents | Add to bookbag

Runaways.

<< Previous section Next section >>

Lost negro man found.

--On Monday, July 7th, Conductor Taylor left in my charge a tall, well-formed, very black negro man, supposed to be about twenty years old, with a small scar on his forehead and a scar entirely across on the outside of the right hand. He says his name is Calvin, and belongs to Quintus Corchran; of Sumter county, Ala., Livingston District. The owner of the boy will please come forward, prove property, pay charges, and take possession of him.

F. J. Sampson,

General Freight Agent R. & D. R. R.

jy 11----1w*

<< Previous section Next section >>

Powered by DLXS
For errors, comments or inquiries, contact Chris Kemp
Chris Kemp

<그림 13> Richmond 일간지에서 도망간 흑인을 찾은 신문기사

기사의 링크 주소를 통해 직접 해당 기사를 볼 수도 있다. 이처럼 특정 주제에 대한 수많은 자원을 정리하고 시간·공간·주제별로 조직하여 시각화한 지도를 통해 일반인에게 제공한 좋은 사례 중 하나이다.

9.3.4. 서신공화국 프로젝트

서신공화국 프로젝트는 편지를 기반으로 형성된 지식공유 네트워크를 시각화한 것이다.[10] 영국 옥스퍼드 대학교에서 electronic enlightenment 데이터베이스를 구축하여 17세기 초에서 19세기 중반까지 약 200년 동안 7,476명의 사람들에 의해 쓰여진 60,647건의 역사적인 기

r0524.0025.010%3A8.10.2

10) 해당 주소는 다음과 같다 : http://toolingup.stanford.edu/rplviz/

<그림 14> 1700년~1750년 동안 영국과 파리간 편지 수·발신 경로 추적

록물을 담고 있다.[11] 서신왕래는 15세기 말 이탈리아, 프랑스에서 출발하여 18세기에는 북아메리카까지 이어지는 거대한 네트워크를 형성했다. 기록에 의하면 1513년 종교개혁부터 1735년까지의 시간 사이에는 6,700명의 개인이 35,000통의 학술 서신을 교환했다고 한다. 당시에는 많은 학자들이 책을 출간하기보다는 편지를 통해 서로의 의견을 교환하고, 새로운 지식을 얻고, 함께 작업을 하는 지식공유의 주요한 수단으로 활용했다. 대표적으로 코페르니쿠스의 지동설 사례를 들 수 있다. 당시 지동설의 연구결과를 편지로 공유하고 많은 사람들이 동참하여 지동설의 이론적 검증을 통해 하나의 이론으로 완성하기도 하였다. 당시 우편 서신은 지식의 공유와 형성, 이론의 완성을 검증하는 프로세스였던 것이다.

11) 해당 주소는 다음과 같다 : http://republicofletters.stanford.edu/

9.3.5. 서울 사운드 맵

서울 사운드 맵(seoul sound map)은 소리로 서울의 지도를 그리고자 한 프로젝트이다.[12] 이는 일반인에게 오픈 된 아카이빙 시스템으로, 자유롭게 소리를 녹음하고 업로드 할 수 있도록 되어 있다. 웹·모바일 개발업체 비스킷클라우드는 이 프로젝트를 위해 영국 오디오 웹 공유 서비스 오디오부 API를 활용해 소리를 손쉽게 올리고 공유할 수 있는

<그림 15> 서울 사운드 맵

---

12) 해당 주소는 다음과 같다 : http://som.saii.or.kr/

웹 애플리케이션을 만들었다. 무형의 소리에 지도를 통해 공간감을 부여하고 이를 시각화한 대표적인 문화지도 중 하나라고 볼 수 있다. 사운드 맵에 등록된 모든 소리는 저작자 표시의 크리에이티브 커먼즈 라이센스를 따르고 있으며, 저작자만 밝힌다면 누구나 자유롭게 소리를 가져다 활용할 수 있도록 하고 있다. 이는 한국인뿐만 아니라 다양한 국적의 참여자가 만들어 가는 현재형 지도이며, 무형의 자원을 활용하여 가시화한 문화지도의 좋은 사례이다.

9.3.6. 향토문화 전자대전

대표적인 디지털 문화지도인 한국학중앙연구원의 "향토문화 전자대전" 편찬 사업은 우리나라 곳곳에 산재한 유·무형의 문화자원이 그 지역 문화의 고유한 문맥 속에서 이해되고 활용되도록 하는 것을 목표로 한다.[13] 향토문화 전자대전 편찬사업의 각 단계별 과정은 최종적으로 지리정보 편찬과 더불어 GIS 제작을 통해 추후에 지도 기반 콘텐츠 서비스를 제공한다. 현재 향토문화 전자대전에서의 지도서비스는 "디지털 마을지"를 중심으로 이루어지고 있다. 디지털 마을지는 각 지역의 특색 있는 마을의 모습을 인터넷을 통해 일반 대중에게 현장감 있게 소개하는 디지털 콘텐츠이다. 현지 조사를 통해 주민들의 입으로 전해지는 마을이야기를 수집하고 정리하여 텍스트, 멀티미디어, 마을 지도, 마을 연표 등을 제작, 웹서비스에 적합한 구조로 가공한 후 적재하여 서비스가 이루어진다. 완성된 디지털 지역문화 대전은 크게 향토문화 백과, 특별한 이야기, 마을 이야기 등 세 부분으로 구성되며, 마을 이야기가 디지털 마을지에 해당한다. 디지털 마을지는 해당 마을과 관련

13) 해당 주소는 다음과 같다 : http://www.grandculture.net/

<그림 16> 향토문화전자대전 광명시 마을지도

된 내용 부분인 텍스트로 구성된 마을 이야기와 공간적인 구성을 살펴볼 수 있는 마을 지도, 그리고 마을의 역사를 일목요연하게 정리한 마을 연표로 구성된다. 마을 연표에는 텍스트에서 추출된 시간정보가 모두 담긴다. 디지털 마을지 서비스의 최종 형태는 디지털 지도를 기반으로 마을 소개, 마을 테마, 가상투어, 마을 연표를 함께 서비스한다. 이러한 콘텐츠는 관련 정보를 하이퍼링크로 서비스하여 이용자가 하나의 주제를 검색하면 이와 관련된 시공간 정보와 텍스트, 멀티미디어 콘텐츠를 한 눈에 찾아볼 수 있도록 한다.

9.3.7. 사행기

사행기는 한국 국학진흥원의 디지털 국학사업의 일환으로 안동지역의 유교문화권의 지식자원의 보존과 활용을 목적으로 제작된 문화지리 정보 서비스이다.[14] 사업 범위는 조선시대 사행기를 바탕으로 체계적인 인문정보 지도를 구현하여 유교 기록유산을 단순히 디지털화하는 것에 머물지 않고 문화관광 산업, 문화 콘텐츠산업과 연계하는 것을 지향하고 있다. 2001년부터 추진한 민간 소장 기록자료 기탁 운동을 통해 소장한 26만여 점의 기록자료 중 사료적 가치가 뛰어난 자료를 DB와 콘텐츠로 구축하고 개발한 성과를 유교넷으로 서비스하고 있다. 그 중 문화지도를 통해 유교문화를 전달하는 사행록(使行錄)은 "조선

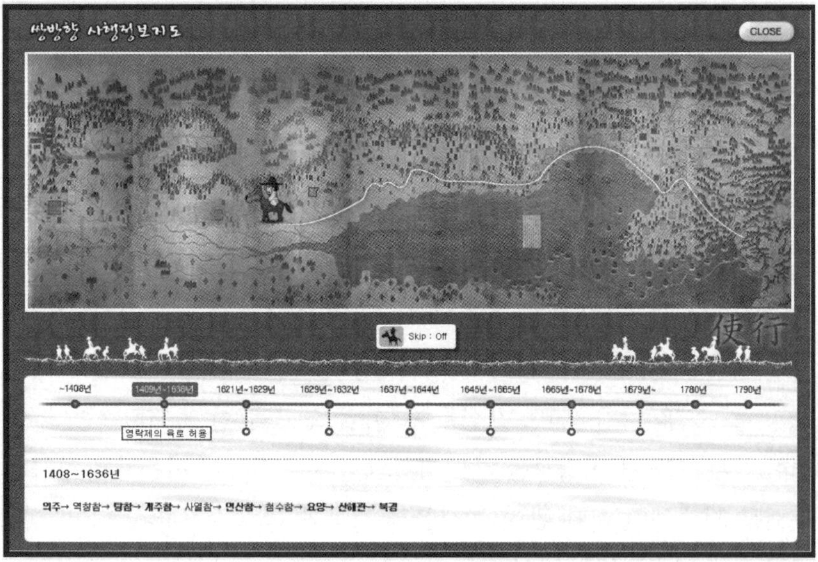

<그림 17> 한국국학진흥원의 "쌍방향 사행정보지도"

14) 해당 주소는 다음과 같다 : http://saheng.ugyo.net/

시대 사신들의 눈으로 본 세계와 문화"라는 주제 아래 중국을 다녀온 사신들의 기행문을 활용하여 조선시대의 외교와 국제교류를 디지털콘텐츠로 재현하고 이야기 소재를 발굴해 문화산업 분야에 창작소재로 제공하기 위한 결과물이다. 사행록의 서비스는 사행과 사행록, 사행 기록관, 사행 박물관, 사행 이야기관, 사행 체험관으로 총 5가지로 구성되어 있다. 문화지도의 제작 형태는 먼저 조선시대 사행록에 나와 있는 공간과 시간을 추출, 문화지도에 공간 정보는 점(point, spot)으로 표현하고 시간은 선(line)으로 표현하였다. 면(polygon)은 다수의 점으로 표현된 공간의 영역을 표현하여 해당 공간이 가지는 역사적 의미를 가시화 한 것이라 할 수 있다. 즉 면의 정보는 하나의 물리적 공간인 점이 모여 하나의 장소라는 맥락을 구현한 모습이라 할 수 있겠다. 또한 물리적 공간을 활용한 쌍방향 사행 정보지도 외 주제 간 연관 지도인 "topic map"을 사행 이야기관의 서브 메뉴로 신규 구축하였다.

제10장 지식맵 설계 방안

지식혁명이 가속화되면서 대량 생산된 정보로 인해 정보에 대한 접근성이 높아지는 반면, 정보의 과잉화에 따른 단순 정보 공개로 인해 정보에 대한 사용자의 관심이 지속적으로 경감되고 있다. 즉 정보의 가치가 급격히 저하되고 있는 것이다. 그 결과 과잉된 정보를 보다 고도화된 형태로 구축해야 할 필요성이 대두되었고, 이러한 결과로 정보로부터 지식을 추출하려는 노력 중 하나가 지식맵이다 (김동훈 2013: 76-92).

지식은 다른 지식과 연결되면서 확대 재생산되는 성질을 가지고 있다. 이렇게 서로 다른 지식이 연결되면서 새로운 지식을 생산하는 과정 혹은 그런 과정을 일목요연하게 보여주는 방식이 지식맵이다. 이는 정보를 신경망처럼 연결하는 방법 중 하나이다. 이 방법을 통해 우리는 지식을 보다 잘 체계화할 수 있고, 오래 기억할 수 있으며, 생산적인 지식 시스템을 구축할 수 있게 되고, 사용자에게 유용한 지식정보를 제공할 수 있을 것이다. 따라서 본 장에서는 다음과 같이 지식맵 구축 방안을 제시하고자 한다.

10.1. 전략화 단계

지식맵을 위한 초기 단계이다. 전략화 단계는 사용자의 요구와 문화자원 서비스의 목표를 정하는 단계이다. 이 둘의 요소는 최종 구축할 지식맵의 목적이 될 것이며, 사용자에게 어떤 서비스를 할 것인지, 사용자는 무엇을 얻고자 하는 것인지에 대한 방향을 결정하는 단계이다.

전략화 단계의 목표는 지식 서비스에서 추구하는 사업적인 가치와 전략적인 목표를 정의하는 것으로 정보 제공의 성격, 제공할 경험의 형태 등을 정의하는 것이다. 결국 이는 사용자의 요구사항과 서비스를 적절히 조화시켜 사용자에게 만족감과 유용성을 제공할 수 있도록 하는 데 목적을 둔다. 따라서 전략화 단계에서는 문화자원의 범위와 수량을 파악하고 사용자의 요구사항에 부합되는 문화자원을 설정하여 목록과 해제를 통해 지식정보화의 우선순위를 설정해야 한다. 또한 최종 지식 서비스 방향을 제시하기 위해 다양한 지식 서비스의 수요에 대응할 수 있도록 사전에 목표를 정해야 한다. 이에 대해서는 각 개별 기관의 목적과 사용자의 요구사항에 맞추어 다양한 전략이 도출될 수 있을 것이다.

10.2. 데이터 단계

10.2.1. 문화자원 디지털화

많은 공공기관은 기관의 특성에 맞게 다양한 분야의 문화자원에 대해 디지털화를 진행하고 있다. 데이터 단계에서는 문화자원의 디지털화를 통한 디지털 문화자원 또는 문화원형 상태로 변환하는 과정이 이루어진다. 기록문화유산의 경우 원문의 스캔이나 복사, 촬영 등을 통해 1차적인 디지털화 과정을 거쳐, 목록과 해제를 수행한다. 주의할 것은 이러한 작업이 단순히 종이자료의 디지털 이미지화만으로 진행되는 것은 아니라는 점이다. 문화자원의 디지털화는 검색에 보다 용이하게 활용될 수 있도록 텍스트화 하는 작업이다. 기록문화유산과 달리 무형유산의 경우 해당 기능 보유자의 수행과정을 동영상이나 이미지로 기록한다. 무형유산의 디지털화는 해당 유산이 가지는 물리적, 사회적, 문화적 맥락을 담을 수 있어야 한다. 디지털화 작업을 통해 무형유산이 가지는 암묵적 형태의 지식인 시대성과 장소성을 시간과 공간의 개념으로 맥락화 할 수 있을 것이다.

10.2.2. XML 태깅 구현

하이퍼텍스트(hyper text)란 “문서 내의 중요한 키워드마다 다른 문서 또는 유관한 시청각 자료로 연결되는 통로를 만들어 여러 개의 문서가 하나의 문서인 것처럼 보여 주는 문서 형식”을 말한다 (김현 2007:91). 문화자원이 하이퍼텍스트를 지향해야 하는 이유는, 이것이 인터넷이라고 하는 새로운 지식 유통의 환경에서 가장 강력한 영향력을 발휘하는 정보 구성 형태이기 때문이다. 인터넷 환경에서 운용되는 여러 가지 유통 체제 가운데 월드 와이드 웹이라고 하는 것은 하이퍼텍스트 문서를 지원하는 서버들의 범세계적인 네트워킹이다. 문화자원이 하이퍼텍스트를 통해 관련 정보 간의 연결점을 제공하는 것은 다른 학문적 성과와 의미적으로 연관이 있는 지식이 상호 연계를 이루는 데 의의가 있다. 이는 협소하게 구획된 전문 분야에 갇혀서 소통되지 못하였던 전문 지식정보의 학제적 소통을 가능케 하는 것이다. 따라서 문화자원의 디지털화는 검색이 되고 2차 콘텐츠로 활용 가능하며, 상호 연계될 수 있는 문서 형태로 변화해야 하는 것이다. 이를 위해서 디지털화된 문화자원을 XML 태깅하는 과정이 필요하다. 그러나 문서화된 문화자원 속의 키워드를 XML로 태깅할 경우 기본적으로 편찬자의 판단에 따라 태깅이 되어 객관성과 모호성, 통일성의 문제가 있을 수 있다. 이는 추후 상호 연결과 활용성에 대한 잠재적 문제를 야기한다. 이러한 문제점을 해결하기 위해 한국학중앙연구원의 한국향토문화전자대전 사업은 해당 문화자원에 XML 태깅을 하였다 (김현 2007: 95). 해당 사업에서는 하이퍼텍스트를 구축할 때 문화자원의 활용성과 작업의 용이성을 고려하여 문화자원 내부의 인물, 지명, 서명, 기관명 등 4종류의 고유명사와 더불어 해당 문화자원이 가지는 맥락정보 중 하나인 시·공간 개념을 전자연표와 전자지도로 구현한다. XML 태깅 표준은 시간정보와 공간정보, 그리고 본문 텍스트와 사진 및 동영상 등의 관련된 시청각 자료를 연결하는 시청각 정보 등 7종류의 정보를 제공하고 있다. <표 1>은 문서에 포함되어 있는 키워드를 중심으로 XML 요소 및 속성 정의 표준 시안을 한국향토문화전자대전을 참고하여 정리한 것이다(김현 2007: 95).

<표 1> 문화자원의 XML 태깅 요소 및 속성 정의

<table>
<tr><th rowspan="2">요소
(Element)</th><th colspan="2">속성(Attribute)</th><th rowspan="2">비고</th></tr>
<tr><th>유형</th><th>식별자</th></tr>
<tr><td>인명</td><td>성명, 성, 명, 자, 호, 왕명, 봉작호, 시호, 승명, 여성인명, 외국인명 등을 구분</td><td rowspan="4">해당 요소의 대표 명칭. 관련된 상세정보를 찾아갈 수 있는 유니크 키를 지정</td><td rowspan="4">식별자를 매개로 해당 고유명사와 관련된 대표 항목 연결</td></tr>
<tr><td>지명</td><td>국명, 지역명, 자연지명, 시설명, 유적 명, 외국지명 등을 구분</td></tr>
<tr><td>서명(제목)</td><td>서명, 편명, 문서, 작품명 등을 구분</td></tr>
<tr><td>연호(시대)</td><td>시대로 구분</td></tr>
</table>

위 XML 요소의 종류 및 세부 속성에 대해 향후 무엇을 지식화하여 서비스할 것인가를 파악하고, 이를 바탕으로 XML 태깅 요소와 속성 정보를 정의해야 할 것이다. 다시 말해 문화자원의 내용을 분석한 후 핵심 키워드를 분류하고 태깅 요소를 선정하여 문화 분야의 특성이 반영한 속성 정보를 선별해야 할 것이다. XML 태깅에서 유형의 속성 값은 일종의 내용 분류적 차원에 의거한 것이므로 대부분 해당 분야의 전문가에 의존하여 만들어진다. 문화자원을 XML 태깅할 때에는 특정

문화자원에 대해 잘 이해하고 있어야 하며, 이를 XML 요소와 속성 정의 표준에 맞추어 구조화할 경우 해당 문화자원의 분석의 정밀도가 높아질 수 있다. 그러나 전문가에 의해 전적으로 분류할 경우 시간과 고비용 부담에 따른 비효율성의 문제가 발생한다. 따라서 이에 대한 대안책이 강구되어야 할 것이다. 이에 다음 절에서 오토태깅(auto tagging) 방안을 제시하고자 한다.

10.3. 정보화 단계

최근 검색 기능의 발달로 사용자가 문화자원의 의미를 자유롭게 부여하는 태깅 방식이 활성화되고 있다. 기존의 생산자 중심의 정보화 단계에서 벗어나 사용자가 데이터를 구조화하는 방식인 태깅이 한 예이다. 위에서 언급하였듯이 문화자원의 올바른 이해와 정확도를 위해서는 해당 분야의 전문가에 의해 이루어지는데, 이에 소요되는 비용과 시간이 비효율적인 측면이 있어 새로운 방안들이 제시되고 있다. 대표적으로 오토태깅 방법이 있다. 태깅은 누구나 작성할 수 있고, 변화에 빠르게 대응할 수 있는 장점이 있으나, 체계적이지 않으며 객관성이 결여되어 있다는 문제점이 있다. 따라서 태깅의 객관성을 부여하고 저비용으로도 정확도를 높일 수 있는 실시간 문맥 매칭을 위한 오토태깅에 대한 연구가 필요하다.

오토태깅이란 사용자가 직접 태그를 입력하지 않아도 문화정보의 내용을 분석해 자동으로 해당 문화정보에서 주요 키워드인 태그를 추출하는 기술을 의미한다. 가령 TF-IDF(Term Frequency - Inverse Document Frequency)를 통해 키워드를 추출하고 해당 문화정보의 특성을 반영하여 정렬함으로써 자동으로 태그를 추출하는 모델이 있다 (김종민 2010: 12).

TF-IDF(Term Frequency - Inverse Document Frequency)는 정보 검색과 텍스트 마이닝에서 이용하는 가중치로, 여러 문서가 있을 때 어떤 단어가 특정 문서 내에서 얼마나 중요한 것인지를 나타내는 통계적 수치로 표현하는 기법이다. 이는 문서의 핵심어를 추출하거나, 검색 엔진에서 검색 결과의 순위를 결정하거나, 문서들 사이의 비슷한 정도를 구하는 등의 용도에 사용할 수 있다. TF(단어 빈도, term frequency)는 특정한 단어가 문서 내에 얼마나 자주 등장하는지를 나타내는 값으로, 이 값이 높을수록 문서에서의 중요성이 높다고 생각할 수 있다. 하지만 다른 한편으로는 단어 자체가 문서군 내에서 빈번히 사용되는 경우, 이것은 그 단어가 흔하게 등장한다는 것을 의미한다. 대표적인 "~은", "~의", "~가" 등의 조사가 일반적으로 가장 많은 빈도 수를 가진다. 이것을 DF(문서 빈도, document frequency)라고 하며, 이 값의 역수를 IDF(역문서 빈도, inverse document frequency)라고 한다. TF-IDF는 TF와 IDF를 곱한 값이다. IDF 값은 문서 군의 성격에 따라 결정된다. 예를 들어 "원자"라는 낱말은 일반적인 문서들 사이에서는 잘 나오지 않기 때문에 IDF 값이 높아지고 문서의 핵심어가 될 수 있지만, 원자에 대한 문서를 모아놓은 문서 군의 경우 이 낱말은 상투어가 되어 각 문서들을 세분화하여 구분할 수 있는 다른 낱말들이 높은 가중치를 얻게 된다.

다음은 오토태깅을 위한 모델 구성도이다 (김종민 2010: 12). 이번 장에서 제안하는 모델은 문화정보의 특성을 활용하여 자동적으로 태그를 추출하기 위해 단계별로 프로세스를 구성하는 것이다. 먼저 TF-IDF 기법으로 후보 태그를 추출하고, 주요 태그(primary tags) 적용 단계를 통해 추출된 태그를 한 번 정렬한다. 두 번째로는 불용 태그(stop tags)를 적용하여 정렬을 수행함으로써 최종 추출한다. 주요 태그와 불용 태

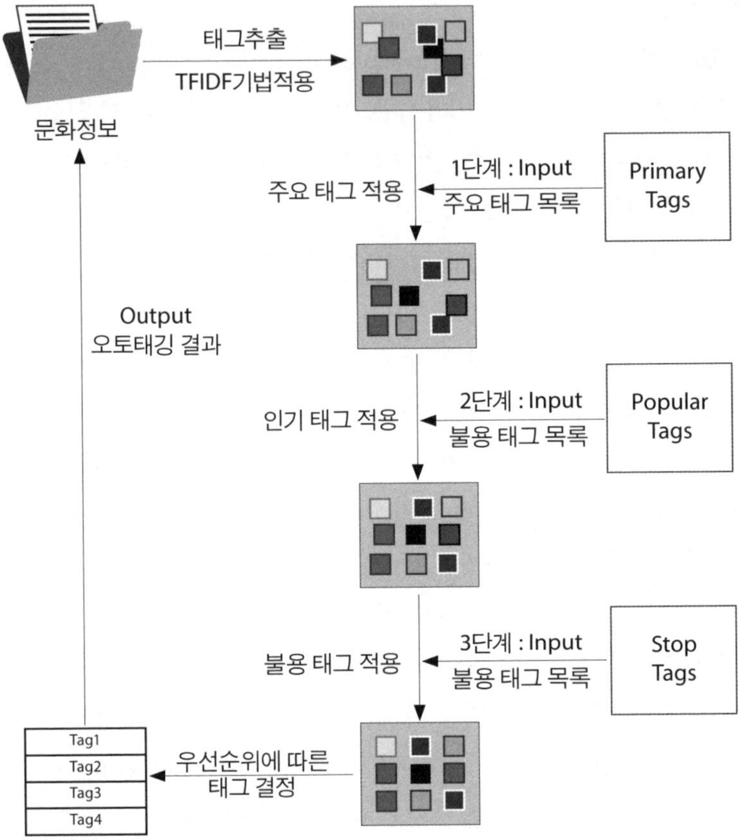

<그림 1> 3단계 오토태깅 모델 구성도

그는 문서 내에 포함되어 있는 키워드를 중심으로 정보화하는 방법이며, 주요태그를 추출할 때 XML 요소 및 속성 정의 표준을 중심으로 선별된다. 각 단계별 역할을 구체적으로 살펴보면 다음과 같다.

10.3.1 주요 태그

주요 태그는 기존의 문화정보에서 전문가에 의해 추출된 XML요소 및 속성 정의 표준을 기반으로 적용한다. 이는 기본적으로 전문가에 의해서 추출된 태그에 기준하여 진행된다. 주요 태그의 우선적 적용은 전문가의 역할을 점차적으로 줄이고, 기계적인 태그를 활성화하기 위한 조건이다. 주요 태그는 추후 링크드 데이터(LOD)나 다른 문서와 연계, 멀티미디어와 하이퍼링크를 통해 확장 가능한 핵심 키워드이기 때문이다. 따라서 1차적으로 XML 요소 및 속성 정의 표준을 만들고 이를 기반으로 전문가에 의해 주요 태그 그룹을 생성하여 새로운 문화정보에 대입함으로써 오토태깅을 고도화하는 것이다. 주요 태그는 문화정보의 특성을 반영하여 변경 또는 수정이 가능하다. 다음은 다양한 문화정보에서 추출하여 이를 표준으로 정하고, 시대의 흐름과 문화정보 환경의 변화에 따라 새로운 속성을 고도화하여 오토태깅의 정확성을 높이고 불필요한 태그를 사용하지 않는 기준이 될 수 있다.

<표 2> 문화정보에서 추출한 주요 태그 (예시)

요소 (Element)	문화정보 1	문화정보 2	주요태그 추출
인명	성명, 성, 명, 자, 호, 왕명, 봉작호, 시호, 승명, 여성인명, 외국인명	군호, 명, 묘호, 법명, 설화인명, 성, 성명, 시호, 여성인명, 외국인명, 자, 호	군호, 성명, 성, 명, 묘호, 자, 호, 왕명, 봉작호, 시호, 승명, 여성인명, 외국인명
지명	국명, 지역명, 자연지명, 시설명, 유적 명, 외국지명	국명, 행정지명, 마을, 지구명, 주소, 강, 고개, 산, 호수, 시설, 장시, 공원, 다리, 도로, 유적, 외국지명, 고지명	국명, 행정지명, 마을, 지구명, 주소, 강, 고개, 산, 호수, 시설, 장시, 공원, 다리, 도로, 유적, 외국지명, 고지명, 자연지명, 유적명
서명 (제목)	서명, 편명, 문서, 작품명	서명, 연속간행물, 편명, 문서, 작품명	서명, 연속간행물, 편명, 문서, 작품명
연호 (시대)	시대로 구분	시대로 구분	시대로 구분

문화정보에서 추출된 주요 태그의 지속적인 적용 및 활용을 위해 태그 목록을 데이터베이스에 저장하여 사용한다.

10.3.2. 인기 태그

인기 태그(poplar tags)는 문화정보에서 많이 사용되는 태그, 또는 해당 문화정보에서 중요한 기준이 되는 태그를 수집한다. 이를 기반으로 다른 문화정보에서 인기 태그를 추출할 수 있다. 이는 주요 태그와 별도로 다양한 문화정보별 태그를 추출하고 이를 바탕으로 추후 문화정보 표준사전을 구축할 경우, 그리고 시소러스를 구축할 경우에 중요한 기반작업이 될 수 있다. 인기 태그는 문화 분야가 가지는 속성인 다양성, 창조성, 변화성을 반영하고 이를 체계화하여 정보요소로 추출한다. 예를 들어 문화예술 분야에서 공연, 이벤트, 행사 등과 같이 시간이 중요한 문화정보의 경우 인기 태그를 통해 사용자에게 우선적으로 노출될 수 있을 것이다. 이를 위해서는 인기 태그에 대한 주기적인 변경과 확장 작업이 필요하다. 문화 분야의 특성에 맞추어 새로운 이슈와 변화를 담아낼 수 있는 태그를 지속적으로 추가하고 관리한다면 인기 태그를 적용하는 효과를 극대화할 수 있다. 일반 사용자들이 SNS, 블로그,

<그림 2> 트위터의 해시 태그(#Tags)와 국립국악원 "국악" 해시태그 결과

홈페이지에서 생산한 태그를 문화 분야의 태그와 매칭하여 사용자가 원하는 정보를 제공함으로써 사용자 개별 맞춤형 서비스로 진화가 가능할 것이다.

10.3.3. 불용 태그

불용 태그는 검색용어로 사용하지 않는 단어인 관사, 전치사, 조사, 접속사 등 검색 색인 단어로 의미가 없는 단어를 의미한다. 다시 말해, 의미를 가지는 어휘만을 추출하기 위해서 제외시키는 단어를 말하는 것이다. 대표적으로 "~의", "~로", "~이다" 등이 있다. 또한 불용어는 개인정보 등의 태그가 노출되는 것을 사전에 방지하여 추천 태그 사용시 우선순위를 낮추고 태그의 의미 정밀도를 높이는 방안이다. 따라서 이러한 불용 태그의 모집단이 필요한데, 이를 위해 해당 도메인의 전문가를 통해 일정 부분 불용 태그 모음집을 수집하여 불용 태그를 처리하는 방안이 요구된다.

문화정보 태그 추출 모델은 문화 분야의 주요한 자원의 검색 및 활용도를 높이고, 추후 다양한 관련 분야의 자원과 연결하여 문화정보의 유통 및 서비스 활성화에 요구된다. 그러나 해당 문화정보에 전문가의 직접 태깅 방법은 시간과 비용의 효율성에 대한 문제가 발생한다. 이를 보완하고자 기계적인 오토태깅을 통해 추천 태그를 추출하고 이를 유사한 문화정보자원에 적용하여 자동으로 주요 태그와 인기 태그를 추출함으로써 전문가에 의한 직접 태깅을 줄이고 자동화된 태깅의 정밀도를 높이는 방법을 제시하였다.

오토태깅은 사용자의 태깅 패턴을 학습하여 자동화하는 일종의 기계학습(machine learning)방법론이다. 이를 활용하여 기본적인 태깅은 기계적으로 진행하고 불용 태그나 시의적절하지 못하는 태그를 제

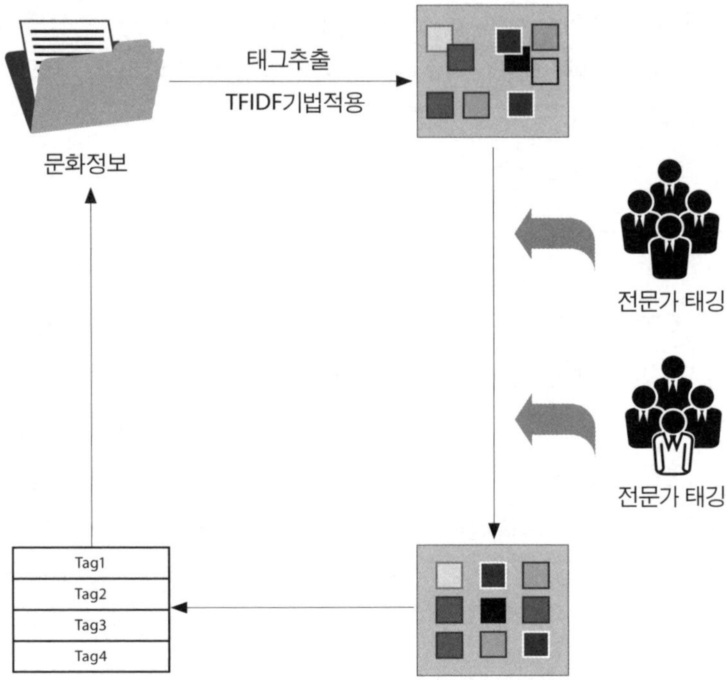

<그림 3> 오토태깅 3단계 복합 모델

거하여 문화정보 자원에 대한 태깅 정밀도를 높일 수 있다. 초기 기계적 학습을 위한 전문가 태깅, 사용자 태깅, 오토태깅 3단계가 가장 이상적으로 판단되며, 적용 분량의 비율은 전문가 태깅을 5%, 사용자 태깅을 20%, 오토태깅을 80%로 설정하는 것이 가장 좋으나, 이 비율은 태그의 질적인 부분에 따라 유동적일 수 있다. 추후 추천 태그의 정밀도가 높아지면 점차적으로 사람에 의한 필터링 과정을 줄일 수 있을 것이다. 다음 절에서 오토태깅을 통해 추출된 추천 태그를 지식맵 구축을 위한 문화자원 연계 사전인 문화정보 표준사전과 연관하여 논의하고자 한다.

10.4. 지식화 단계

10.4.1. 문화정보 표준사전 구축

문화 분야에서 생산되는 문화정보는 기관별, 분과 영역별 등에 따라 종류와 형식이 다양하다. 이러한 이유로 문화정보의 표준 정보기술을 구현하기란 매우 어렵다. 따라서 문화정보의 표준화를 위해 표준사전 구축이 필요하다.

표준용어는 언어가 가지는 특징인 '언어의 자의성, 사회성, 창조성, 체계성'에 대해 표준어를 정하여 관련 문화정보 간의 의미를 명확히 하고 유관한 정보를 상호 연동할 수 있도록 하는 것이다. 동일한 온톨로지[1]는 특정 분야의 현실세계를 모델링 할 때 이와 관련된 모든 개인이나 집단들이 합의하여 도출한 개념들을 명시적으로 정의할 뿐만 아니라 컴퓨터가 이해하고 처리할 수 있는 형태로 표현하여 나타낸 용어들의 논리적 집합이다 (노상규·박진수 2007: 21-23). 표준용어는 특정 분야에 관련된 용어(개념)를 정의하고 이들의 관계로 구성된 일종의 사전과 같다. 그리하여 문화정보의 유통 및 관리체계를 확립하기 위해서는 특정 도메인 문화 분야의 사전을 구축해야 하는 것이다. 예를 들어 금강산(金剛山)이란 대한민국 강원도의 북부에 있는 명산을 일컫는 말이면서 다른 의미로는 봄의 금강산을 달리 이르는 말이기도 하다. 뿐만 아니라 봉래산(蓬萊山)이란 여름의 금강산을 의미하고, 풍악산(楓嶽山)은 가을의 금강산을 부르는 명칭이다. 마찬가지로 개골산(皆骨山)은 겨울의 금강산을 의미한다. 따라서 금강산, 봉래산, 풍악산, 개골산은 다른 의

1) 온톨로지(ontology) : 단어와 관계들로 구성된 일종의 사전으로서 생각할 수 있으며, 그 속에는 특정 도메인에 관련된 단어들이 계층적으로 표현되어 있고, 추가적으로 이를 확장할 수 있는 추론 규칙이 포함되어 있어, 웹 기반의 지식처리나 응용 프로그램 사이의 지식 공유, 재사용 등이 가능토록 되어 있다.

미를 가지고 있지만 각 명칭들은 전부 금강산을 지칭하는 표현이다. 이와 같은 맥락을 연결하기 위해 관련된 자원 간의 어미를 명확히 하여 개념 간의 관계를 나타냄으로써 분산된 자원을 연계할 수 있도록 기반을 구축해야 한다.

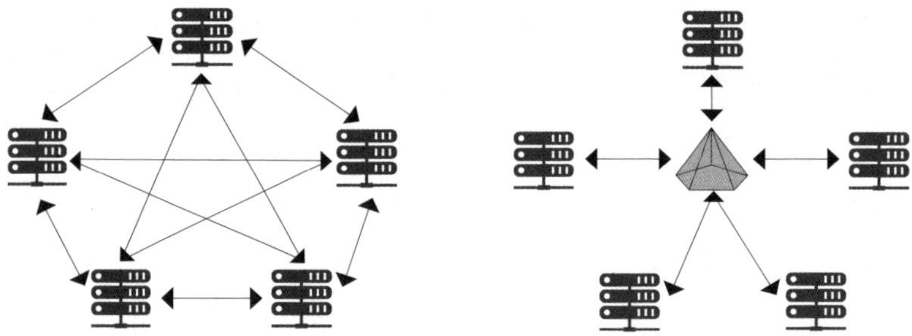

<그림 4> 표준사전의 매개가 없는 시스템 간의 직접 정보 공유(좌)와
표준사전을 매개로 한 시스템 간의 정보 공유(우)

위의 <그림 4>에서와 같이 표준사전을 사용하지 않을 경우 연계된 DB들이 상호간 데이터를 매핑하여 구별이 필요할 때 일일이 변환하여야 한다. 그러나 표준 사전을 사용할 경우 DB시스템 간 문화정보를 특정 용어에 연결한다면 개별 시스템은 표준용어에 매핑되며, 표준사전은 개별 DB의 연계 및 문화정보 간의 의미를 명확하게 하여 관리 및 유통을 일원화할 수 있다.

다음은 표준사전을 통해 얻을 수 있는 개별 시스템 간 상호 운용성의 기대효과를 정리한 것이다.

- 표준화 : 표준사전은 구성원 간 지식의 공유를 가능케 한다. 특정 영역에 사용되는 개념을 표현하는 단어의 관계를 계층적 구조로 나타냄으로써 구성원 모두가 사회적으로 합의하에 사용할 수 있는 표준 명세를 통해 상호 운용성을 높인다.

- 유통 활성화 : 다른 형태를 가지고 있으나 동일한 의미를 가진 문화정보나 문화자원을 단일화된 구조로 명시함으로써 서로 다른 견해나 생각을 가진 구성원들 사이에 공유된 이해와 커뮤니케이션을 촉진한다. 예를 들어 전자상거래에서 "가격"이 가진 의미가 미국의 달러($)인지, 한국의 원(₩)인지에 대한 여부가 불명확할 경우 상당한 문제점이 야기된다. 이를 구분하거나 돈이라는 명칭으로 확정함으로써 문화정보 간의 의미를 명확히 하고 통합적으로 유통 및 커뮤니케이션을 할 수 있다.
- 지식 관리 및 검색 : 지식의 양이 증가한 만큼 사용자에게 원하는 지식을 찾기란 점점 더 어려워지고 있다. 따라서 앞으로는 관련 정보를 어떻게 처리하느냐가 아니라 어떤 정보가 관련이 있고 그 정보가 어디에 있는지 정확히 찾아내는 것이다. 표준사전으로 특정 검색어에 관련된 정보가 함께 검색될 수 있다. 예를 들어 "금강산"이라고 검색할 경우 키워드 매칭 방식에서 찾을 수 없는 봉래산, 풍악산, 개골산도 함께 검색될 수 있는 것이다.

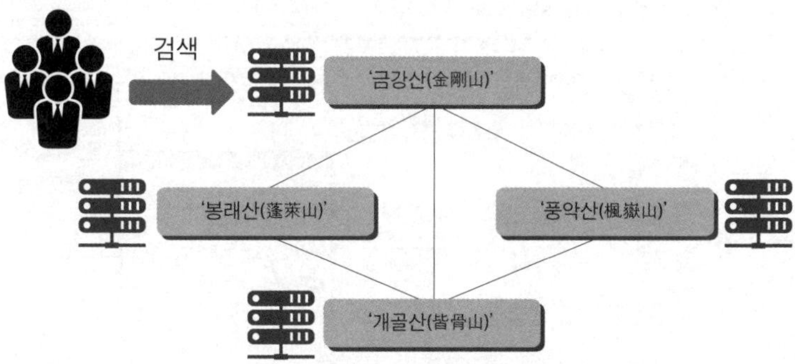

<그림 5> 동일한 내용에 대해 다른 표현에서의 검색

문화정보 표준사전은 형식에 따라 여러 단계로 구축될 수 있다. 우선적으로 문화 분야의 일반적인 사전 구축단계가 필요하다. 이는 사전(dictionary)이나 용어사전(glossary)과 같이 단순 단어의 정의, 개념

을 설명하는 것으로 사람이 이해하기 쉬운 형태이다. 이러한 사전, 또는 용어집은 추후 단어들 간의 관계, 예를 들어 '금강산'의 동의어인 '봉래산'과 연결할 수 있는 기반이 된다.

일반 사전이나 용어집은 가나다순으로 정리한 것이기에 형식이 자유롭지만 컴퓨터가 이해하기에는 다소 어려운 단점이 있다. 이와 같은 문제를 해결하기 위해 각 용어와 단어들이 가지는 유의어, 반의어, 동의어를 체계적으로 정리하는 작업이 두 번째로 요구되는 단계이다. 단어들의 집합에서 어휘를 주제별로 분류하고 관련어를 모으는 작업을 통해 하나의 단어에 관련된 다른 단어(키워드)를 손쉽게 찾을 수 있으며, 이에 따라 검색의 간편성을 도울 수 있다. 대표적으로 시소러스(thesaurus)를 들 수 있다. 특정 분야에 대한 표준용어를 선별하고 이들 간의 기초적인 관계를 정의하는 작업을 말한다. 대표적으로 한국 고전번역원의 고전용어 시소러스를 들 수 있다.[2)]

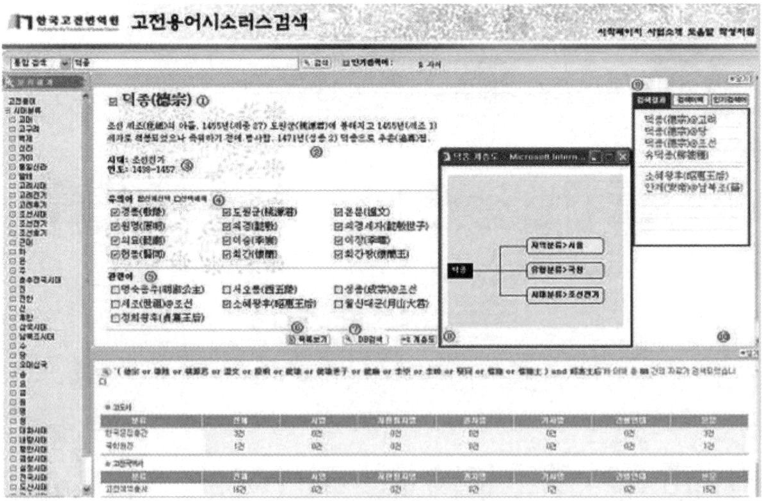

<그림 6> 한국 고전번역원의 고전용어 시소러스

2) 해당 주소는 다음과 같다 : http://thesaurus.itkc.or.kr

한국 고전번역원의 고전용어 시소러스는 고전 분야에 대한 용어를 표준화하고 고전용어의 정보를 구조화하여 이들 간의 관계를 표현할 수 있도록 하였다. 이처럼 문화 분야도 분야별 표준용어집을 구축하고 용어간의 관계를 정의하여 향후 지식맵을 구축하는데 유용한 기반이 될 수 있는 작업을 이행해야 할 것이다.

시소러스는 특정 분야의 정보를 단순히 가나다순으로 정리한 것과 달리 단어 간, 정보 간의 관계성을 구조적으로 정의하여 기존의 키워드 매칭 방식과는 다른 차원에서 문화정보 표준사전을 통해 봉래산이 금강산과 동의어임을 사전 정의를 해두었기에 "봉래산"을 검색하여 금강산, 개골산을 찾을 수 있다. 그러나 시소러스는 특정 분야에 대한 용어 간의 관계를 제시하고 있어 타 분야의 관계를 연결할 경우 새롭게 용어 간 관계를 정의해야 한다. 이 문제는 2004년 2월에 W3C 권고안으로 발표된 RDF와 RDF Schema에 의해 일정부분의 해결이 가능하다. 시맨틱웹이 가지는 복잡성과 RDF의 구조적인 부분에서 사람의 가치판단에 따른 문제 등이 제기되고 있으며, 이는 지식맵을 통해 보완이 가능하다.

10.4.2. 문화정보 지식 네트워크 구축

지식맵은 정보 간의 네트워크를 통해 형성된 지식단계를 지도나 그래프 등의 가시적인 형태로 표현한 것이다. 지식의 네트워크는 정보와 정보를 연계하고 이를 통해 새로운 정보를 생산한다. 이러한 네트워크 구조는 시맨틱웹, 온톨로지, RDF와 그 맥락이 같다. 그러나 지식의 네트워크에는 여러 가지 방식이 있다. 그 중에서도 W3C의 권고안으로 표준이 된 RDF는 대표적인 지식의 네트워크 방안이다. RDF는 정보 간의 의미적 관계를 명확하게 정의하고 새로운 정보 간의 연계, 새로운 정보를 생성하는 정보 추론의 강력한 기반구조이다. 지식맵의 최종 방향은 시맨틱웹과 동일하나, 본 연구에서는 시맨틱웹 단계 전 지식을 형성하는 네트워크의 다른 방법인 토픽맵(topic map)을 제시하고자 한다.

문화정보에서 추출된 주요태그와 인기태그는 단순 용어집에서 벗어나 관련 키워드 간의 관련성을 설명하는 역할을 한다. 이를 바탕으로 관련 키워드의 관계성을 정의한 표준사전의 구축이 가능해진다. 실물자원과 연결을 통해 보다 단순한 구조로 문화정보간의 네트워크를 구축하는 것이 지식맵의 한 가지 방법인 것이다. 지식맵은 정보자원을 주제별로 묶고 주제 간의 관계를 나타냄으로써 정보자원에 대한 지식을 표현하는 것이다. 이 맵의 기본 개념은 도서의 색인집(index)과 유사하다. 색인은 해당 자원에 대한 위치를 제공하는 하이퍼텍스트로서 의미적으로 연결된 자원을 지시하는 역할을 한다. 그림으로 표현하자면 <그림 32>와 <그림 33>과 같다.

<그림 7> 도서 색인의 단순 구조도

삼단논법을 통해 새로운 결론을 도출하는 RDF의 트리플 구조에 따라, 지식의 네트워크를 1:1로 매칭하여 RDF 구조를 형성한다.

먼저 토픽맵의 구성요소를 살펴보면 토픽(topic)과 이름(name), 어커런스(occurrence), 그리고 관계(association)가 있다. 먼저 토픽은 현실세계의 개념을 표현한 것으로 실제 존재 유무와 상관없이 어떤 것이라도 주제가 될 수 있다. 특정한 토픽과 토픽이 동일할 경우와 이에 따른

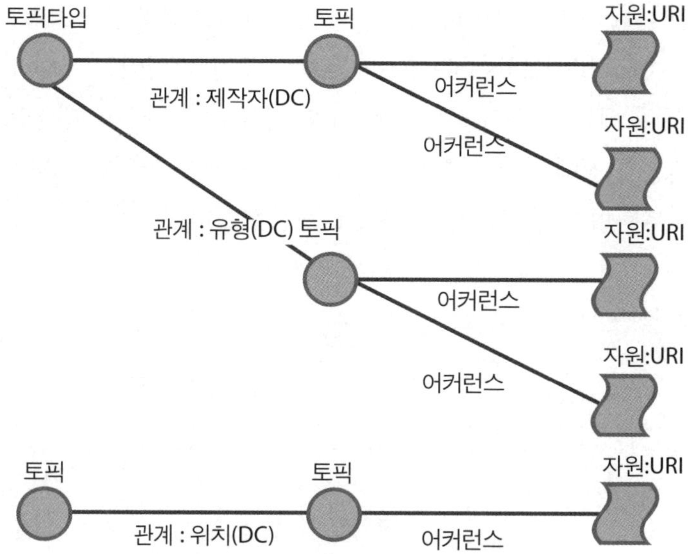

<그림 8> 토픽맵의 구조도

불명확함을 없애기 위해 토픽에 개별 식별자를 부여한다. 토픽 타입은 유사한 토픽을 한군데로 모아 상위의 개념으로 표현한 것이다. 예를 들어 사과, 배, 포도라는 각각의 토픽은 과일이라는 토픽타입으로 하나로 묶을 수 있다. 따라서 하나의 토픽은 토픽 타입의 인스턴스가 될 수 있다. 토픽의 특성인 이름(name)은 사람이 토픽을 쉽게 이해하고 알아볼 수 있도록 도움을 주는데 목적을 둔다. 하나의 토픽이 여러 개의 이름을 가지거나, 동명이인, "대한민국"과 "Korea"의 관계와 같이 동일한 것을 다르게 지칭하는 언어적 차이의 경우 등 변형된 이름을 표현하기 위한 요소이다. 어커런스(occurrence)는 토픽과 자원을 연결해주는 역할을 한다. 하나의 토픽에 관련된 자원(문서, 동영상)은 어커런스를 통해 해당 토픽과 연결된다. 관계(association)는 토픽 간의 연관성을 표현한 것이다. 지식의 네트워크를 위한 토픽맵은 토픽의 대상이 너무 광범위

할 뿐만 아니라 사용자마다 다를 수 있다. 이러한 문제점을 보완하고자 공동 주제(published subjects)를 통해 표준화 작업이 이루어지고 있다. 공동 주제는 다수의 사람들이 자주 언급하며, 관심의 집중도가 많은 주제를 중점에 두고 동일한 의미를 가진 주제를 동일한 토픽으로 정리하여 토픽의 다양성을 공동 주제로 표준화한다.

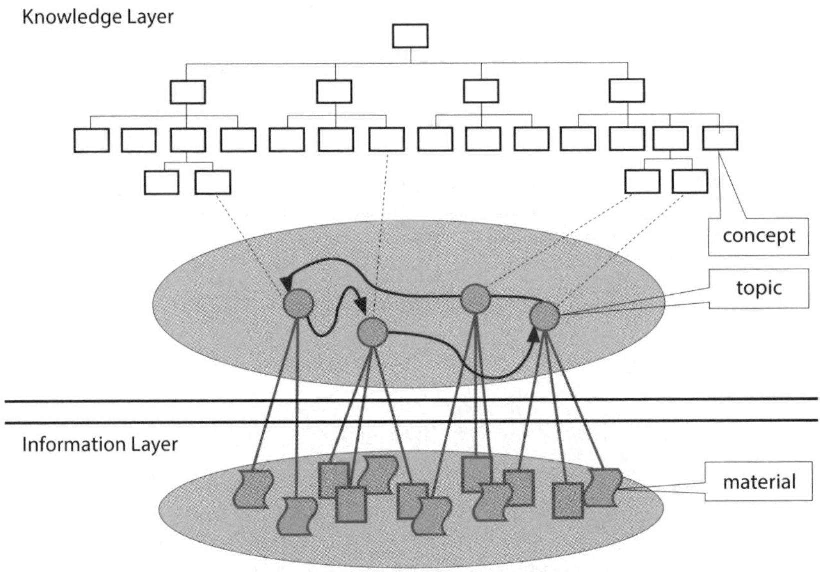

<그림 9> 지식맵의 개념적 구성도

지식맵은 지식층과 정보층의 이중 구조로 구성된다. 지식층은 기존의 정보 리소스 위에 구축하는 지식의 구조로서 특정 주제를 나타내는 토픽 간의 연관을 나타내는 관계(association)로 구성된다. 정보층은 정보자원을 나타내며, 지식층과 정보층은 어커런스(occurrence)를 통해 상호 연결되어 지식의 위치정보를 표현한다. 따라서 기존의 홈페이지나 데이터의 변경 없이 토픽 간의 연관 정보를 이용하여 원하는 정보를

보다 빠르고 정확하게 안내할 수 있다. 지식맵은 시맨틱웹의 지식 표현 방법론으로서 정보를 상호 연관성에 따라 연결하고 조직하여 지식 구조를 일종의 지도와 같이 표현한 것이다. 이는 대용량의 정보를 분류하고 의미론적 연관관계를 검색하는 데 사용할 수 있는 탁월한 기술로, 정보 세계의 GPS라고 할 수 있다. 그리하여 이는 비 구조화되고 분산되어 있는 정보를 효율적으로 통합, 검색하고 내비게이션하기 위한 해결책으로 제시될 수 있다.

참고문헌

강범모. 2010.『언어: 풀어 쓴 언어학 개론』, 개정 3판. 한국문화사.

국토지리원. 2008. 지역 정체성 확립 및 창조성 제고를 위한 문화지도 작성과 활용 방안. 국토정책 Brief 제195호.

김동훈. 2012. 중국 조선족 전자문화지도 제작 연구. 한국외국어대학교 박사학위 논문.

김동훈. 2013. 문화정보 관리•유통 체계를 위한 지식맵 서비스 연구. 한국문화정보센터.

김상철 외. 2009. 문화지도,『글로벌문화콘텐츠』 1: 147-172.

김종민. 2010. 블로그에서 실시간 문맥 매칭을 위한 3단계 오토태깅 모델. 고려대학교 석사학위 논문.

김현. 2007. 향토문화 하이퍼텍스트 구현을 위한 XML 요소 처리 방안.『인문콘텐츠』 9: 91-123.

김혜선. 2001. 통합의학언어 시스템(UMLS)의 구성 및 적용에 대한 고찰.『정보관리 연구』 32: 26-39.

노상규·박진수. 2007.『온톨로지: 인터넷 진화의 열쇠』. 가즈토이.

도용태, 김일곤, 김종완, 박창현. 2001.『인공지능: 개념 및 응용』, 개정판. 사이텍미디어.

박옥남. 2011. ISO 25964를 통해 살펴본 시소러스 구축 표준에 관한 연구. 『정보관리연구』 42: 43-65.

박치완, 신응철, 김기홍 외. 2016. 『지식의 역사와 그 지형도』. 한국외국어대학교 출판원.

신효필. 2004. 지식기반(Knowledge Base)으로서의 온톨로지(Ontology)와 시맨틱웹(Semantic Web). 『한국정보처리학회 학회지』 11: 64-75.

양재균. 2009. 어휘 자원 재사용 방법론: 로제 시소러스의 활용. 울산대학교 박사학위 논문.

오병근, 강성중. 2008. 『정보디자인 교과서』. 안그라픽스.

유나 (역). 2006. 『검색2.0: 발견의 진화』. 한빛미디어. [Morville, Peter. 2005. *Ambient Findability: What We Find Changes Who We Become*. O'Reilly Media.]

윤애선, 황순희, 이은령, 권혁철. 2009. 한국어 어휘의미망 KorLex 1.5의 구축. 『정보과학회논문지: 소프트웨어 및 응용』 36: 92-108.

윤애선. 2012. 한국어 어휘 의미망 KorLex 2.0. 『한글』 295: 163-201.

윤영은. 2013. 『언어의 의미 및 화용 이론과 실제』. 한국문화사.

이명규, 장우권. 2004. 『지식정보 사회와 디지털콘텐츠』. 전남대학교 출판부.

이민행. 2005. 『전산 통사/의미론: 이론과 응용』. 도서출판 역락.

이병주 (역). 2004. 『경험디자인』. 안그라픽스. [Shedroff, Nathan. 2001. *Experience Design*. Waite Group Press.]

이유택. 2013. 빅데이터 시대의 개인 데이터 보호와 활용. 『IT & Future Strategy』 8: 1-22. 한국정보화진흥원.

이정모. 1988. 『Turing 기계와 마음: 마음은 기계인가?』, 심리학의 연구문제 5. 서울대학교 출판부.

이정우. 2004. 『개념 - 뿌리들 01』. 산해.

이해윤. 2006. 동사 온톨로지 구축 방법론 - 한국어 이동동사. 『언어와 언어학』 38: 89-108.

이해윤. 2010. 온톨로지를 이용한 언어들간의 어휘 비교 - 영어와 독일어의 미각 어휘를 중심으로. 『독어학』 21: 151-172.

이해윤. 2013. 온톨로지 기반의 과제중심 학습 모형 설계. 『외국어로서의 독일어』 32: 67-89.

이해윤. 2015. 온톨로지를 이용한 교수-학습 지도안 설계. 『외국어로서의 독일어』 37: 119-145.

이현실. 2004. 온톨로지를 이용한 의학 용어의 개념 모델링 사례 분석 연구. 『정보관리학회지』 21: 141-160.

정동열, 조찬식. 2016. 『문헌정보학 총론』. 한국도서관협회.

정인재 (역). 1989. 『중국철학사』. 형설출판사.

정재은, 이인근, 황도삼 (역). 2015. 『시맨틱웹』. 두양사.

채희락. 2012. 언어 중립성과 언어 기반 온톨로지. 『언어학 연구』 22: 295-322.

최경봉. 2005. '물명고'의 온톨로지와 어휘론적 의의. 『한국어 의미학』 17: 21-42.

최기선 외 (편). 2005. 『다국어 어휘의미망 -제1권 어휘의미망 구축론』. KAIST Press.

최기선, 황도삼 (역). 2009. 『온톨로지 공학』. 두양사.

최상복. 2004. 『산업안전 대사전』. 골드.

최석두, 한상길 (역). 2008. 『온톨로지 알고리즘 I』. 한울.

최호섭, 옥철영. 2002. 한국어 의미망 구축과 활용. 『한국어학』 17: 301-329.

최호섭, 임지희, 배영준, 최수일, 옥철영. 2006. 온톨로지 구축 방법과 사례. 『정보과학회지』 24: 31-44.

한광희 외. 2000. 『인지과학: 마음, 언어, 기계』. 학지사.

한정한, 고석주, 김진해, 이동혁. 2008. 『한국어 어휘의미망 구축을 위한 기초 연구』. 보고사.

홍윤표. 2013. '물명고'에 대한 고찰. 『진단학보』 118: 167-211.

Ackoff, R. L. 1989. From Data to Wisdom. *Journal of Applied Systems Analysis* 16: 3-9.

Anderson, J. R. 1983. *The Architecture of Cognition*. Harvard University Press.

Anderson, J. R. 1993. *Rules of the Mind*. Erlbaum.

Anderson, J. R. 2014. *Rules of the Mind*. Psychology Press, Hoboken.

Baik, Songiy and Hee-Rahk Chae. 2010a. An Ontological Analysis of Korean Kinship Terms. *Harvard Studies in Korean Linguistics* XIII. Harvard-Yenching Institute.

Baik, Songiy and Hee-Rahk Chae. 2010b. An Ontological Analysis of Korean and English Kinship Terms. A paper presented at the 7th International Conference on Cognitive Science (ICCS 2010), Beijing.

Baik, Songiy and Hee-Rahk Chae. 2010c. An Ontological Analysis of Japanese and Chinese Kinship Terms. *Proceedings of the 24th Pacific Asia Conference on Language, Information and Computation*, 35-44, ed. by Ryo Otoguro et al. Tohoku University.

Barr, A., P. R. Cohen and E. A. Feigenbaum, eds. 1989. *The Handbook of Artificial Intelligence*, Vol. IV. Addison Wesley.

Bateman, J. A., R. Henschel and F. Rinaldi. 1995. The Generalized Upper Model 2.0. Report.

Bellinger, G., D. Castro and A. Mills. 2004. Data, Information, Knowledge, and Wisdom. http://www.systems-thinking.org/dikw/dikw.htm.

Bower, G. H., J. B. Black and T. J. Turner. 1979. Scripts in Memory for Text. *Cognitive Psychology* 11: 177-220.

Buitelaar, P., P. Cimiano and B. Magnini. 2005. Ontology Learning from Text: An Overview. In *Learning from Text: Methods, Evaluation and Applications*, ed. Paul Buitelaar. IOS Press, Amsterdam.

Chae, Hee-Rahk. 2010. Basic Units of Lexicons and Ontologies: Words, Senses and Concepts. *Proceedings of the 24th Pacific Asia Conference on Language, Information and Computation*, 35-44, ed. by Ryo Otoguro et al. Tohoku University.

Chapman, R. 2001. *Roget's International Thesaurus*. Harper-Collins.

Chisholm, R. M. 1996. *A Realistic Theory of Categories: An Essay on Ontology*. Cambridge University Press.

Cruse, D. A. 2000. Aspects of the Macro-structure of Word Meanings. In Ravin, Y. and C. Leacock, eds. 2000. *Polysemy: Theoretical and Computational Approaches*. Oxford University Press.

Fellbaum, C., ed. 1998. *WordNet: An Electronic Lexical Database*. MIT Press.

Goddard, C. 1998. *Semantic Analysis: A Practical Introduction.* Oxford University Press.

Gruber, T. R. 1993. Toward Principles for the Design of Ontologies Used for Knowledge Sharing. Paper presented at *The International Workshop on Formal Ontology*, Padova, Italy.

Guarino, N. 1998. Formal Ontology and Information Systems. In *Formal Ontology in Information Systems*, ed. Nicola Guarino. IOS Press, Amsterdam.

Hayashi, Y., J. Bourdeau and R. Mizoguchi. 2009. Using Ontological Engineering to Organize Learning/Instructional Theories and Build a Theory-Aware Authoring System. *International Journal of Artificial Intelligence in Education* 19: 211-252.

Hovy, E. H. 2005. Methodologies for the Reliable Construction of Ontological Knowledge. In *Conceptual Structures: Common Semantics for Sharing Knowledge*, eds. Dau, F., M. L. Mugnier and G. Stumme.

Jarmasz, M., and S. Szpakowicz. 2001. Roget's Thesaurus: A Lexical Resource to Treasure. In *The NAACL WordNet and Other Lexical Resources Workshop.* Pittsburgh.

Jones, S. 1993. A Thesaurus Data Model for an Intelligent Retrieval System. *Journal of Information Science* 19: 167-178.

Lyons, J. 1977. *Semantics*. vol. 2. Cambridge University Press.

Mahesh, K. 1996. Ontology Development for Machine Translation: Ideology and Methodology. Technical Report (MCCS-96-292). Computing Research Laboratory, New Mexico State University.

Masolo, C., S. Borgo, A. Gangemi, N. Guarino, A. Oltramari and L. Schneider. 2003. WonderWeb Deliverable D17: ISTC-CNR.

Miller, G., R. Beckwith, C. Fellbaum, D. Gross and K. Miller. 1992. Five Papers on WordNet. Cognitive Science Laboratory, Princeton University.

Mizoguchi, R. and J. Bourdeau. 2000. Using Ontological Engineering to Overcome Common AI-ED Problems. *International Journal of Artificial Intelligence in Education* 11: 107-121.

Newell, A. 1990. *Unified Theories of Cognition*. Harvard University Press.

Newell, A. and H. A. Simon. 1961. The Simulation of Human Thought. *Current Trends in Psychological Theory*. University of Pittsburgh Press.

Newell, A. and H. A. Simon. 1972. *Human Problem Solving*. Prentice-Hall.

Newell, A., J. C. Shaw and H. A. Simon. 1958. Elements of a Theory of Human Problem Solving. *Psychological Review* 65: 151-166.

Niles, I. and A. Pease. 2001. Towards a Standard Upper Ontology. Paper presented at *the 2nd International Conference on Formal Ontology in Information Systems*.

Niles, I. and A. Pease. 2003. Linking Lexicons and Ontologies: Mapping Wordnet to the Suggested Upper Merged Ontology. Paper presented at *the 2003 International Conference on Information and Knowledge Engineering (IKE 03)*, Las Vegas, Nebada.

Nonaka, I. and H. Takeuchi. 1995. The Knowledge-Creating Company. Oxford University Press.

Noy, N. F. and D. L. McGuinness. 2001. Ontology Development 101: A Guide to Creating Your First Ontology. Technical Report. Stanford Knowledge Systems Laboratory.

Ogden, C. K. and I. A. Richards. 1923. *The Meaning of Meaning*. A Harvest/HBJ Book.

Palmer, S. E. and R. Kimchi. 1986. The Information Processing Approach to Cognition. In T. Robertson, ed., *Approaches to Cognition: Contrasts and Controversies*. Erlbaum.

Pease, A. 2011. *Ontology*. Articulate Software Press.

Polanyi, M. 1966. The Tacit Dimension. Routledge & Kegan Paul.

Pustejovsky, J. 1995. *The Generative Lexicon*. MIT Press.

Ralston, A. and E. Reilly. 1983. *Encyclopedia of Computer Science and Engineering*. Van Nostrand Reinhold Co.

Rosenbloom, P. S., J. E. Laird and A. Newell. 1993. The Soar Papers: Research on Integrated Intelligence. The MIT Press.

Sharma, N. 2008. The Origin of Data, Information, Knowledge, Wisdom (DIKW) Hierarchy. https://www.researchgate.net/publication/292335202.

Smith, B. 2003. Ontology and Information Systems. Ms.

Sowa, J. F. 1992. *Conceptual Structures: Current Research and Practice*. Ellis Horwood.

Sowa, J. F. 2000. *Knowledge Representation - Logical, Philosophical, and Computational Foundations*. Brooks/Cole.

Thagard, P. 2005. *Mind: Introduction to Cognitive Science*, 2nd ed. The MIT Press.

Uschold, M. and M. Gruninger. 1996. Ontologies: Principles, Methods, and Applications. *Knowledge Engineering Review* 11: 93-155.

Vossen, P. 1998. *EuroWordnet: A Multilingual Database with Lexical Semantic Networks*. John Benjamins.

Vossen, P. 1999. EuroWordNet - General Document. Report.

찾아보기

ㅂ

ㅅ

ㅇ

ㅈ

지식망

knowledge network

지식망

초판 인쇄	2018년 1월 24일
초판 발행	2018년 1월 31일
지은이	채희락 · 이해윤 · 김동훈
발행인	김인철
총괄 · 기획	가정준 Director, University Knowledge Press
편집장	신선호 Executive Knowledge Contents Creator
도서편집	박현정 Contents Creator
전자책편집	이리나 e-Contents Creator
재무관리	김은혜 Managing Creator
마케팅 파트장	백승이 Chief Marketing Creator
마케팅	박종원 Marketing Creator
발행처	한국외국어대학교 지식출판원 02450 서울특별시 동대문구 이문로 107 전화 02)2173-2493~7 팩스 02)2173-3363 홈페이지 http://press.hufs.ac.kr 전자우편 press@hufs.ac.kr 출판등록 제6-6호(1969. 4. 30)
디자인 · 편집	(주)이환디앤비 02)2254-4301
인쇄 · 제본	네오프린텍 02)718-3111

ISBN 979-11-5901-264-8 93300 정가 25,000원

*잘못된 책은 교환하여 드립니다.

불법복사는 지적재산을 훔치는 범죄행위입니다.
저작권법 제136조(권리의 침해죄)에 따라 위반자는 5년 이하의 징역 또는 5천만 원 이하의 벌금에 처하거나 이를 병과할 수 있습니다.

HU:iNE은 한국외국어대학교 지식출판원의 어학도서, 사회과학도서, 지역학 도서 Sub Brand이다. 한국외대의 영문명인 HUFS, 현명한 국제전문가 양성(International +Intelligent)의 의미를 담고 있으며, 휴인(携引)의 뜻인 '이끌다, 끌고 나가다'라는 의미처럼 출판계를 이끄는 리더로서, 혁신의 이미지를 담고 있다.